UM MURO NA PALESTINA

RENÉ BACKMANN

UM MURO NA PALESTINA

Tradução de
Clóvis Marques

1ª edição

EDITORA RECORD
RIO DE JANEIRO • SÃO PAULO
2012

CIP-BRASIL. CATALOGAÇÃO-NA-FONTE
SINDICATO NACIONAL DOS EDITORES DE LIVROS, RJ

Backmann, René, 1944-
B122m Um muro na Palestina / René Backmann; tradução de Clóvis Marques. – Rio de Janeiro: Record, 2012.

Inclui bibliografia
Tradução de: Un mur en Palestine
ISBN 978-85-01-08566-5

1. Muro da Palestina. 2. Conflito Árabe-israelense – 1993- I. Título.

11-3345 CDD: 956.053
CDU: 94(5)

Texto revisado segundo o novo Acordo Ortográfico da Língua Portuguesa.

Título original em francês:
UM MUR EN PALESTINE

Editoração eletrônica: Abreu's System

Impresso no Brasil

ISBN 978-85-01-08566-5

Sumário

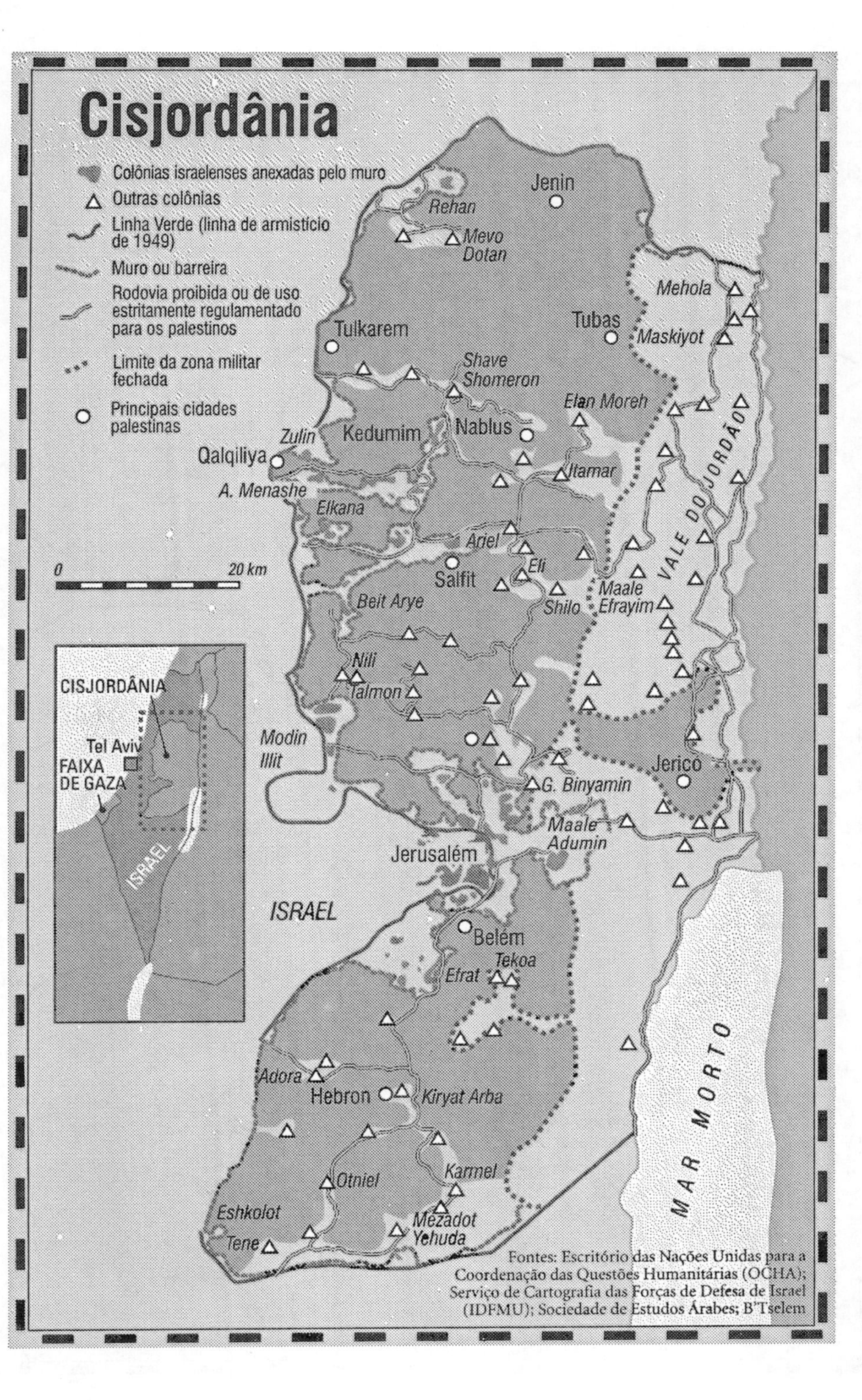

Fontes: Escritório das Nações Unidas para a Coordenação das Questões Humanitárias (OCHA); Serviço de Cartografia das Forças de Defesa de Israel (IDFMU); Sociedade de Estudos Árabes; B'Tselem

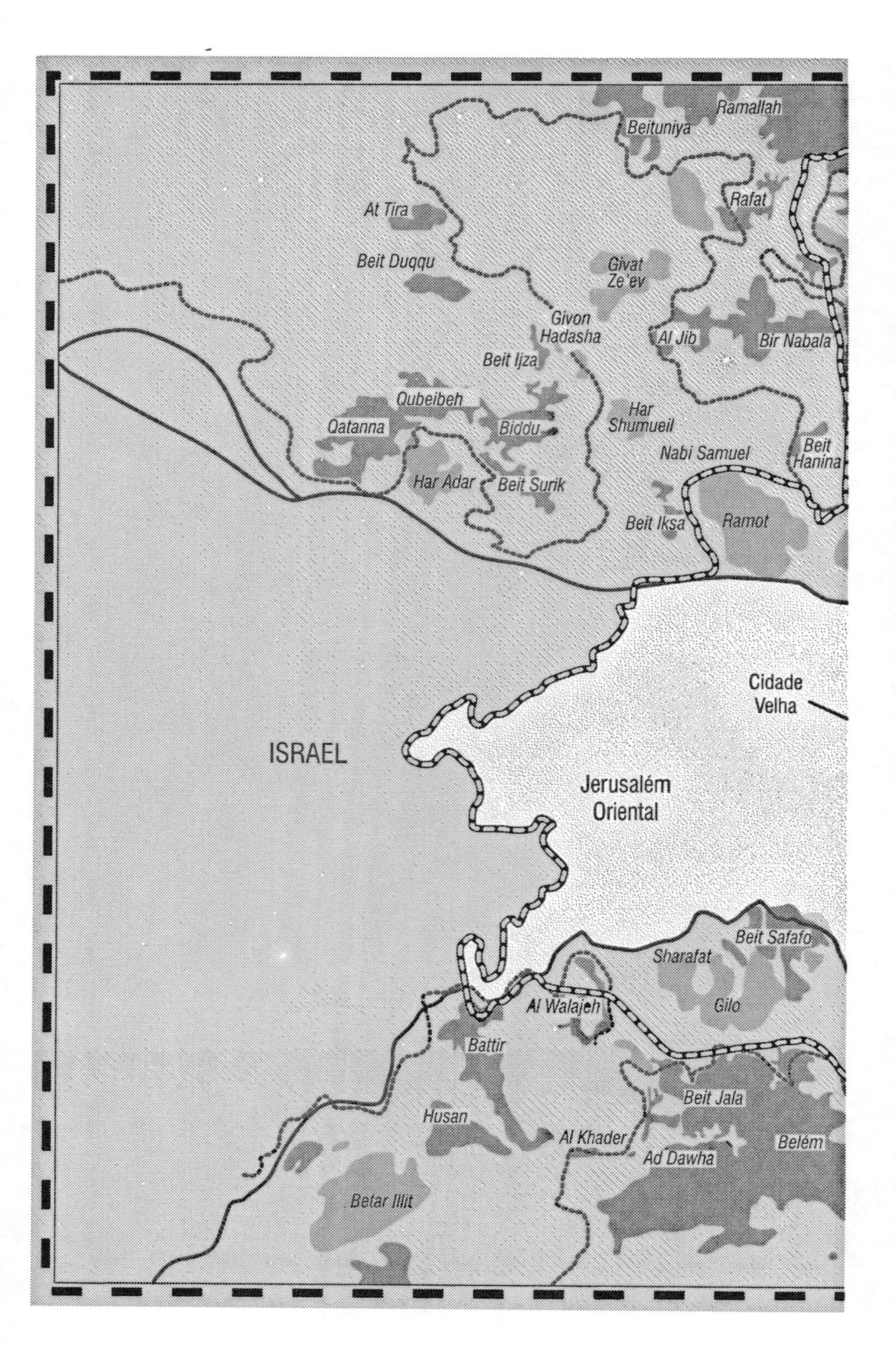
Ramallah
Beituniya
Rafat
At Tira
Beit Duqqu
Givat Ze'ev
Givon Hadasha
Al Jib
Bir Nabala
Beit Ijza
Qubeibeh
Qatanna
Biddu
Har Shumueil
Nabi Samuel
Beit Hanina
Har Adar
Beit Surik
Beit Iksa
Ramot
Cidade Velha
ISRAEL
Jerusalém Oriental
Beit Safafa
Sharafat
Gilo
Al Walajeh
Battir
Beit Jala
Husan
Al Khader
Belém
Ad Dawha
Betar Illit

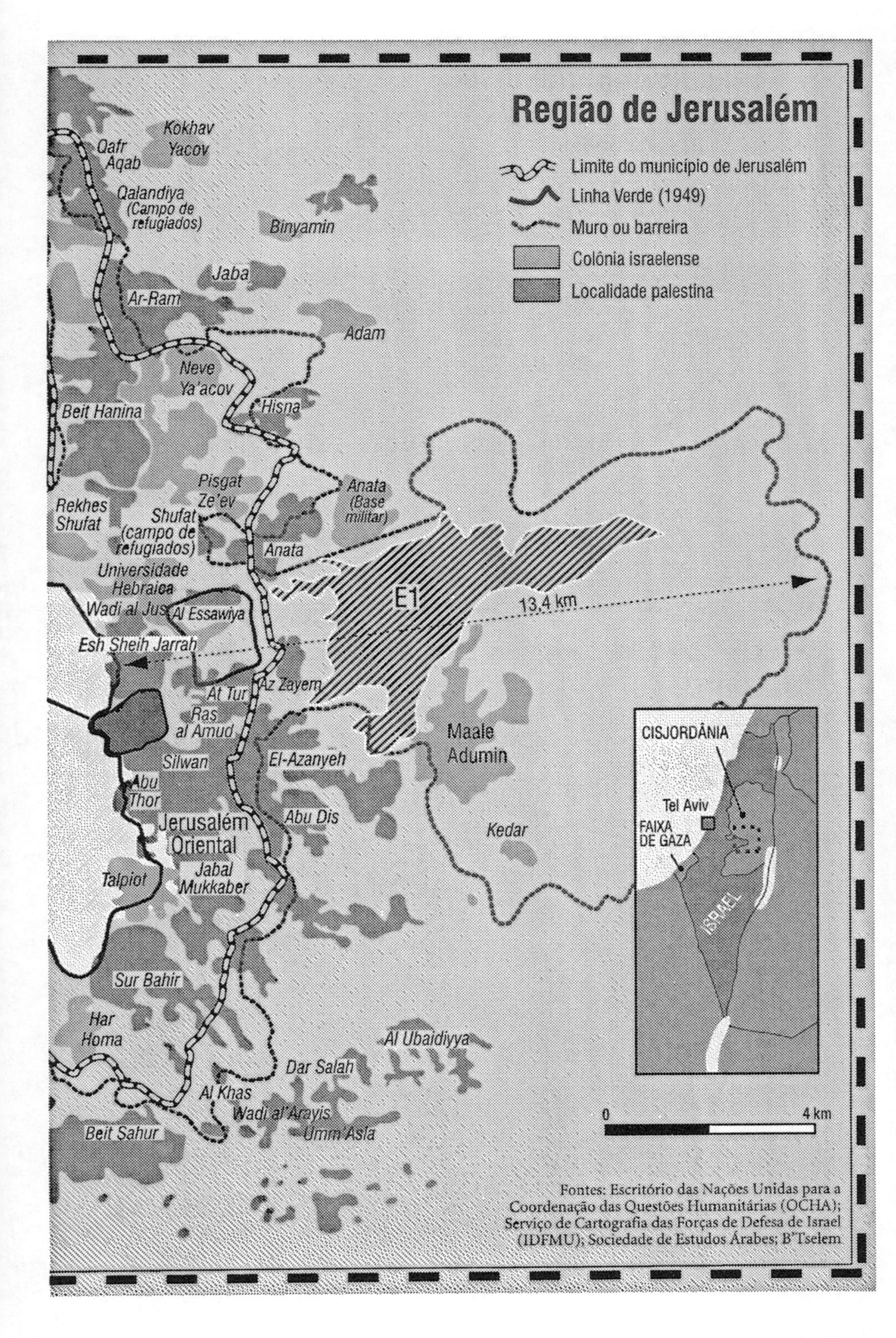

Região de Jerusalém
Limite do município de Jerusalém
Linha Verde (1949)
Muro ou barreira
Colônia israelense
Localidade palestina
Kokhav Yacov
Qafr Aqab
Qalandiya (Campo de refugiados)
Binyamin
Jaba
Ar-Ram
Adam
Neve Ya'acov
Hisna
Beit Hanina
Pisgat Ze'ev
Anata (Base militar)
Rekhes Shufat
Shufat (campo de refugiados)
Anata
Universidade Hebraica
Wadi al Jus
Al Essawiya
E1
13,4 km
Esh Sheih Jarrah
At Tur
Az Zayem
Ras al Amud
Maale Adumin
Silwan
El-Azanyeh
Abu Thor
Abu Dis
Jerusalém Oriental
Kedar
Talpiot
Jabal Mukkaber
Sur Bahir
Har Homa
Al Ubaidiyya
Dar Salah
Al Khas
Wadi al'Arayis
Umm Asla
Beit Sahur
CISJORDÂNIA
Tel Aviv
FAIXA DE GAZA
ISRAEL
0
4 km
Fontes: Escritório das Nações Unidas para a Coordenação das Questões Humanitárias (OCHA); Serviço de Cartografia das Forças de Defesa de Israel (IDFMU); Sociedade de Estudos Árabes; B'Tselem

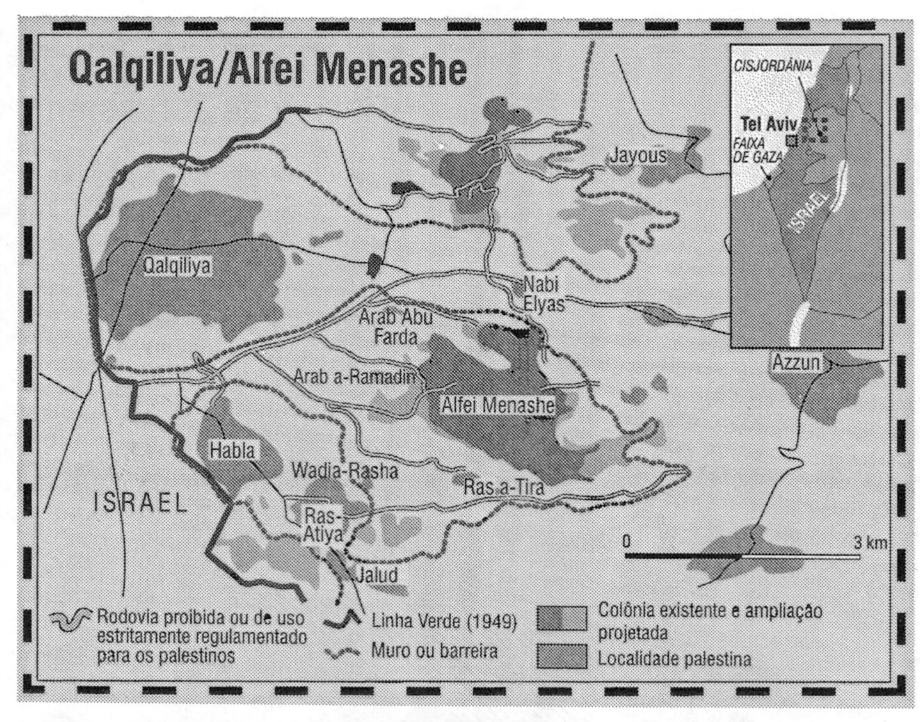

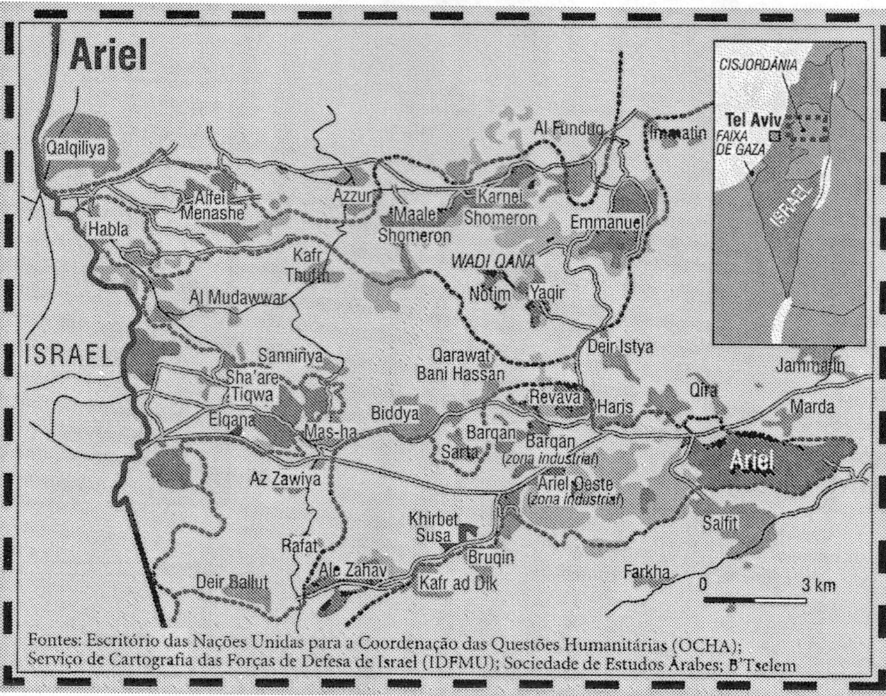

Fontes: Escritório das Nações Unidas para a Coordenação das Questões Humanitárias (OCHA); Serviço de Cartografia das Forças de Defesa de Israel (IDFMU); Sociedade de Estudos Árabes; B'Tselem

Prefácio

"O SENHOR TEM FAMÍLIA EM ISRAEL?" Há quase vinte e cinco anos eu ouço esta pergunta quando apresento meu passaporte aos agentes de segurança do aeroporto Ben Gurion, em Tel Aviv. Há quase vinte e cinco anos eu respondo:

— Não, não tenho parentes em Israel.

— Mas o seu nome...

— Meu nome vem do Leste da França.

— O senhor tem amigos em Israel?

Sim, tenho amigos em Israel. Também tenho amigos nesse "país por vir"* que é a Palestina. Em um quarto de século, temos tempo de fazer muitos amigos — e alguns inimigos — nesses confins do Oriente onde os homens têm tanta dificuldade de viver juntos.

Graças a esses amigos, e talvez graças também a esses inimigos, aprendi a decifrar aos poucos os inúmeros códigos que balizam a vida cotidiana na região. Assim foi que descobri que os carros com placa amarela (israelense) podem circular por toda parte — à exceção dos lugares rigorosamente proibidos pelo exército (placa negra) ou a polícia (placa vermelha); e que os carros de placa branca ou verde (palestina) não são autorizados a entrar em Israel e só podem circular na Cisjordânia nas zonas para as quais o motorista obteve autorização.

---

* Expressão extraída do título do livro de Élias Sanbar: *Palestine, le pays à venir*, L'Olivier, 1996.

Entendi também que o emprego — ou a recusa — de certas palavras muitas vezes transmitia informações sobre as convicções dos meus interlocutores. Tomemos a palavra "Cisjordânia". Para os geógrafos, ela designa os territórios situados a oeste do Jordão (donde o equivalente inglês *West Bank*) ocupados desde junho de 1967 por Israel. É a palavra politicamente "neutra" que aparece nos documentos oficiais internacionais e é geralmente usada por jornalistas, diplomatas e observadores. É também mais empregada pelos palestinos quando não recorrem à expressão "território ocupado", que revela um vocabulário mais militante, frequente entre os muçulmanos. Nas conversas cotidianas com os israelenses, o emprego, raro, da palavra "Cisjordânia" afirma o desejo de limitar-se à geografia, e até mesmo uma crítica implícita da ocupação. Mais perturbador mas não menos revelador é o hábito de dizer "os Territórios", muito disseminado na vida comum. Impossível seguir a pista que leva ao desaparecimento do adjetivo "ocupados". Terá sido vítima do incômodo que provoca num país em que certos habitantes viveram um dia sob regimes de ocupação? Ou do desejo de ganhar tempo, já que todos sabem muito bem de quais "territórios" se trata? Mistério. Perfeitamente clara, em compensação, é a referência bíblica da expressão "Judeia-Samaria", presente tanto nos documentos oficiais do governo israelense quanto no vocabulário dos colonos ou de seus partidários.

"Colonos, colônia": aí estão outras palavras que, para dizer as coisas com moderação, causam polêmica. Elas nunca são empregadas pelos colonos nem pelos que os apoiam. Os israelenses instalados na Cisjordânia consideram que vivem nas "localidades judaicas da Judeia-Samaria". Os que povoam as colônias da periferia de Jerusalém construídas a leste da linha de armistício de 1967 — ou seja, geograficamente, na Cisjordânia — acham que habitam os "bairros judeus" de Jerusalém. Para se referir às "colônias", os israelenses de fala inglesa que não compartilham da justificação bíblica dessa empreitada usam a palavra *settlements*, que pode ser traduzida como "assentamentos", nitidamente menos conotada, na língua de uma antiga potência colonial, que a palavra "colônias". "Colonos" e "colônias" só aparecem, em francês, no vocabulário dos adversários declarados da presença civil e militar israelense na Cisjordânia.

Quanto à expressão "administração civil", representa uma outra forma de linguagem codificada, entrando no terreno do que poderíamos chamar de "camuflagem semântica". A priori, não há nada preocupante nem digno de nota nessas duas palavras de banal aparência tecnocrática. E no entanto... Que é a administração civil? É o setor do exército incumbido das relações com a população dos Territórios Ocupados. É ela, por exemplo, que concede aos palestinos — e, na maioria dos casos, recusa — as autorizações de circulação. Seria difícil encontrar uma administração menos civil que esses militares de uniforme cuja missão consiste em impor aos civis as regras do exército de ocupação.

E o muro? Para começo de conversa, seria um muro ou uma barreira? As duas coisas. Na maior parte do percurso, é uma barreira. Não muito alta — uma tela de arame de 3 metros — mas muito larga, de 45 a 100 metros: espaço ocupado, dos dois lados da tela, por arame farpado, um fosso para impedir a passagem de veículos, uma ou duas pistas para detectar intrusões, pelo menos uma via de patrulha. Tudo sob a vigilância constante de câmeras operadas por controle remoto e outros sistemas eletrônicos de detecção. Ao longo de várias dezenas de quilômetros, um muro de concreto, com espessura de cerca de quarenta centímetros e altura de 7 a 9 metros, toma o lugar da barreira.

Barreira ou muro? *In loco*, a escolha, ditada oficialmente por motivos técnicos, cabe ao exército. Através das palavras, ela revela mais uma vez visões diferentes, senão antagônicas. De acordo com os documentos oficiais israelenses, os militares e os responsáveis pela segurança, a obra em construção é uma "barreira de segurança". Para os palestinos, é um "muro de anexação". As organizações e israelenses que se opõem a sua construção (tal como tem sido decidida até hoje) falam de "barreira de separação". Várias organizações palestinas a batizaram de "muro do apartheid". Em seu parecer consultivo de julho de 2004, a Corte Internacional de Justiça das Nações Unidas decidiu usar a palavra "muro" para designar todo o conjunto do muro-barreira. Nas páginas que se seguem, utilizarei a palavra "barreira" quando se tratar de uma barreira, e a palavra "muro" quando se tratar de um muro.

Por que dedicar um livro a essa iniciativa? Porque, como tantos de meus amigos israelenses e palestinos, eu acreditei na paz quando da assinatura dos acordos de Oslo e pude testemunhar, juntamente com eles, o naufrágio do processo de paz. Porque não consigo acreditar que aquilo que o mundo inteiro ainda ontem viu com alegria desmoronar em Berlim possa ser uma solução, amanhã, em Jerusalém.

Israel é um país pequeno. A Cisjordânia, um território menor ainda. Em pouco mais de uma hora, podemos ir de Tel Aviv a Jericó. Em duas horas, partindo de Jerusalém, chega-se a qualquer cidade da Cisjordânia, o que permite estar constantemente indo dos israelenses aos palestinos. E vice-versa. É possível, assim — bastando querer —, confrontar as palavras com a realidade. E fazer a triagem, indispensável, entre as mentiras da propaganda, os mitos do discurso militante e os fatos. Tarefa tanto mais fácil na medida em que, tanto entre os israelenses quanto entre os palestinos, não faltam jornalistas competentes e lúcidos, nem intelectuais de qualidade, nem homens e mulheres de boa vontade. Abertos ao diálogo e dispostos à esperança.

Para a abordagem dessa região complicada, meus colegas e amigos Charles Enderlin, Patrice Claude e Sammy Ketz abriram-me suas portas, suas agendas de contatos e compartilharam suas experiências. Meus amigos Leïla Chahid e Élias Sanbar não mediram tempo quando se tratou de me ajudar a entender a estrutura e o funcionamento tão complexos da sociedade palestina e me propiciar encontros com certos interlocutores. Rafael Barak, encarregado de negócios na embaixada de Israel em Paris, e Barnéa Hassid, porta-voz da embaixada, convenceram muitos dirigentes políticos e militares envolvidos na concepção, na construção e na administração cotidiana do mundo-barreira a me receber e responder a minhas perguntas.

Em Jerusalém, Khalil Toufakji, cartógrafo da delegação palestina nas negociações com Israel, deu-me acesso a seus escrupulosos trabalhos sobre a colonização; os pesquisadores do B'Tselem forneceram-me conselhos e documentos que aceleraram minhas pesquisas. Ruth Kedar, incansável combatente dos direitos humanos e da justiça, permitiu-me compartilhar as relações de confiança que havia estabelecido em certas aldeias palestinas. Políticos locais, vizinhos do muro, universitários, israelenses e palestinos confiaram-me seus depoimentos ou o fruto de suas reflexões, às vezes me orientando para novos encontros. No *Nouvel Observateur*, Claude Perdriel, Jean Daniel e a direção da redação, com a qual trabalho num clima de preciosa liberdade, fizeram todo o possível para facilitar minha investigação. Henri Guirchoun segurou a barra da editoria internacional durante minhas ausências e respondeu a minhas perguntas sobre a história militar israelense, tema que conhece muito bem. Vincent Migeat ajudou-me a encontrar a foto da capa (original), e Mehdi Benyezzar valeu-se de seu talento com os infográficos para transformar em mapas legíveis os documentos confusos que eu lhe trazia. Todos merecem aqui os meus agradecimentos.

Agradecimentos que nunca estarão à altura do que devo a minha mulher, Pascale. Desde o início, ela apoiou este projeto invasivo. Durante dois anos, não poupou conselhos, críticas nem estímulos. Sem ela, este livro não existiria.

René Backmann,
14 de setembro de 2006

1

Até a cor da luz

NUMA MANHÃ DO VERÃO DE 2002 — várias testemunhas julgam lembrar-se de que era o início de agosto —, os habitantes das aldeias palestinas de Chiyah, El-Azariyeh e Ras al-Amud, que constituem, ao sul do monte das Oliveiras, o limite oriental do município de Jerusalém,* descobriram que, durante a noite, folhas de papel com um texto em hebraico tinham sido afixadas em árvores. A mensagem, com a chancela das Forças de Defesa de Israel,** era uma ordem militar informando aos moradores que algumas de suas terras seriam confiscadas pelo exército para a construção de um muro. Ela estabelecia a lista dos terrenos visados, esclarecendo que

* Separada da parte oeste da cidade pela linha de armistício israelo-jordaniana de 3 de abril de 1949 (a Linha Verde), Jerusalém Oriental foi anexada por Israel depois da guerra dos Seis Dias (junho de 1967). A anexação de Jerusalém Oriental foi declarada ilegal por duas resoluções da ONU (2253 e 2254), de 4 e 14 de julho de 1967. A 30 de julho de 1980, contudo, o Knesset (o parlamento israelense) aprovou uma lei procla mando Jerusalém "inteira e reunificada capital eterna de Israel".

** Nome oficial do exército israelense, muitas vezes designado pela sigla hebraica *Tsahal*.

aqueles que tivessem objeções a fazer teriam uma semana a partir da hora em que o aviso fora afixado. Até que o texto fosse traduzido para o árabe e se tivesse acesso aos cadastros oficiais, para identificar os lotes confiscados e reconstituir o trajeto do futuro muro, passara-se uma semana.

"Para encontrar um advogado disposto a defender nossa causa num tribunal israelense, preparar os argumentos e traduzi-los para o hebraico, teríamos precisado de pelo menos mais uma semana. Isso no caso de conseguirmos juntar o dinheiro necessário", disse Terry Boullata, diretora de uma escola em Abu Dis e ardorosa militante da paz entre israelenses e palestinos, e que, quatro anos depois, ainda não foi capaz de digerir a brutalidade e o legalismo de fachada do exército israelense.* Nem mesmo sentada no sofá florido de sua sala, essa mulher enérgica de cerca de quarenta anos parece sossegar. Enquanto serve café e refrescos, ela acende um cigarro atrás do outro e não consegue eximir-se de lançar olhares pela janela na direção do seu inimigo de concreto, toda vez que se refere a ele. "Por que é que os soldados, no nosso caso, se limitam a afixar ordens militares nas árvores, enquanto batem de porta em porta e vão de casa em casa quando têm de explicar aos colonos que serão evacuados de Gaza? E o que é que acontece quando a mensagem é apagada pela chuva ou arrancada pelo vento?"

Como os moradores não apresentaram qualquer objeção da forma estabelecida, os bulldozers do exército, protegidos por um forte destacamento de soldados, começaram, exatamente a 14 de agosto, a demolir cercas, liberar a área do traçado do muro e abrir uma estrada para os caminhões do canteiro de obras. Numa primeira etapa, os guindastes começaram a alinhar meio às pressas peças de concreto em forma de T invertido, com 2 metros de altura, deixando às vezes, na convergência de dois pedaços, um espaço suficiente para que uma criança ou em certos casos um adulto mais esbelto pudesse esgueirar-se. "Dava para ver que o muro tinha algo de provisório. Ele impedia a circulação de automóveis, exceto nas passagens controladas pelo exército, e para os pedestres era incômodo, exasperan-

* Entrevista com o autor, 12 de agosto de 2005, em Ras al-Amud.

te, humilhante, sem ser realmente intransponível", lembra Terry Boullata. "Mas a transferência do posto de controle de Ras al-Amud para Abu Dis, no traçado do muro, também mostrava que um outro projeto estava sendo preparado, e que os israelenses aparentemente pretendiam transformar o limite do município de Jerusalém, tal como definido arbitrariamente depois da anexação da parte leste da cidade em 1967, numa verdadeira fronteira entre Israel e os territórios atribuídos à Autoridade Palestina. O que, para nós, era um desastre."

De uma antiga família de Jerusalém, Terry se casara, perto do fim da primeira Intifada, com Salah Ayyad, filho de um próspero comerciante de Abu Dis. Terry era cristã, Salah, muçulmano, detalhes que não haviam constituído grande problema para esses dois militantes da Frente Democrática de Libertação da Palestina, que haviam frequentado as prisões israelenses por pertencerem a um partido político proibido. "Nós nos casamos durante a guerra do Golfo, mas apesar de tudo demos uma festa no Hotel Cliff, que pertencia à família do meu marido e foi confiscado pelo exército israelense em 2003, sendo transformado em acantonamento da Polícia de Fronteira", conta Terry. "O limite do município da Grande Jerusalém, estabelecido pelos israelenses depois da conquista da parte oriental da cidade em 1967, passava pelo meio do prédio. O bar ficava em Jerusalém, o restaurante, na Cisjordânia. Era um dos incontáveis absurdos da ocupação, às vezes causa de problemas com a burocracia militar israelense. Mas essa anomalia não impedia que o hotel funcionasse, nem que viessem clientes da Cisjordânia ou de Jerusalém. Simplesmente, precisavam passar pelos postos de controle do exército, esperar e correr o risco de ser barrados. Mas a isso os palestinos da minha geração estão acostumados desde o berço."

Os acordos de paz de Oslo foram assinados e Terry deixara a Frente Democrática para aderir a uma organização que trabalhava pela mudança da situação da mulher na sociedade palestina, quando o casal se instalou no primeiro andar de um pequeno prédio de pedra branca construído em 1958 pela família de Salah no território municipal de Jerusalém Oriental, a 20 metros do Hotel Cliff. No térreo, vivia desde 1987, com a família, o irmão de Salah, Abdelkarim, professor de engenharia informática na Universidade Al-Qods de Abu Dis: um nacionalista partidário do diálogo, como o irmão, muçulmano esclarecido e convencido, depois de sete anos de estudos nas universidades britânicas, de que a religião é algo da esfera privada, não devendo intrometer-se na política. Na Palestina ou em qualquer outro lugar.

"Eu estava cheia de esperança", confessa hoje Terry, como se se queixasse de ter sido muito crédula. "Realmente acreditava que finalmente teríamos nosso Estado e poderíamos viver como bons vizinhos com os israelenses. Foi movida por esse entusiasmo que decidi, em 1999, abrir em Abu Dis um jardim de infância e uma escola elementar, para participar da educação das novas gerações de palestinos. 'Nova Geração', por sinal, foi o nome que escolhi para minha escola. Tomei emprestados 30 mil dólares, depois mais 20 mil, e mais 10 mil, e comecei com 50 crianças.

"Cinco anos depois, estava com 200, e 22 professores. Foi um período de muito entusiasmo. A escola ficava a cinco minutos da minha casa a pé. Bastava atravessar a rua, perto da mesquita, passar pela obra de construção do Parlamento palestino e depois pela Universidade Al-Qods, e eu estava no trabalho. Como tantos alunos e professores meus que viviam nos limites municipais de Jerusalém, continuei passando pelo mesmo caminho apesar do muro construído em 2002, pois havia aberturas pelas quais os soldados da Polícia de Fronteira permitiam, quando não tinham ordens em contrário, a passagem das crianças e de certos rostos que podiam reconhecer. Essa tolerância nos era conveniente, mas nunca esquecerei como era humilhante para nós passar por esses buracos, e, sobretudo, ver velhas senhoras de vestidos tradicionais bordados ou vovôs de *keffieh* se contorcendo com dificuldade sob o olhar desses jovens. Além do mais, esse muro, apesar de seu aspecto provisório, efetivamente representava, pela primeira vez, uma separação concreta, nos locais onde vivíamos, entre Jerusalém Oriental e a Cisjordânia, acrescentando um obstáculo material a uma regulamentação já pesada."

Desde março de 1993, com efeito, seis meses antes da assinatura dos acordos de Oslo no gramado da Casa Branca, o exército israelense havia instaurado na Cisjordânia e na Faixa de Gaza um regime de isolamento e controle, com o objetivo de regulamentar — vale dizer, reduzir — os movimentos dos palestinos dos Territórios Ocupados em direção a Israel. Seus deslocamentos eram dificultados por uma infinidade de postos de controle e barreiras militares, sendo a entrada em Jerusalém proibida, exceto aos que dispusessem de uma autorização especial concedida pela administração civil — ou seja, pelo exército —, muito difícil de conseguir e passível de revogação ao menor incidente. Com o início da segunda Intifada, em setembro de 2000, o aparato militar e policial fora reforçado e tornado um pouco mais intransponível, com a escavação de trincheiras, o levantamento de barreiras de terra e a instalação de blocos de cimento atravessados nas estradas, caminhos e ruelas que permitiam contornar os postos de controle.

Para os habitantes dos bairros ou aldeias palestinos limítrofes de Jerusalém Oriental, como Al-Ram e Bir Nabala, no norte, Cheikh Saad no sul, Ras al-Amud, Abu Dis e El-Azariyeh a leste, essas medidas constituíam um pesadelo ainda maior que para os outros palestinos. Pois há vários anos muitos deles viviam de fato na ilegalidade, do ponto de vista das regras impostas pelo ocupante. Portadores de uma carteira de identidade laranja ou verde, os palestinos da Cisjordânia, com efeito, são proibidos pelas autoridades israelenses de permanecer em Jerusalém entre 19 horas e 5 horas da manhã, sob pena de prisão e multa, mesmo quando têm autorização de entrar. E aos palestinos de Jerusalém Oriental, portadores da carteira de identidade azul de "residentes permanentes", é proibido viver fora da cidade mais de sete anos. Os que vão além desse período e caem nas malhas da polícia perdem o direito de residência e os privilégios que o acompanham: autorização de trabalhar em Israel, benefício da segurança social e do sistema escolar israelenses, placa de automóvel amarela (como os israelenses), possibilidade de circular em Israel e utilizar o aeroporto de Tel Aviv nas viagens ao exterior. Mas o custo de vida em Jerusalém, o preço dos aluguéis e a falta de moradias, gritantes do lado palestino, levaram muitos titulares da condição de residente permanente a viver nas aldeias ou bairros limítrofes, às vezes conservando um endereço fictício em Jerusalém. Nesses subúrbios de Jerusalém Oriental, onde, até a construção do muro, nada — exceto às vezes os postos de controle das rodovias — indicava a existência de uma fronteira, onde ninguém sabia exatamente onde acabava Ras al-Amud e começava El-Azariyeh ou Abu Dis — e onde essa incerteza não incomodava minimamente —, a vida viera impor sua realidade: a realidade de uma espécie de grande aldeia estirada ao longo da estrada de Jericó, na qual todos conheciam o vizinho, na qual as famílias e clãs rivalizavam e se aliavam há gerações. No início de 2005, cerca de 55 mil palestinos de Jerusalém Oriental — de um total de 215 mil — viviam na realidade fora dos limites da cidade, e 75% dos habitantes de Az Zayyem, ao norte de El-Azariyeh, tinham carteiras de identidade de Jerusalém Oriental. E isso há anos. Em outras palavras, construir um muro ali significava simplesmente dividir famílias e cortar com uma machadada vínculos humanos, sociais e econômicos estabelecidos há décadas.

E o machado caiu. Numa manhã de janeiro de 2004, o bairro acordou em estado de sítio. Declarado "zona militar fechada" pelo exército. Nenhum veículo, nem mesmo o ônibus escolar, podia entrar ou sair. Escoltados pelos soldados israelenses, bulldozers e os poderosos caminhões-guindaste de uma empresa privada de obras públicas tomaram posse do terreno. O canteiro de obras era guardado dia e noite por uma milícia privada armada, formada, segundo os habitantes, por drusos e beduínos. No lugar do muro provisório que quase acabara por se integrar à paisagem do bairro, ergueu-se de repente entre aqueles, que até então eram vizinhos, um penhasco de concreto de 9 metros de altura, formado por peças de 1,40 metro de largura e 40 centímetros de espessura, cuidadosamente ajustadas umas às outras. Já não seria possível, agora, esquivar-se entre duas placas de concreto separadas para ir trabalhar ou escalar uma escada improvisada para entregar aos amigos, por cima das placas de concreto, um prato de knafeh ou um cesto de morangos de Jericó.

Da noite para o dia, como num cruel passe de mágica, o outro lado da rua, os vizinhos, os comerciantes, o horizonte, o sol levante tinham deixado de existir, apagados pelo muro. Durante alguns meses, uma passagem permaneceu entreaberta, sob controle da Polícia de Fronteira, na junção de um pedaço do muro com a cerca de arame de uma instituição religiosa. Como todo mundo, Terry Boullata se esgueirava de quatro por baixo da cerca para ir e vir entre Ras al-Amud e Abu Dis. Mas depois o concreto ganhou terreno, a passagem foi fechada. Agora, para chegar à sua escola, ela tem de usar o carro, dirigir-se ao centro de Jerusalém, passar pelo túnel sob o monte Scopus, seguir a estrada da colônia de Maale Adumin, tomar uma via oblíqua em direção à entrada de Abu Dis e ir abrindo caminho pelos engarrafamentos até a escola. Cerca de quinze quilômetros, pelo menos um posto de controle a atravessar, o equivalente a trinta ou quarenta minutos de trajeto para chegar ao outro lado do muro, a 300 metros do ponto de partida! "O problema, hoje, é saber se vou conseguir manter a escola. A maioria dos meus alunos e professores que moram em Jerusalém Oriental não podem mais vir, por falta de meios de transporte. Ainda estou devendo 25 mil dólares ao banco. Como é que vou pagar se estou perdendo uma boa parte dos meus alunos? Em apenas um ano, 77 deixaram a escola, de um total de 200. Eu tinha 34 alunos na 6ª série, antes da construção do muro. Agora, tenho apenas seis. Mas nem por isso vou acabar com essa turma. E tenho de continuar pagando aos professores que trabalham, embora só lhes reste um punhado de alunos. Como é que vou me sair dessa?"

Mas o pior, para Terry, é que esse muro já agora se ergue também no coração de sua própria família. Pois seu marido, Salah, titular de uma carteira de identidade laranja da Cisjordânia, não é autorizado a viver em Jerusalém. E o jogo de esconde-esconde já por si arriscado com a polícia e o exército israelenses, que ele não podia evitar antes da construção do muro, para circular entre Abu Dis, onde trabalha, e Ras al-Amud, já não é possível desde que passou a existir apenas um único ponto de passagem, sob estrita vigilância. "Muito antes da construção do primeiro muro", explica Terry, "tínhamos pedido três vezes às autoridades israelenses um visto de residência permanente, em nome da reunificação da família. Nas três vezes ele foi recusado 'por motivo de segurança', porque Salah, como eu, foi preso durante a primeira Intifada. Meu marido acabou conseguindo um visto que lhe permite ficar em Jerusalém das 5 horas da manhã até as 19 horas, mas somente por motivos profissionais: sua empresa, que vende pedras para a construção, tem grandes clientes israelenses. Se ele dormir aqui, em nosso apartamento, estará em situação ilegal. Basta que os agentes da Polícia de Fronteira apareçam no meio da noite, o que aliás gostam de fazer, para que ele seja detido, encarcerado por três meses pelo menos e condenado a pagar uma multa. De minha parte, dando abrigo durante a noite a um palestino da Cisjordânia que não tem o direito de ficar em Jerusalém depois das 19 horas — pouco importando que ele seja meu marido! —, também posso ser presa e condenada a pagar multa. Também posso ser punida se transportar Salah no meu carro." Os regulamentos efetivamente proíbem a qualquer titular da carteira de identidade azul de Jerusalém Oriental transportar em seu veículo um palestino da Cisjordânia, ainda que pertençam à mesma família, mesmo que sejam marido e mulher. As penas previstas para esse tipo de infração são confisco do veículo, suspensão da carteira de motorista, multa de pelo menos mil dólares e até seis meses de prisão.

Havia efetivamente uma solução para Terry e as filhas: abrir mão das carteiras de identidade de Jerusalém Oriental e passar a viver em Abu Dis. "Nem pensar! Estaríamos caindo na armadilha montada pelos israelenses, criando sempre mais entraves para nossa vida cotidiana, para obrigar os palestinos de Jerusalém Oriental a ir embora. Minhas filhas de 13 e 8 anos, que frequentam a escola em Beit Hanina, no norte de Jerusalém, teriam de mudar de escola, e eu não queria acrescentar mais esse trauma aos já existentes. Além do mais, queria continuar contando com a possibilidade de usar o aeroporto de Tel Aviv em minhas viagens ao exterior. Mesmo tendo todas as vezes problemas intermináveis com a segurança, por causa de minhas antigas atividades políticas, é mais rápido e menos caro que passar pela ponte Allenby, a fronteira jordaniana e o aeroporto de Amã. Decidimos, portanto, viver cada um de um lado do muro. Eu aqui, em Jerusalém Oriental, e Salah na nossa casa que ele está reformando em Abu Dis. Nossas filhas Zeina e Yasmine passam três noites comigo e três com o pai. É esta a vida a que fomos condenados pelo muro!"

"Antes, a essa hora, eu nem conseguia dar conta dos clientes." Enquanto enrola o tapete sobre o qual acaba de fazer sua oração do meio-dia, Hassan Ikermawi lança um olhar desanimado pelo seu pequeno souk cheio de odores de cominho, açafrão e café recém-torrado. À parte dois garotos que contam seus shekels diante das estantes de barras de chocolate, não há ninguém na mercearia al-Hilal, da qual ele é gerente, já agora para infelicidade sua, nessa verdadeira fortificação que marca o extremo limite oriental do município de Jerusalém. Tampouco se pode ver alguém diante dos refrigeradores cheios de sorvetes e esquimós gelados instalados do lado de fora, debaixo da lona que protege a loja do sol escaldante do verão na Terra Santa. A mesma desolação é encontrada na loja do comerciante ao lado, Yussef al-Khatib, engenheiro desempregado transformado em dono de posto de abastecimento que está semiadormecido em seu escritório decadente, com um jornal nos joelhos, enquanto seu jovem empregado acompanha um jogo de futebol num velho aparelho de televisão. "Ninguém há mais de uma hora", diz o admirador de Ronaldinho, usando uma camiseta puída do ídolo por baixo do macacão sujo de graxa. Assisti ao primeiro tempo todinho e fui comprar uma Pepsi no intervalo, e não chegou um único cliente." "Este posto pertence à nossa família desde 1955", diz Munir al-Khatib, irmão de Yussef. "Antes do muro, era um excelente negócio. Realmente muito bom! Agora, a família nem consegue viver dele: perdemos quatro quintos da nossa renda." Em frente, do outro lado daquela que foi a estrada de Jericó, as coisas vão pior ainda: a maioria das lojas fechou há meses. Grades de ferro fechadas a cadeado, cobertas de cartazes e pichações.

"Acho que vou ter de fazer a mesma coisa", diz Hassan Ikermawi. "Atualmente, já nem ganho o suficiente para pagar mensalmente os 1.200 dólares de aluguel e os 850 shekels de impostos da loja. Como é que vou sustentar minha mulher e meus filhos? Meu sogro tem uma loja em Jerusalém, vou trabalhar com ele. Aos 50 anos... Perdi três quartos da clientela e alguns dos meus melhores fornecedores. Diariamente eu recebia frutas e legumes frescos de Jericó e do vale do Jordão, de qualidade muito melhor e muito menos caros que os produtos encontrados em Jerusalém. Até israelenses da colônia de Maale Adumin vinham aqui fazer suas compras. Era um local ideal para um comércio como o meu. Antes..."

Quem quer que tenha estado ali "antes" sabe que Hassan Ikermawi, homenzinho barbudo de olhar triste por trás dos óculos ovais, não enfeita as coisas. Aqui, diante da loja, cruzam-se a estrada Jerusalém-Jericó, com seu tráfego incessante de automóveis, caminhões, ônibus e táxis coletivos, e uma outra estrada mais estreita, ligando esse subúrbio de Jerusalém a Ramallah, ao norte, através do monte das Oliveiras, e a Belém, ao sul. Nessa época, era preciso esperar às vezes quinze minutos para encher o tanque nas bombas de Yussef e Munir al-Khatib. Os automobilistas e caminhoneiros aproveitavam para comprar água mineral, refrigerantes, frutas, saquinhos de pistache ou sementes de melancia torradas na mercearia al-Hilal. Hoje, essa encruzilhada cheia de barulho, falatório e agitação não existe mais. Transformou-se num beco sem saída de onde a vida diariamente se afasta um pouco mais. Sim, "antes", na boca de Hassan Ikermawi, não é um passado distante, idealizado, tornado idílico e próspero pela alquimia da imaginação e da memória. Antes era ontem. Já havia a mesma ocupação militar, os mesmos postos de controle do exército israelense, as mesmas barreiras, as mesmas humilhações, os mesmos perigos, os mesmos problemas de autorizações e passes, a mesma perseguição cotidiana, o mesmo cansaço. Mas ainda não havia o muro.

Lá está ele, a 5 metros da loja. Cinzento, maciço, mais invulnerável que um tanque, duas vezes mais alto que o falecido muro de Berlim. Ele corta a estrada de Jericó, esgueira-se entre os prédios residenciais de Chiyah, contorna ou atravessa os terrenos das congregações religiosas e sobe as colinas, ao sul do Hotel Cliff, dividindo a paisagem em duas, como uma lâmina de serra gigante, obscena, no meio dos olivais. Tudo isso ao longo de quilômetros. Com meandros às vezes desconcertantes e, nos pontos nevrálgicos, torres de vigilância cilíndricas com vidros blindados e encimadas por uma câmera.

De um lado os israelenses, do outro, os palestinos? Não. O muro, aqui, separa na verdade palestinos de outros palestinos. Afora os soldados, os únicos israelenses presentes nessas paragens são as poucas famílias de colonos que ocuparam, ao longo do muro, duas antigas casas palestinas sobre as quais tremula agora a bandeira azul e branca de Israel. Essa colônia "selvagem", batizada de Kidmat Zion, não consta da lista de assentamentos oficiais. Mas apesar disso conta com a proteção do destacamento da Polícia de Fronteira instalado no antigo Hotel Cliff.

"Minhas janelas davam para o sol nascente, e agora dão para esse monstro", diz em seu francês cantante, aprendido com os padres, Elie Yacoub, um aposentado da indústria do turismo que mora a dois passos da cortina de concreto. "Essa presença é tão deprimente que nem consigo mais ficar em casa. Nem mesmo mergulhado num livro consigo esquecê-lo. Ele mudou tudo, até a cor da luz. De manhã, logo que posso, saio de casa e vou visitar meus amigos que têm um hotel perto da porta de Damasco, em Jerusalém. Dou uma mãozinha, substituo a recepcionista quando ela se ausenta, leio a imprensa internacional, converso com os turistas estrangeiros. Conto-lhes o que estamos passando. Recomendo que visitem o muro, para que falem dele ao voltar para casa."

Um pouco mais alto na colina, na direção do monte das Oliveiras, por trás de um muro de pedra e de um portão metálico equipado com interfone, esconde-se a comunidade das freiras de Caridade. Religiosas italianas, palestinas e libanesas mantêm um internato de meninos de 5 a 13 anos, procedentes das aldeias cristãs da Cisjordânia, além de uma hospedagem para os peregrinos. Do terraço do internato, o olhar alcança até o deserto da Judeia. A vista do muro é incontornável. "Veja só: nosso jardim descia até o vale", explica a irmã Laudy Fares, apontando as oliveiras, os limoeiros, as figueiras, as palmeiras e uma bela horta. "Era o terreno onde as crianças brincavam. No verão, fazíamos piqueniques. Com o muro, acabou tudo. Os israelenses não hesitaram em aterrar toda uma parte do vale, arrasar jardins, arrancar árvores para construí-lo."

A algumas centenas de metros dali, além da mercearia Al-Hilal, na estradinha que sobe a colina, ao pé do muro, na direção do antigo Hotel Cliff, um vasto jardim sombreado envolve o abrigo Nossa Senhora das Dores, retiro igualmente mantido por religiosas cristãs. "Dos nossos 45 pensionistas, muçulmanos e cristãos", explica a irmã Amal, uma das dirigentes da instituição, "20 são de Jerusalém Oriental, e podem ser visitados sem problemas pela família. Para os outros 25, originários da Cisjordânia e com famílias vivendo lá, tudo mudou desde a construção do muro, pois os palestinos da Cisjordânia são obrigados a solicitar autorização para entrar em Jerusalém. Agora, não podem mais largar o carro ou sair do táxi antes do posto de controle e entrar em Jerusalém Oriental a pé, pelos atalhos, tentando não ser apanhados. Não existem mais atalhos, e, nos pontos de passagem, o controle é impiedoso. Quem tem passe, passa; caso contrário, dá meia-volta. Com isso, alguns dos nossos pensionistas — que por sinal, pelos regulamentos da ocupação, estão aqui em situação ilegal — não recebem visita dos parentes há meses. Os mesmos problemas são enfrentados pelo nosso pessoal. Só um dos nossos empregados mora em Jerusalém Oriental: para ele, nada mudou. Mas os outros vêm de Ramallah, Belém e Abu Dis. Têm autorização para trabalhar aqui, podem vir legalmente, mas têm de atravessar o muro de manhã e de noite, ou seja, fazer longos percursos e esperar em vários postos de controle para atravessar a única passagem aberta. Alguns, como o nosso cozinheiro, preferem dormir aqui, mesmo não sendo autorizados, a permanecer durante a noite no território de Jerusalém, e correm sério risco. Se acrescentarmos que se tornou impossível para nós nos abastecer do outro lado da rua, em Abu Dis, e que precisamos ir até Jerusalém, onde tudo é praticamente o dobro do preço, é o caso de se perguntar como vamos continuar existindo."

"Venha, estou à sua espera, tempo é o que não me falta. Será bem-vindo." Do outro lado do fio, a voz de Yahyia Izhiman é calorosa, quase brincalhona. "Vá até o ponto de táxi de Abu Dis; lá, pergunte onde fica a loja de cafés Izhiman, do meu irmão. Estarei esperando. Se não me encontrar, pergunte a qualquer um na rua. Todo mundo nos conhece. Izhiman é mais que um nome na Palestina, é uma marca."* Yahyia Izhiman tem razão. Impossível entrar numa loja de produtos alimentícios, num café, num restaurante, de Khan Younis a Jenin, sem encontrar as caixas de chá Izhiman, os saquinhos de açúcar em pó Izhiman, os temperos Izhiman. Como é que essa antiga empresa familiar enfrenta as dificuldades do momento? A resposta está do outro lado do muro, a 10 metros. Ou seja, atualmente, a quase 45 minutos de estrada. Aos engarrafamentos do centro de Jerusalém Oriental somam-se um posto de controle e um controle ambulante extremamente minuciosos do lado da colônia de Maale Adumin, além do tráfego e do estacionamento anárquicos na rua principal de Abu Dis. A loja Izhiman, mantida por Soufiane, o jovem irmão de Yahyia, fica em pleno centro da cidade, numa curva daquela que foi a estrada Jerusalém-Jericó. Trata-se na verdade de uma confeitaria onde os clientes também podem comprar a peso cafés de meia dúzia de diferentes procedências, torrados na hora, além de pistache, temperos da Ásia e da América Latina expostos em recipientes de madeira marrom, no fundo da loja.

Lá está Yahyia Izhiman, enchendo xícaras de um café turco fervente. Homenzinho de olhar vívido, com seus cinquenta anos, é evidente que ele se orgulha de pertencer a uma velha e vasta família de negociantes: "Tenho oito irmãos, um dos quais trabalha no Arab Bank, aqui em Abu Dis, e três irmãs, uma das quais vive no Iraque. Meu avô começou a importar café e condimentos na década de 1930. Nessa época, utilizava caravanas de burros de Aden até Jerusalém, passando pela Arábia. E foi meu pai que começou a vender os produtos que importamos com a marca Izhiman. Quando ele morreu, eu assumi a direção da empresa. Meus irmãos administram as lojas de Jerusalém Oriental, El-Azariyeh e Ramallah. Apesar dos bloqueios, dos postos de controle, das barreiras, do sistema de passes, dos impostos de importação cobrados pelos israelenses, que atrapalharam muito o nosso abastecimento de matérias-primas e as entregas aos clientes, a empre-

* Entrevista com o autor, 14 de agosto de 2005, em Abu Dis.

sa continuou a funcionar. Agora, com o muro, não tenho mais certeza de nada. Você vai entender por quê."

A cinco minutos da loja, numa rua muito menos movimentada, Yahyia Izhiman empurra a porta pesada de um entreposto de onde se exala, forte, o cheiro do café torrado. "É a nossa oficina de torrefação e embalagem", explica ele, esgueirando-se entre as pilhas de sacos de juta com as etiquetas "Colômbia", "Costa Rica", "Brasil", "Índia", até chegar ao escritório, que tem como único objeto de decoração um retrato do pai em preto e branco. Mais de metade das instalações está parada, aparentemente há vários dias. "É este o nosso problema", diz ele. "A economia palestina está falindo. As pessoas não têm mais trabalho, nem, portanto, dinheiro. Meus registros de encomendas estão quase vazios. E, com o muro, a proibição de trabalhar em Israel, a coisa toda vai de mal a pior. Olhe ao seu redor: aqui, antes do muro, havia mais de vinte empregados. Restam apenas cinco. Acontecia de termos de trabalhar até 13 horas por dia, e mesmo 24 horas sem parar, para atender a grandes encomendas. Pois estamos reduzidos agora a sete horas."

No fim da rua principal, onde ela vai dar no muro, Yahyia Izhiman também explorava um supermercado, em frente à mercearia Al-Hilal de Hassan Ikermawi. Ele começou a só abri-lo algumas horas por dia, mas acabou fechando definitivamente e abrindo uma nova loja em Anata, outro subúrbio de Jerusalém Oriental, perto da estrada de Ramallah. "A maioria dos clientes eram pessoas de passagem, sobretudo habitantes de Jerusalém Oriental que vinham a minha loja porque era menos caro que na cidade." No bairro, todos os outros estabelecimentos comerciais — drogaria, padaria, loja de móveis, restaurante, alfaiate — já fecharam há muito tempo. A uma distância de até 150 metros do muro, todas as portas metálicas, até as do centro médico e do consultório de dentista, estão baixadas, fechadas a cadeado e cobertas por várias camadas de cartazes e pichações. Mas Eitaf Labadi, a dona da farmácia, continua lá: "Por quanto tempo? Não sei. Fiz as minhas contas, e elas não são muito encorajadoras. O aluguel chega a 900 dólares. Desde a construção do muro, meu volume de negócios diário caiu de 800 para 50 ou 60 dólares. Muitas pessoas perderam o trabalho e estão sem recursos. Além disso, em vista das restrições de circulação, tenho dificuldade de conseguir certos remédios."

Com o severo coque cinzento, os óculos e a paciência ante as solicitações embaraçadas de certos clientes, precisando confessar que não têm dinheiro, Eitaf Labadi parece uma professora benevolente. Benevolente, mas cansada, às vésperas de se aposentar, de ter de enfrentar tantas incertezas e sofrimentos que não tem como aliviar. Entre os clientes da farmácia, Abu Mohammad, um bigodudo atarracado de seus quarenta anos, fica indignado quando alguém fala do muro. E não é à toa: operário da construção civil que perdeu o emprego por causa dos obstáculos que o faziam chegar atrasado aos canteiros de obras, Abu Muhammad se orgulhava de ter comprado um lote na periferia de Abu Dis, abaixo do Hotel Cliff, e de ter ali construído uma casinha com uma espécie de varanda dando para as colinas. "Como não encontrei trabalho permanente aqui", explica ele, percorrendo o caminho que contorna o prédio do Parlamento palestino, abandonado sem ter sido concluído, "eu tinha decidido criar carneiros. Tinha cerca de quarenta e diariamente os levava para pastar nas colinas. Quando os israelenses começaram a limpar o terreno diante da minha porta, eu lhes disse que iam construir o muro a 5 metros da minha casa, no meu terreno. Eles responderam que era tarde demais para protestar. Hoje, tenho 9 metros de concreto diante das minhas janelas e sou obrigado a deixar a luz elétrica acesa o dia inteiro na varanda. Além disso, o muro me impede o acesso às pastagens. Já não tenho como alimentar o rebanho. Vendi uma parte dele para fazer um pouco de dinheiro, e vou abatendo os outros animais um a um para alimentar a família. Que Alá possa punir os israelenses pelo que nos fazem!"

"A cidade está afundando", constata Imran el-Khatib, ex-dono de uma empresa de transporte, que passou a trabalhar como agente imobiliário quando desapareceram os turistas e peregrinos. Sem ter o que fazer, ele está sentado com dois amigos na loja de um dos últimos vendedores de falafel do bairro, diante de alguns pratos de homus, *foul*, *labneh* e saladas, os ingredientes tradicionais da refeição rápida palestina. Talvez para salvar as aparências, ele manteve sua indumentária endomingada de comerciante próspero — camisa de mangas curtas, gravata, cabelos caprichosamente penteados, isqueiro dourado —, mas no fundo falta convicção: "Tenho nas mãos um terreno para construir, em plena cidade, que valia cerca de 8 milhões de dólares antes da construção do muro. Hoje, não consigo comprador nem por 2 milhões. Os apartamentos que alugava a 2 mil dólares por mês, mal consigo alugar por 500 dólares."

O único comércio próspero do bairro, ao que parece, é a loja de produtos eletrodomésticos novinha em folha da empresa Sbitany, cujas enormes letras vermelhas, acesas assim que cai a noite, iluminam esse lúgubre beco sem saída. "Foi a construção do muro que nos obrigou a abrir essa nova loja", explica um dos jovens vendedores, Mahmud Arikat, trajando a camisa branca e o colete vermelho do uniforme do pessoal da Sbitany. "Como nossos clientes da Cisjordânia não podem mais vir a Jerusalém Oriental, onde ficavam nossas lojas, abrimos outras para continuar a atendê-los, do outro lado do muro. Para isso, claro, é necessário que nossos caminhões sejam autorizados pelos israelenses a atravessar os postos de controle. Por enquanto, é o que acontece. Foi o nosso patrão, o Sr. Mohsen Sbitany em pessoa, que negociou com os israelenses."

Em frente à insólita loja Sbitany, o doutor Adnan Anafeh mantém com a mulher, Mona, pediatra, um centro médico que está sempre cheio. "As pessoas não vão bem", constava esse médico de cerca de cinquenta anos, instalado aqui desde a juventude. "Estão preocupadas, angustiadas, tensas. Aqui, toda família de certa forma está dividida em duas pelo muro, sem saber como será a vida nos próximos meses. As pessoas não fazem mais projetos, não esperam mais nada, sentem-se abandonadas. As crianças, especialmente, reagem muito mal ao que lhes parece uma espécie de amputação de seu espaço natural. E eu nem estou muito certo de que todos tenham lá muita clareza sobre os riscos da situação em que nos encontramos. Pois agora estamos isolados de toda e qualquer ajuda médica de urgência. Nem em Abu Dis, nem em El-Azariyeh, nem nas aldeias vizinhas, com uma população de cerca de 75 mil pessoas, existe uma única maternidade, um verdadeiro centro cirúrgico, um escaneador, um serviço de cardiologia. Antes da construção do muro, quando aparecia um caso grave, nós chamávamos uma ambulância, e, quinze minutos depois, na pior das hipóteses, o paciente estava em Makassed ou Augusta Victoria, os dois grandes hospitais palestinos de Jerusalém Oriental. Agora, esses dois hospitais estão do outro lado do muro, inacessíveis. No Augusta Victoria, setenta por cento dos empregados residem na Cisjordânia e de três em três meses precisam solicitar ao exército israelense autorização para entrar em Jerusalém Oriental. Que pode ser concedida ou não. O hospital já perdeu 30% de seus pacientes. Pode ser privado, pela administração, de pelo menos 60 dos 165 leitos. O Makassed acaba de ser reduzido de 250 para 150 leitos.* Em caso de urgência ou complicação, é preciso chamar uma ambulância de Belém ou Ramallah e ir para o hospital de Ramallah. Ou seja: entrar em contato com as autoridades israelenses, conseguir as autorizações necessárias para passar pelos postos de controle e transportar o paciente pelas estradas estreitas e sinuosas que contornam Jerusalém. O que pode levar 35 minutos ou três horas. Sobretudo à noite. Em caso de hemorragia interna ou crise cardíaca, esse tempo perdido pode ser fatal para o doente. Você acha que os israelenses pensaram nisso?"

---

* Dados confirmados por um documento da ONU de fevereiro de 2006 (Humanitarian Uptade, february 2006. Access to Jerusalem — New Military Order Limits West Bank Palestinian Access).

2

Nós estamos aqui, eles estão lá

QUEM INVENTOU O MURO? "Talvez tenha sido eu, vou explicar por quê", arrisca Dany Tirza, meio zombeteiro meio sério, ziguezagueando com seu automóvel japonês pelo tráfego matinal de Gilo. Vizinha dos bairros meridionais de Jerusalém, essa verdadeira "cidade nova" de 37 mil habitantes, que domina os centros urbanos palestinos de Belém e Beit Jala, é considerada pelos israelenses uma extensão natural da Cidade Santa. E é por sinal a impressão que ela dá quando se chega ao centro da cidade. Para um visitante indiferente à geografia histórica e política de Jerusalém, a avenida Dov Yosef, que leva ao coração de Gilo, pode parecer um prolongamento do bulevar Begin ou do bulevar Herzog, principais artérias do bairro do Knesset e dos ministérios. Com efeito, Gilo foi construída nos limites da "Grande Jerusalém", tal como redefinidos por Israel depois de 1967, ao anexar 7 mil hectares de terras palestinas. Mas o bairro fica do lado palestino da Linha Verde que desde 1949 separa o Estado de Israel da atual Cisjordânia. Trata-se, portanto, de uma colônia. Uma das doze implantadas por Israel desde 1967 na periferia da Grande Jerusalém.

O coronel Dany Tirza, que usa o quipá tricotado dos colonos — ele mora em Kfar Adumin, uma colônia próxima do vale do Jordão —, é um sujeito parrudo de cabelos grisalhos. Aos 46 anos, acaba de passar para a reserva, mas continua incumbido do planejamento "estratégico e espacial" no Ministério da Defesa, o que lhe dá direito a uma carteira plastificada que abre todas as barreiras e, para sua segurança, a um soldado armado de fuzil de assalto americano no banco de trás do seu carro.

Lotado durante muito tempo no comando da zona central do país, Dany Tirza, que não vai a lugar algum sem um grosso porta-documentos cheio de mapas e fotos aéreas atualizados diariamente, é considerado no Estado-Maior um dos mais profundos conhecedores da Cisjordânia, de suas aldeias e caminhos, por ele percorridos em todas as direções a bordo do seu jipe. Só Ariel Sharon, ao que parece, poderia rivalizar com ele nesse terreno. No início do processo de paz de Oslo, ele fora incumbido do Projeto Arco-Íris, voltado para o planejamento das retiradas e movimentos de mobilização militar na Cisjordânia, em função dos acordos interinos. Nessa função, participava também, como integrante da delegação israelense, das negociações com os palestinos. Foi num desses encontros que Yasser Arafat, achando graça de vê-lo chegar sempre às reuniões com um rolo de mapas debaixo do braço, deu-lhe um nome de guerra "à palestina": Abu Karita (o pai dos mapas).

Em 2001, quando o governo Sharon decidiu solicitar estudos de viabilidade sobre um projeto de barreira tão intransponível quanto possível entre israelenses e palestinos, foi Dany Tirza, naturalmente, o encarregado de conceber e desenhar o traçado. Hoje, ele supervisiona o canteiro de obras, trabalha nas modificações exigidas pela Corte Suprema, conclui o desenho dos últimos trechos e se transforma em diplomata para ir ao Vaticano negociar a passagem do muro nas terras das congregações católicas.

"Foi aqui talvez que tudo começou", diz ele saindo do carro num promontório rochoso, na periferia sul de Gilo, de frente para a aldeia de Beit Jala, do outro lado do vale.* "No início da segunda Intifada, em outubro de 2000, o bairro onde estamos ficou debaixo do fogo de atiradores que mira-

---

* Entrevista com o autor, 29 de agosto de 2005, em Jerusalém.

vam nos habitantes na rua ou pelas janelas de seus apartamentos. Perto da sinagoga, existe uma placa em homenagem a um policial morto a poucos metros dali. Na época, nós conhecíamos muito bem o oficial de ligação da polícia palestina em Belém, que tinha pertencido ao esquema de segurança da cidade, falava hebraico e dispunha de 400 homens armados de kalachnikovs. Mas quando lhe pedimos que mandasse parar com os tiros, ele respondeu que era impossível, pois os atiradores eram jovens provenientes de um campo de refugiados que se escondiam na casa do prefeito de Beit Jala, e ele não podia desalojá-los à força. Levamos dois tanques para o estacionamento de Gilo e foram atirados alguns obuses na casa do prefeito — que até hoje não foi consertada, como se pode ver daqui. Depois disso, montamos uma operação e entramos em Beit Jala. Mas não podíamos permanecer lá eternamente nem ficar vigiando todas as casas.

"Para impedir que os *snipers** atirassem nos habitantes de Gilo, tive a ideia de construir aqui um muro de 2 metros de altura e cerca de vinte metros de comprimento, formado por peças em forma de T invertido, simplesmente depositadas no solo, lado a lado. O muro cumpriu seu papel. Os tiros pararam. E os moradores do bairro puderam retomar sua vida normal."

Cinco anos depois, o muro de Gilo continua de pé. Terá sido para integrá-lo definitivamente ao ambiente que artistas locais decidiram ornamentá-lo com um afresco representando a colina palestina que ele oculta?

"Na época a que me refiro, garantir a segurança desse bairro era um verdadeiro pesadelo", prossegue Dany Tirza, percorrendo com o olhar os flancos áridos da colina, que dominam a estrada de Belém a Hebron. "Toda manhã, milhares de palestinos que trabalhavam em Jerusalém entravam na cidade através do posto de controle, perto do Túmulo de Raquel, mas também através de uma infinidade de caminhos pelas colinas. A certa altura, mobilizamos aqui até 14 viaturas da Polícia de Fronteira para tentar fazer

---

* Atiradores de tocaia. (*N. do T.*)

uma triagem dos que entravam. Mas mesmo com o dispositivo de vigilância mais sofisticado e os soldados mais bem treinados, não existe certeza de interceptar todos os terroristas infiltrados entre os trabalhadores inocentes. A prova é que, em 2003, uma patrulha da Polícia de Fronteira provocou a dispersão de um grupo de três jovens palestinos do campo de refugiados de Deheishe, ao sul de Belém, doutrinados para cometer atentados suicidas e que tentavam introduzir-se em Jerusalém saindo de Beit Jala. Dois deles aparentemente deram meia-volta, mas o terceiro conseguiu chegar ao ponto do ônibus 14, que liga Gilo ao centro de Jerusalém. Ele entrou no ônibus e detonou os explosivos que trazia na cintura perto de uma escola: 23 crianças morreram.*

"Para impedir esse tipo de coisa, não são muitas as soluções, existe apenas uma: erguer uma barreira muito eficiente, tão intransponível quanto possível, e estabelecer nos pontos de passagem um controle extremamente rigoroso."

Impedir a infiltração de terroristas e a introdução clandestina de armas e explosivos, proteger a vida de 6,7 milhões de cidadãos israelenses: é este, segundo os documentos oficiais e as declarações da maioria dos políticos israelenses, o objetivo do que é chamado aqui de "barreira de segurança", ou então "barreira antiterrorismo". Esta preocupação, naturalmente, não é destituída de fundamento nem de legitimidade. Entre 28 de setembro de 2000 — data da visita de Ariel Sharon à Esplanada das Mesquitas, em Jerusalém, que foi o episódio desencadeador da segunda Intifada — e 31 de janeiro de 2006, 992 israelenses — entre os quais 683 civis — foram mortos em ataques ou atentados. Mais de 40 tombaram durante os três primeiros meses de confrontos. No ano seguinte, o balanço chegava a 188 mortos, e depois a 420 em 2002, para em seguida começar a diminuir: 185

* Nesse ponto, Dany Tirza foi traído pela memória. Uma pesquisa na base de dados do B'Tselem, organismo israelense de defesa dos direitos humanos, e também na das Forças de Defesa de Israel, mostra que o atentado suicida de 11 de junho de 2003, a bordo do ônibus nº 14, causou a morte de 18 pessoas, das quais só uma tinha menos de 18 anos.

em 2003, 108 em 2004 e 50 em 2005. Simultaneamente, é bem verdade, as operações do exército israelense e os ataques dos colonos causavam a morte de 3.399 palestinos.*

Construir um muro ou uma barreira para se proteger dos invasores, imigrantes, contrabandistas ou vizinhos, para separar populações ou — como há pouco tempo em Berlim — para impedir um povo de fugir de um regime insuportável não é uma ideia nova nem original. Mais de dois séculos antes da nossa era, durante a breve dinastia Qin, os soberanos dos reinos chineses rivais já recorriam a uma rede de fortificações para se proteger uns dos outros, mas também para conter os ataques das tribos nômades do Norte. Outras linhas de defesa tinham sido erguidas em meados do século VI pelos qi do Norte, e mais tarde pelos sui. Foi ao sul dessas defesas, das quais praticamente mais nada resta, que os imperadores Ming iniciaram em 1368 a construção da Grande Muralha da China, com uma extensão de 6.350 quilômetros. Concluída em 1620, ela se destinava inicialmente a proteger a China dos invasores manchus. A história mostra que sua eficácia estratégica foi discutível: a dinastia manchu dos Qing, que tomou o poder em Pequim em 1644, apesar da Grande Muralha, permaneceu nele até o século XX.

Muito menos ambicioso e espetacular — estendendo-se por apenas 120 quilômetros —, o muro construído a partir do ano 122 no Norte da Inglaterra, depois de uma visita do imperador Adriano, servia sobretudo para marcar concretamente a fronteira norte do Império Romano. Embora sua guarnição, constituída por mais de 10 mil homens, tivesse resistido a vários ataques, ele foi abandonado pelo sucessor de Adriano, e uma boa parte dos blocos de pedra que o constituíam voltou a ser utilizada em outras construções. Transformada em principal atração turística da região, sua parte central, poupada pelo tempo e os saqueadores, faz parte desde 1987 do patrimônio mundial da Unesco.

---

* Dados obtidos no site do B'Tselem (http://www.btselem.org).

Quanto ao muro dos Fiscais do Tesouro construído ao redor de Paris em 1785 por Claude-Nicolas Ledoux (com uma extensão de 24 quilômetros e 60 postos alfandegários dispostos a intervalos regulares), para pôr fim à fraude nas taxas e impostos cobrados para a entrada de mercadorias na capital, não sobreviveu à Revolução nem, sobretudo, um século depois, à criação do cinturão dos Grandes Bulevares. Dessa delimitação cujo preço o ministro das Finanças da época, Loménie de Brienne, considerava por demais elevado restam hoje apenas alguns postos alfandegários que escaparam à fúria revolucionária e, no repertório da canção francesa, uma aliteração de autor desconhecido: "*Le mur murant Paris rend Paris murmurant* [O muro que cerca Paris torna Paris murmurante]."

Essas experiências de resultados inconcludentes não dissuadiram os estrategistas modernos de recorrer aos muros ou barreiras, não para resolver contenciosos políticos ou territoriais, mas para proteger um território contestado, impedir incursões hostis, dissuadir imigrantes ilegais ou simplesmente ganhar tempo e separar beligerantes à espera de que os negociadores providenciem compromissos aceitáveis.

Existe atualmente uma dezena de muros ou barreiras desse tipo entre a China e Hong Kong (32 quilômetros), o Marrocos e o Saara ocidental (2.500 quilômetros), a China e Macau (340 metros), a Índia e a Caxemira paquistanesa (550 quilômetros), o Marrocos e os enclaves espanhóis de Ceuta (10 quilômetros) e Melilla (12 quilômetros), o Marrocos e o Saara ocidental (2.500 quilômetros), a Coreia do Norte e a Coreia do Sul (250 quilômetros), a República de Chipre e a região norte da ilha, ocupada pela Turquia desde julho de 1974 (300 quilômetros). Outros estão sendo erguidos entre a Arábia Saudita e o Iêmen, a Tailândia e a Malásia, Bangladesh e a Índia, onde o governo de Nova Délhi empreendeu a construção de uma barreira de 4 mil quilômetros que custará algo em torno de 400 milhões de euros. Os Estados Unidos já cercaram vários trechos de sua fronteira de 3.200 quilômetros com o México, na Califórnia, no Texas e no Arizona. Planejam atualmente construir, ao longo das zonas mais porosas desse limite territorial, um muro de 1.116 quilômetros para dissuadir imigrantes clandestinos.

Em Israel, se Dany Tirza, com seu anteparo para as balas dos atiradores de Gilo, pode ter sido o primeiro a dar realidade concreta à ideia de um muro de proteção e a demonstrar sua eficácia, a ideia de uma linha de separação material entre os dois povos já rondava há muito tempo as cabeças dos ideólogos, mas também as de certos militares e políticos.

Fora formulada pela primeira vez 25 anos antes da criação do Estado de Israel, por Vladimir (Zeev) Jabotinsky, o "pai" ideológico do Likud. Em artigo de novembro de 1923 que ficaria famoso, o teórico do revisionismo sionista, sonhando com a criação do Estado judeu nas duas margens do Jordão, preconizara a construção de uma "muralha de ferro" para protegê-lo da "rejeição árabe". "Todo povo autóctone", escrevia ele, "luta contra os estrangeiros que se estabelecem em suas terras, enquanto subsistir nele uma esperança, por mais fraca que seja, de afastar o perigo desse estabelecimento. Assim procederão igualmente os árabes da Palestina, enquanto subsistir em seu espírito a fagulha de uma esperança de que conseguirão impedir que se faça da Palestina árabe Eretz Israel, ou seja, uma Palestina judaica. (...) Em consequência, um acordo por livre e espontânea vontade é inconcebível. Por isto é que aqueles para os quais um acordo com os árabes constitui condição *sine qua non* da política sionista podem ficar sabendo desde já que está definitivamente fora de questão alcançá-lo, restando apenas abrir mão do projeto sionista. Nossa ação de imigração na Palestina deve portanto cessar, ou ter prosseguimento sem que nos preocupemos com a posição dos árabes; de tal maneira que nosso estabelecimento possa desenvolver-se nela sob a tutela de uma potência que não seja dependente da população local, ao abrigo de uma muralha de ferro que essa população jamais poderá forçar. Tal deve ser nossa política quanto à questão árabe."*

Onipresente na Yichuv — a comunidade judaica da Palestina antes da criação do Estado de Israel —, a ideia da separação, com base na convicção

---

* Zeev Jabotinsky, "A muralha de ferro (os árabes e nós)", p. 537-542, em *Sionismes textes fondamentaux*, reunidos e apresentados por Denis Charbit, Abin Michel/Menorah, 1998.

sincera ou inventada de que os árabes nunca aceitariam de bom grado a existência do Estado de Israel entre o Mediterrâneo e o Jordão, nunca deixou de obcecar, além da comunidade de colonos, os círculos políticos israelenses, tanto de direita quanto de esquerda. Menos de dois meses depois do fim da guerra dos Seis Dias, por sinal, um político trabalhista propôs ao governo, a 26 de julho de 1967, um "compromisso territorial" baseado na partilha da Cisjordânia entre Israel e a Jordânia. Yigal Allon, antigo comandante do Palmach, as tropas de assalto da Haganah, era na época ministro do Trabalho do gabinete de união nacional chefiado por Levi Eshkol. Seu plano não previa explicitamente um muro ou uma barreira entre os enclaves palestinos cedidos ao reino hachemita, mas uma "zona estratégica defensiva" de cerca de dez quilômetros de largura, controlada por Israel entre o Jordão e os contrafortes orientais das colinas da Cisjordânia. Contemplava também a criação, ao longo do cume, de uma série de colônias destinadas a marcar a nova fronteira e servir de postos avançados de alerta. Esse plano, que implicava a anexação por Israel de 33% da Cisjordânia, nunca foi avalizado pelo governo nem pelo Partido Trabalhista (embora tenha permanecido por longo tempo como plataforma "oficiosa" dos trabalhistas em matéria de colonização). Dele subsiste ainda hoje, além de cerca de vinte colônias ao longo do Jordão, a espetacular "via Allon", traçada pelo norte do deserto da Judeia até o vale do Jordão, com o qual converge perto da Linha Verde, 15 quilômetros ao sul de Beit Shean.

Outros planos de separação e colonização seriam propostos nos círculos políticos e militares israelenses nas décadas seguintes. Nenhum deles levaria verdadeiramente a uma separação material entre israelenses e palestinos, traduzindo-se em sua maioria no desenvolvimento da colonização e das "rotas de contorno" reservadas aos israelenses. E a multiplicação das colônias e de suas vias de acesso acabaria enfeixando os palestinos dos Territórios Ocupados numa série de "bolsões" separados uns dos outros por barragens e postos de controle militar. Obstáculos e entraves que transformariam sua vida cotidiana num quebra-cabeça kafkiano.

Mais de vinte anos antes de se tornar primeiro-ministro de Israel, Ariel Sharon, na época ministro da Agricultura do governo de coalizão do Likud religioso formado por Menahem Begin, também concebera um projeto de povoamento judaico da Cisjordânia. Apresentado ao governo a 29 de setembro de 1977 e adotado no dia 2 de outubro seguinte, esse plano abriu caminho para a construção, em quatro anos, de cerca de 60 colônias destinadas ao mesmo tempo a garantir a segurança de Israel, principal preocupação de Sharon, e atender às exigências territoriais e messiânicas do tal Gush Emunin (o Bloco da Fé), aliado de Begin. Assim como os fundadores do Gush Emunin, o primeiro-ministro israelense considerava, com efeito, que a "Judeia-Samaria", berço do povo judeu, pertencia por direito a Israel. Caberia perguntar se já então Sharon pensara em erguer uma "barreira de segurança" em torno dessas colônias, anexando-as de fato ao território israelense e ignorando a existência da Linha Verde. É o que pensa um de seus ardorosos partidários, Ron Nachman, prefeito da colônia de Ariel, uma das mais importantes da Cisjordânia. Nachman declarou em 2003 a um jornalista do diário popular *Yedioth Aharonoth* que seu amigo "Arik" concebera já na década de 70 a hipótese de uma barreira, e que em todos os seus encontros com Sharon a partir de 1978 vira em suas mãos um mapa com o traçado de um muro na Cisjordânia.*

Só no início da década de 90 a primeira autêntica "barreira" entre palestinos e israelenses seria construída pelo exército de Israel em torno da Faixa de Gaza. Com uma extensão de cerca de sessenta quilômetros, essa barreira de arame de 3 metros de altura, dotada de detectores de presença humana e margeada por uma via de patrulha, inspirava-se em grande medida nas barreiras instaladas ao longo das fronteiras libanesa, síria e jordaniana. Visando delimitar claramente uma das duas "zonas autônomas" previstas nos acordos de Oslo e do Cairo (sendo a outra a cidade de Jericó), a barreira de Gaza também tinha o objetivo de evitar a infiltração

---

* "A Wall in Their Heart", artigo de Meron Rapoport in *Yedioth Aharonoth*, 10 de julho de 2003.

em Israel de terroristas e outros elementos armados. O Estado-Maior israelense considerava, com efeito, que, após a retirada de suas tropas, a chegada a Jericó — mas sobretudo a Gaza — de milhares de palestinos armados, para formar as forças policiais dos territórios autônomos, poderia constituir, a longo prazo, um risco para os israelenses vivendo nas proximidades.* A verdade obriga a reconhecer que essa primeira barreira não resistiu muito tempo às investidas palestinas, após a irrupção da segunda Intifada, em setembro de 2000.

"Em minha primeira viagem por Gaza como chefe do comando sul, em dezembro de 2000", observa o general Doron Almog, à frente da divisão israelense mobilizada na faixa de 1994 a 1996, "verifiquei que os palestinos tinham desmontado a maior parte da barreira. Nesse mesmo período, o exército recebia diariamente dez a trinta relatórios dos serviços de informação dando conta de que terroristas tentavam infiltrar-se em Israel para introduzir cargas explosivas e promover atentados suicidas. Minha primeira decisão, assim, foi reconstruir a barreira, o que levou seis meses, de dezembro de 2000 a junho de 2001. Paralelamente, criamos ao longo da cerca [em território palestino] uma zona tampão com profundidade de um quilômetro, livre de todo obstáculo. As hortas e plantações permitiam às vezes que os terroristas se aproximassem até 50 metros da barreira sem serem percebidos. Eliminamos, portanto, todas as árvores, para permitir melhor vigilância. Além disso, construímos torres de observação de alta tecnologia, que permitem aos soldados vigiar dia e noite 6 quilômetros de barreira, ao mesmo tempo em que o menor incidente é registrado por câmeras. Por fim, demos aos soldados novas instruções de ação para lidar com os que se aproximassem dessa zona. O resultado é que, entre 2000 e 2003, quando

---

* O exército israelense entregou simbolicamente as chaves de Jericó aos palestinos no dia 13 de maio de 1994. A 18 de maio, retirou-se da maior parte da Faixa de Gaza — à exceção das colônias, que representavam cerca de 20% da superfície do território. Yasser Arafat chegou à Faixa de Gaza, proveniente do Egito, no dia 12 de julho seguinte. Em agosto de 2005, as colônias da Faixa de Gaza seriam evacuadas pelos israelenses.

deixei a função, num total de mais de 400 tentativas de atravessar a barreira detectadas pelo exército, nenhuma teve êxito."*

Outro indivíduo, cuja opinião haveria de se revelar muito importante ao ser discutida a hipótese de construir um muro na Cisjordânia, partilha dessa conclusão: Avraham (Avi) Dichter. Chefe do setor sul do Shin Bet — o serviço de segurança do Estado de Israel — no início da década de 1990, ele também pôde constatar que a barreira erguida ao redor de Gaza conseguira impedir as incursões de camicases em território israelense, e que, apesar da qualidade de seus explosivos e do preparo dos militantes encarregados de manejá-los, as redes terroristas de Gaza se haviam tornado nitidamente menos eficientes que as de Jenin, Nablus, Ramallah e Hebron. Sua opinião teria tanto maior peso na medida em que, a 14 de maio de 2000, Avi Dichter seria nomeado pelo primeiro-ministro trabalhista Ehud Barak para chefiar o Shin Bet.**

Foi um ataque contra soldados que voltavam à base depois do descanso do fim de semana, a 22 de janeiro de 1995, que levou o primeiro-ministro da época, o trabalhista Yitzhak Rabin, promotor e signatário dos acordos de Oslo com Yasser Arafat, a solicitar pela primeira vez estudos sobre um projeto de muro entre Israel e os palestinos. Como todas as encruzilhadas israelenses, a de Beit Lid, perto do centro penitenciário de Ashmoret, a leste de Netânia, é ponto de encontro de militares. Nesse domingo, no cruzamento da rodovia 4 com a rodovia 57, dezenas deles esperam um

---

* "Lessons of the Gaza Security Fence for the West Bank", nota do general (da reserva) Doron Almog em *Jerusalem Issue Brief*, publicado pelo Institute for Contemporary Affairs, vol. 4, nº 12, 23 de dezembro de 2004.

** Outros especialistas em questões de segurança mostram-se menos categóricos. Questionado *in loco* em agosto de 2005, um oficial observa, assim, que a barreira de Gaza não foi capaz de evitar que os palestinos introduzissem clandestinamente quantidades de armas provenientes do Egito, e que o arame farpado não impede a entrada em Israel de prostitutas russas provenientes do Egito nem o contrabando de maconha através do Sinai.

ônibus ou tentam carona com algum motorista compreensivo para voltar a sua unidade, quando de repente duas bombas carregadas por camicases explodem quase simultaneamente. O atentado, assumido pela Jihad Islâmica, uma das organizações hostis aos acordos de Oslo, como a qualquer forma de aceitação de Israel, causa 21 mortes — de 20 soldados e soldadas e 1 civil. Indignado com a constatação de que, entre os palestinos, os radicais da recusa e da guerra santa continuam igualmente decididos, e furioso com Yasser Arafat, incapaz de controlar os "seus" extremistas, Rabin pede a seu ministro da Segurança, Moshe Shachal, que assuma a direção de uma comissão incumbida de estudar a construção de um muro entre Israel e os palestinos.

Shachal, que participou da concepção da barreira erguida ao redor de Gaza, põe mãos à obra com a ajuda do exército e dos serviços de segurança. Desde a assinatura dos acordos de Oslo, foram registrados cerca de cinquenta atentados ou ataques contra israelenses, civis ou militares. O número de vítimas chega a uma centena. "Na verdade", recorda-se o general (hoje na reserva) Uzi Dayan, na época chefe do departamento de planejamento do Estado-Maior, "o projeto destinava-se sobretudo a lutar contra o crime organizado, as infiltrações de delinquentes, o tráfico de armas e carros entre Israel e os territórios palestinos autônomos. No terreno político, os dirigentes ainda achavam que era possível um autêntico acordo de paz com os palestinos e que em seguida as coisas seriam mais simples, graças sobretudo à colaboração entre nossas forças de segurança e as deles. Eu não era dessa opinião. Como outros responsáveis pela segurança, começava a achar que os palestinos nunca seriam capazes de combater eficazmente seus próprios terroristas, e que uma barreira certamente seria um instrumento eficaz de proteção. À falta de algo melhor."

Emperrado em debates sem fim, o "projeto Shachal" não sobreviveu a Yitzhak Rabin, assassinado a 4 de novembro de 1995, em Tel Aviv, por Yigal Amir, jovem nacionalista religioso que o acusava de ter vendido a terra de Israel aos árabes.

Uma versão ligeiramente modificada do mesmo projeto — avaliada, segundo Dany Tirza, em 2 bilhões de shekels, o equivalente a 390 milhões de euros —, debatida por um breve momento no governo de Benyamin Netanyahu, eleito primeiro-ministro em maio de 1996, seria por sua vez abandonada por pressão do ministro da Defesa, Yitzhak Mordechai. Originário do Iraque, Mordechai, que tinha 5 anos ao chegar a Israel, em 1949, comandou um batalhão de paraquedistas na frente de Suez durante a guerra de outubro de 1973. Ele considera perigosa essa barreira, que poderia, a longo prazo, tornar-se uma verdadeira fronteira.

Só no outono de 2000, com a incursão de Ariel Sharon — eleito um ano antes presidente do Likud — na Esplanada das Mesquitas e o subsequente início da segunda Intifada, é que o primeiro-ministro trabalhista Ehud Barak, em situação política muito delicada desde que ficara em minoria no Knesset, em julho, se pronunciaria também a favor de um dispositivo de separação. O plano a ele apresentado em novembro baseia-se no princípio por ele resumido numa frase de campanha eleitoral: "Nós estamos aqui, eles estão ali." Prevê uma barreira impedindo a passagem de veículos e filtrando a de pedestres ao longo da Linha Verde e ao redor dos grandes blocos de colônias — particularmente Ariel, Maale Adumin, Gush Etzion e a periferia de Jerusalém. A situação das colônias isoladas ainda seria debatida. E na verdade jamais seria debatida no governo de Barak: as intermináveis — e inúteis — negociações para a formação de um governo de união nacional ou "de urgência nacional" adiam para mais tarde o exame do esquema da barreira. Para mais tarde quer dizer até o governo de Ariel Sharon, eleito a 6 de fevereiro de 2001 primeiro-ministro de Israel, com 62,39% dos votos.

3

A vigília de Pessah

Quem era contra a barreira de segurança? Ninguém, ao que parece, afora, naturalmente, os palestinos, uma parte dos colonos da Cisjordânia, apavorados com a ideia de se verem isolados do lado "errado", e alguns círculos de partidários do diálogo israelense-palestino, convencidos de que não basta uma boa cerca para fazer bons vizinhos. Na sociedade israelense de hoje, emparedada em seus medos e suas certezas, a barreira é objeto de tal consenso que seria difícil encontrar entre os políticos ou militares envolvidos na sua construção interlocutores dispostos a reconhecer que, ainda que por um momento, lhes tenha passado pelo espírito alguma hesitação ou dúvida. E no entanto, mesmo depois da chegada de Ariel Sharon ao poder, a ideia de construir uma "zona de separação" entre israelenses e palestinos não se impôs logo de saída. Inclusive entre alguns dos que hoje reivindicam sua paternidade.

Sharon, para começo de conversa, mostrava-se mais que reservado ante os planos que, herdados do governo Barak, lhe foram apresentados ao assumir o cargo, a 7 de março de 2001. Ele temia que a barreira a ser erguida ao longo da Linha Verde, segundo a concepção dos assessores de Barak, se transformasse numa autêntica fronteira, isolando as colônias existentes em território palestino. Mas ficara interessado — e talvez abalado? — pela exposição feita meses antes, no foro político e estratégico da conferência de Herzliya, pelo professor Arnon Sofer, diretor da cadeira de geoestratégia e copresidente do Centro de Estudos de Segurança Nacional da Universidade de Haifa. Especialista no "perigo demográfico árabe", Sofer-o-contador-de-árabes, como veio a ser conhecido por alguns colegas, prega há anos uma verdadeira separação entre israelenses e palestinos, indispensável, segundo ele, para a preservação do caráter judeu do Estado de Israel. Para corroborar sua tese, ele fizera em Herzliya a apresentação comentada de um mapa que mostrava a possibilidade de concretizar a separação, ao mesmo tempo conservando do lado israelense da "cerca" 80% dos 220 mil colonos da "Judeia e Samaria" e dos 180 mil de Jerusalém Oriental.*

A Cisjordânia, explicava ele, deve ser dividida em três partes, três "salsichas": uma ao norte, de Jenin a Ramallah; a segunda, ao sul, de Belém a Hebron; e a terceira, menor, ao redor de Jericó. Uma barreira eletrificada poderia ser construída em torno das três salsichas palestinas, que representariam, em superfície, pouco menos da metade da Cisjordânia, mas congregando a maioria de sua população árabe. O vale do Jordão continuaria sob controle do exército israelense, que assim poderia, em caso de perigo proveniente do leste, isolar os palestinos do resto do mundo árabe.

Na época líder da oposição, Ariel Sharon, que assistia à conferência, conversara longamente com o professor, ao fim de sua exposição. Portanto, logo após a vitória de Sharon, Arnon Sofer não se surpreendera quando um de seus assessores o convidou por telefone a visitar assim que possível o novo primeiro-ministro, acrescentando: "Traga os mapas."** De acordo

---

* Dados mencionados por Arnon Sofer em "Nous avons tracé la clôture", artigo publicado por *Outre-Terre, revue française de géopolitique*, Eres, Paris, 2004.
** "A Wall in Their Heart", artigo de Meron Rapoport in *Yedioth Aharonoth*, 10 de julho de 2003.

com um dos seus assessores militares da época, Sharon ainda estava muito longe de tomar decisões estratégicas sobre a separação, as rupturas unilaterais, a natureza e o traçado da barreira. Mas ele ouvia, reunia informações e opiniões, consultava os mapas, encontrava representantes do Conselho das Colônias. Parecia saber que teria em breve de tomar decisões políticas e estratégicas cruciais. Em sua plataforma política, publicada em janeiro, declarava ser favorável à conclusão de um acordo interino de longo prazo com os palestinos, chegando a mencionar, na última frase desse plano, a criação de um Estado palestino em 42% da Cisjordânia — contra 94% propostos pela delegação israelense em Taba. Nesse início de março de 2001, contudo, tendo o fracasso das negociações israelenses-palestinas de Taba em janeiro selado o fim do governo Barak, e no momento em que a "intifada Al-Aqsa" já matara 64 israelenses — dos quais 36 civis — e 343 palestinos, o novo primeiro-ministro parecia mais preocupado com as maneiras de pôr fim o mais breve possível ao levante palestino do que com o traçado de uma futura linha de separação. Aparentemente, ele considerava apresentar uma resposta convincente à necessidade de segurança dos israelenses, que havia sido um dos principais temas de sua campanha, dando prosseguimento ao isolamento dos Territórios Ocupados e ordenando ao exército que perseguisse e golpeasse os terroristas, não raro ao preço de pesadas "perdas colaterais" na população palestina.

"Quando me chamou, logo depois de assumir o cargo, Sharon não me mostrou nenhum mapa", lembra-se Uzi Dayan, o general que na época chefiava o Conselho de Segurança Nacional.* "Perguntou-me simplesmente o que eu achava da ideia de uma separação. Eu pus mãos à obra, começando por analisar a situação de segurança, a maneira de agir dos terroristas, o estado de espírito da população. Em seis meses, cerca de 80 israelenses tinham sido mortos em atentados ou atos terroristas. A maioria fora vitimada em território israelense. Dias antes, um atentado causara especial horror: tivera como alvo o Dolphinarium, uma boate de Tel Aviv, onde

* Entrevista com o autor, 29 de novembro de 2005, em Ramat Gan.

cerca de vinte jovens foram mortos e mais de 120 ficaram feridos.* Apresentei um primeiro plano em julho. Eu achava que, para acabar com as infiltrações de terroristas e responder às inquietações dos israelenses, precisávamos de uma barreira de segurança, sendo necessário estudar o mais rápido possível seu percurso e sua natureza. Sharon nomeou-me então para a direção de uma comissão incumbida de preparar um projeto de traçado. Mas o governo ainda não estava convencido. Pelo menos cinco membros do gabinete, entre eles o ministro de Relações Exteriores, Shimon Peres, e o ministro das Infra-estruturas, Avigdor Lieberman, mostravam-se mais que reservados. Lieberman achava que o projeto arruinaria seu sonho de uma Grande Israel. Peres, agarrado à ideia de que um acordo com Yasser Arafat era possível, considerava que o traçado proposto se afastava demais da Linha Verde. Sharon também se mostrava mais contrário à ideia. Por ter sempre detestado, como soldado, as estratégias defensivas e por fazer uma ideia dos problemas que a criação da barreira causaria na coalizão, especialmente entre os representantes dos colonos. Mas também para evitar ser arrastado contra a vontade numa lógica de desengajamento nos Territórios Ocupados. Quando fui informado do teor de suas objeções, pedi para encontrá-lo. E lhe fiz a seguinte pergunta: 'Que fará se houver outros atentados? Vai recorrer ao discurso habitual, dizer aos israelenses que os que acabam de morrer eram preciosos e nos farão falta? E que responderá aos que disserem que poderiam ter sido salvos pela barreira?' Depois de consultar o governo, Sharon decidiu que não havia urgência, mas pediu que eu desse prosseguimento ao meu trabalho sobre as medidas destinadas a impedir as infiltrações de terroristas palestinos em Israel. E a 18 de julho o Gabinete de Segurança aprovou as recomendações que eu fizera."

Na verdade, a única decisão então tomada pelo governo Sharon seria, como registram os documentos publicados pelo Ministério da Defesa israelense, ordenar a 23 de julho de 2001 o estabelecimento de uma "zona de separação" entre Israel e as regiões controladas pela Autoridade Palestina.

---

* Em 1º de junho de 2001.

Nessa zona, a Polícia de Fronteira (a oeste) e o exército (a leste) são incumbidos, sob a autoridade de uma "força-tarefa" responsável pela coordenação, de promover patrulhas de controle para interceptar, interrogar e deter os palestinos que tentassem entrar ilegalmente em Israel. Os contingentes de soldados e policiais são reforçados, assim como as medidas adotadas em novembro de 2000 para impedir a entrada em Israel de veículos palestinos. Mas ainda não se fala de erguer um "obstáculo contínuo", ou seja, um muro ou uma barreira, exceto em três setores — Um el-Fahm, Tulkarem e Jerusalém —, os quais, representando cerca de 80 quilômetros, são considerados "zonas de alto risco".

Hoje na reserva, depois de ter servido durante 36 anos, inicialmente numa unidade de elite, depois à frente de uma brigada blindada e por fim no Estado-Maior, Uzi Dayan visivelmente ficou decepcionado, nesse caso, com as postergações de Sharon, que habituara seus camaradas de uniforme a decisões rápidas, audaciosas e até — com certa frequência — aventurosas. Mesmo de jeans e camisa xadrez, esse homem atarracado, cujo rosto quadrado raramente é iluminado por um sorriso, raciocina sempre como militar: não existe motivo para esperar, considera, quando já se identificou a ameaça, pesou os riscos, concebeu a resposta, avaliou os meios e recursos e falta apenas dar as ordens. Foi sem dúvida por isso que decidiu, aos 58 anos, lançar, com o apoio de alguns amigos e um pelotão de jovens militantes, seu próprio movimento político: Tafnit (A Virada). Sem grande êxito até o momento.* No apartamento em que instalou a sede do Tafnit, no 26º andar da torre Sheraton, na periferia de Tel Aviv, amontoam-se caixas cheias de brochuras descrevendo em hebraico e inglês o programa do movimento, que escolheu como logotipo uma estrela de Davi verde e azul. Nele, encontra-se em especial o mapa da linha de desengajamento imaginada pelo movimento, propondo a anexação de fato, por Israel, de um terço da Cisjordânia, a construção de uma barreira ao redor dos territórios

* Nas eleições legislativas de 28 de março de 2006, o Tafnit não conseguiu chegar ao mínimo de 2% de votos que confere um assento no Knesset.

anexados contendo a maior parte das grandes colônias israelenses e a evacuação, por Israel, de 32 pequenas colônias onde vivem 21 mil israelenses. Um plano muito semelhante ao projeto apresentado a Ariel Sharon já na primavera de 2001. E que não fica muito distante do projeto atualmente em curso.

"Veja só", diz ele, esboçando numa folha de papel o esquema de uma barreira. "Bastava observar o que aconteceu em Gaza para estar certo de que a barreira seria a solução. Em cinco anos, nenhum grupo de terroristas conseguiu infiltrar-se em Israel a partir da Faixa de Gaza. Foi, inclusive, o que finalmente encorajou Sharon a decidir pela retirada. Por que, então, ter esperado tanto para iniciar a construção da barreira ao redor da Cisjordânia? Por que ter perdido um ano, num momento em que se multiplicavam os atentados?"

Com efeito, apesar dos reiterados pedidos de vários responsáveis pela segurança, entre eles o chefe do Estado-Maior, Shaul Mofaz, e o diretor do Shin Bet, Avi Dichter, incansavelmente preconizando um "obstáculo contínuo" entre israelenses e palestinos, foi preciso esperar até abril de 2002, após uma sucessão de assassinatos de "alvos", atentados, represálias e novos atentados, que provocaram a morte de 123 israelenses e 605 palestinos em quatro meses, para que o governo Sharon decidisse oficialmente construir uma barreira ou um muro em três regiões da Cisjordânia.

"Na vigília de Pessah [a Páscoa judaica]", recorda-se Benyamin 'Fuad' Ben-Eliezer, na época ministro da Defesa, "eu decidira levar minha mulher e meus filhos a Belém, onde estava estacionada uma de minhas antigas unidades, para passar essa noite com os soldados.* Você sabe o que significa a Pessah para os judeus: é a festa que comemora a saída dos hebreus do Egito, uma das mais importantes do nosso calendário. Eu queria estar com esses jovens que não tinham a possibilidade de ver a família ao seu redor nessa noite. Mas não conseguimos passar mais de uma hora em Belém. Fui

* Entrevista com o autor, 30 de agosto de 2005, em Tel Aviv.

avisado por um telefonema de que um camicase explodira as bombas que trazia na cintura no saguão do Park Hotel de Netânia, onde 250 pessoas estavam reunidas para a festividade. Foi uma carnificina: 30 mortos e 140 feridos. Naquele momento, pensei: 'Chega! Agora, não quero saber de mais nada, não estou nem aí para o que disserem de mim. O que preciso fazer é construir essa barreira!'"

Não seria a primeira barreira construída por "Fuad". No fim da década de 70, quando tinha a patente de coronel, Ben-Eliezer, que fala fluentemente o árabe e podia tranquilamente passar por um libanês nas ruas de Beirute, fora três vezes ao Líbano, clandestinamente, encontrar-se com os dirigentes cristãos, avaliar sua combatividade e os armamentos de que dispunham, definir a melhor maneira de ajudá-los a combater os fedayins palestinos que chegavam ao país aos milhares depois de serem expulsos da Jordânia após o Setembro Negro. Quando os cristãos do Sul do Líbano se viram cercados pelos combatentes muçulmanos em seus "bolsões" da fronteira, ele foi um dos inventores da "boa fronteira" entre Israel e o Líbano: constituída por duas grades altas de arame, equipadas com detectores eletrônicos de presença humana, a "boa fronteira" também contava com frequentes patrulhas de israelenses e, sempre que o comando considerava necessário, poderosas incursões armadas, apoiadas pela artilharia e a aviação. Era tão eficaz que, em 1980, dos 262 atentados de fedayins registrados pelo exército israelense, apenas 8 foram efetuados por combatentes infiltrados a partir do Líbano. O que não impediu Sharon, dois anos depois, de invocar a frequência dos atentados na Galileia para invadir o Líbano...

Conhecido por sua franqueza e seus acessos de raiva, Ben-Eliezer, "falcão" sem complexos do Partido Trabalhista, é um desses generais de tropa cuja trajetória exemplar alimenta a história e a lenda do exército israelense. Nascido no Iraque — donde o apelido de "Fuad" —, ele chegou a Israel em 1950, com 13 anos, sozinho, passando pelo Irã. Foi no kibutz de Merhavia, perto de Afula, e depois no "campo de transição" de Pardesia, a leste de Netânia, onde seus pais foram abrigados ao chegar, três anos depois, que ele aprendeu o hebraico sem perder o domínio do árabe, um dos seus trunfos no exército. Mobilizado nas Forças de Defesa de Israel em 1954, dois anos antes da guerra de Suez, ele fez toda a sua carreira nas unidades de combate da infantaria, até deixar o uniforme, com a patente de general, trinta anos depois, às vésperas da "guerra das pedras", e entrar para o Knesset, onde seria reeleito ininterruptamente desde 1984. Basta vê-lo devorar seu prato de bolos com uma xícara de chá, em seu gabinete de ministro das Infra-estruturas, e ouvir sua voz habituada aos grandes espaços e às refregas do Knesset para entender que esse combatente incansável, jovial mas colérico, tendo adquirido uma respeitável pança, conhece melhor as colinas rochosas da Cisjordânia que esse bairro periférico de Tel Aviv onde as torres *high-tech*, as concessionárias BMW e Volvo e os cafés da moda aos poucos vão tomando o lugar das lojinhas de peças de reposição. Ben-Eliezer afirma, com efeito, conhecer melhor os palestinos que muitos outros dirigentes israelenses, pois nasceu num país árabe, fala sua língua e nunca deixou de combatê-los, mas também de conversar com eles. Depois de comandar as forças israelenses no Sul do Líbano e logo na região militar da Judeia-Samaria (ou seja, a Cisjordânia), ele foi coordenador de atividades governamentais nos Territórios Ocupados. Em 1992, antes de ter início o processo de Oslo, foi ele o escolhido pelo novo primeiro-ministro, Yitzhak Rabin, para visitar discretamente Túnis e sondar as intenções de Arafat.

"O problema", troveja ele, "é que sempre levamos tempo para entender o que acontecia entre os palestinos. Quando eu era ministro da Defesa, fui várias vezes às prisões falar com os camicases que tínhamos conseguido capturar antes de detonarem suas bombas. Eles não são idiotas. Vários daqueles com quem conversei tinham um excelente nível de estudos, muitos haviam frequentado a Universidade de Bir Zeit. Conheci até uma jovem de Belém diplomada em informática e que parecia ter um brilhante futuro profissional. Com pessoas assim, movidas pelo desejo profundo de morrer, não podemos simplesmente sacar a arma e dizer 'Pare ou vai morrer', como se faz com qualquer outro terrorista. Morrer é exatamente o que eles querem. É o que eles esperam. Contra pessoas assim, nossa ciência da guerra, nosso arsenal, nossos F-16, nossos Apaches, nossos Merkavas não podem nada. Existe apenas uma maneira de contê-las: impedi-las de chegar até nós. Ou seja, construir um muro. Uma vez dito isso, contudo, é preciso resolver o problema político. Era o problema com que nos defrontávamos quando tomei conhecimento do atentado de Netânia. À direita, o Partido Nacional religioso e os colonos eram contra, pois nem queriam ouvir falar de uma separação entre a Judeia-Samaria e Israel. À esquerda, muitos dos meus amigos do Partido Trabalhista, o Meretz, eram contra, pois não queriam saber de algo diferente de uma fronteira de acordo com a linha de 1967 [a Linha Verde]. O próprio Sharon às vezes se recusava a me ouvir, ouvir os serviços de segurança. Foi preciso que se passasse muito tempo depois de ele assumir o cargo, talvez mais de um ano, para que realmente aceitasse a ideia da barreira. De minha parte, eu sabia, por minhas conversas com o Estado-Maior do exército, as informações militares, o Shin Bet, o Mossad, que os atentados suicidas continuariam, que estávamos entrando num novo ciclo de terrorismo e só havia um meio de enfrentá-lo: barrar-lhe o caminho.

"Quando o Gabinete de Segurança do governo se reuniu, a 14 de abril de 2002, quase três semanas depois do atentado de Netânia, eu propus a Sharon — e ele concordou — que o Ministério da Defesa fosse incumbido de estudar e construir essa linha de separação. A ideia básica era erguer uma barreira permanente para reduzir o tempo de reação e melhorar a capacidade operacional das forças de segurança. Foi criada uma comissão ministerial de comando e controle, presidida pelo primeiro-ministro. Uma célula foi organizada no ministério, e solicitamos a Dany Tirza que estudasse o melhor sistema e o melhor traçado. Ele é um homem de direita, muito à direita, mas excelente para esse trabalho, que pressupõe um conhecimento muito apurado das condições no terreno. Depois de estudar a situação com ele, propus que um primeiro trecho de muro ou barreira fosse construído no centro de Israel, onde eram mais frequentes as infiltrações — digamos, entre Afula, no norte, e a região de Modin, perto da estrada Jerusalém-Tel Aviv. Finalmente, o governo decidiu construir três trechos. O primeiro, para proteger a rodovia 65, que liga Hadera a Tiberíade, teria cerca de cem quilômetros de extensão, entre Salem, ao norte, e a região de Kafr Qasem, no centro; os dois outros, ao norte e ao sul de Jerusalém."

Ouvindo-o hoje, fica parecendo que Benyamin Ben-Eliezer nunca se mostrou reservado quanto à necessidade de construir a barreira de segurança, e muito menos hostil a seu princípio. Mas não é a mesma a opinião de alguns daqueles que estiveram envolvidos nesse dossiê desde o início, ou que acompanharam atentamente os debates no Partido Trabalhista israelense em 2001 e 2002. No início, explicam eles, quando a questão da barreira — que já tinha sido tratada durante o governo de Rabin, sem que se desse continuidade — voltou a ser posta na mesa, Ben-Eliezer se opôs, talvez por razões substantivas, mas sobretudo porque seu rival no partido, seu adversário pela candidatura ao cargo de primeiro-ministro, Haim Ramon, mostrava-se favorável. Ele acabaria aderindo na primavera de 2002, ante a indignação causada pela sucessão de atentados suicidas, seis meses antes de deixar o governo Sharon com os outros ministros trabalhistas. Ao que parece, também discordava, na questão do traçado da barreira, com alguns dos comandantes militares, especialmente aquele que o sucederia no Ministério da Defesa, o chefe do Estado-Maior do exército, Shaul Mofaz, um protegido de Sharon. Enquanto os primeiros projetos concebidos nessa época pelos especialistas do Estado-Maior propõem uma barreira serpenteando em longos meandros no interior da Cisjordânia, para contornar as colônias, chegando a atingir 700 quilômetros de extensão, Ben-Eliezer continua a preconizar um traçado de 350 quilômetros, pouco mais longo que a própria Linha Verde (315 quilômetros). E por sinal continua favorável a essa versão ao assistir ao início das obras do primeiro trecho na sexta-feira, 14 de junho de 2002, perto do kibutz Givat Oz, ao norte de Jenin, expondo aos jornalistas presentes suas ideias sobre a barreira de segurança.

"O atentado de Netânia acabou por convencer os principais dirigentes políticos de que precisávamos mudar de método em nossa luta contra o terrorismo, mas eu não diria que foi decisivo na mudança de posição de

Ariel Sharon sobre a questão da barreira. E na realidade não foi uma reviravolta brutal, mas um processo progressivo. Na verdade, o que acabou fazendo com que o primeiro-ministro se inclinasse em favor da barreira foi a sucessão de atentados. E o fato de terem sido mortíferos demais para ficarem sem resposta." Na época chefe do Shin Bet, o serviço de segurança interna de Israel, Avi Dichter, nomeado em maio de 2006 ministro da Segurança no governo de Ehud Olmert, de bom grado reconhece que estava entre os que provocaram a mudança de posição de Sharon, bombardeando-o com notas e exposições de motivos sobre as vantagens de um obstáculo fixo.* "Nem sei mais quantas vezes eu lhe disse que não podíamos mais combater o terrorismo montando patrulhas e emboscadas. E que ele precisava pensar na quantidade de trabalhadores palestinos ilegais que entravam em Israel provenientes da Cisjordânia, mesmo havendo bloqueios. Pois 99% deles vinham exclusivamente para trabalhar, mas 1% podia ser terrorista."

Antigo membro da célebre — apesar de secreta — Unidade de Reconhecimento do Estado-Maior (Sayeret Matkal), esse quinquagenário que faz questão de manter a forma fez toda a sua carreira civil no Shin Bet. Depois de dirigir vários de seus principais setores, inclusive a proteção de figuras públicas, após o assassinato de Yitzhak Rabin, ele assumiu a direção geral em 2000, a pedido do primeiro-ministro da época, Ehud Barak, e certamente teria iniciado um segundo mandato de cinco anos em 2005 se não tivesse feito alarde de suas reservas quanto aos planos de retirada unilateral de Gaza feitos por Ariel Sharon. Curado da decepção numa passagem pela Brookings Institution, um centro de estudos estratégicos de Washington, e já agora adepto do "plano de convergência", vale dizer, o princípio de retiradas unilaterais da Cisjordânia proposto por Ehud Olmert, ele acabou optando pelo combate político, elegendo-se deputado do Kadima — o partido de Sharon e Olmert — ao mesmo tempo que continuava dentro de sua esfera de eleição: a caça aos terroristas e a segurança pública.

---

* Entrevista com o autor, 7 de julho de 2006, em Tel Aviv.

"A primeira vez que pensei na construção de uma barreira", diz ele, "foi logo depois dos acordos de Oslo. Na época, eu chefiava a divisão sul do Shin Bet. Meu equivalente no exército, o comandante da zona militar sul das Forças de Defesa de Israel, era Matan Vilnai, que depois se tornaria deputado e ministro. Nós dois tínhamos sob nossa incumbência a Faixa de Gaza, e compartilhávamos a convicção de que era indispensável construir uma barreira em torno do território palestino autônomo. Como Vilnai, eu achava — e continuo achando — que barreiras altas fazem bons vizinhos. Conversei a respeito com dois colegas do Shin Bet responsáveis pela Cisjordânia, Gideon Ezra e Israel Hasson, que também entraram para o Knesset. Eu não entendia por que eles não tinham sugerido a construção de uma barreira ao redor do futuro território da Autoridade Palestina. Estava convencido de que mesmo — e talvez sobretudo — se estivéssemos envolvidos num processo de paz com os palestinos, era importante, tanto para eles quanto para nós, impedir atentados terroristas em Israel, que podiam levar ao fracasso desse projeto histórico. Aos meus olhos, uma barreira entre os palestinos e nós não era apenas um elemento de dissuasão; era também uma ferramenta de prevenção muito eficaz. Eu sabia perfeitamente que, em matéria de contraterrorismo, não existe arma absoluta, mas, combinando vários meios — informações de inteligência, controles, barreira, patrulhas — é possível provocar no modo de vida dos terroristas mudanças que os desestabilizam e tornam mais vulneráveis. Era o que eu estava constantemente dizendo a meus superiores e aos membros do governo quando tinha acesso a eles. Mas em vão. Eles se mostravam reticentes — e mesmo hostis —, não por não ouvirem meus argumentos, mas por desconfiarem que essa barreira, se viesse a ser construída, teria um significado político muito forte. E, por motivos às vezes contraditórios, eles a temiam.

"Quando Sharon foi nomeado primeiro-ministro, eu voltei a pôr a questão na mesa, com ele e com Fuad [Ben-Eliezer], seu ministro da Defesa, toda vez que nos reuníamos depois dos atentados terroristas. Acho que meus argumentos acabaram por se impor. Acontece que eu moro em Ashkelon, não longe da fazenda de Sharon em Neguev, de modo que de vez em quando nos encontrávamos. Se não me falha a memória, dedicamos inclusive dois encontros quase inteiros à barreira. Não seria portanto um exagero dizer que eu contribuí muito para convencê-lo, depois da tragédia de Netânia."

Em resposta ao atentado de Netânia, Sharon não se limita a ordenar a Uzi Dayan e ao Ministério da Defesa a construção do primeiro trecho da barreira e a realização de um estudo para um "plano de separação". Ele também solicita ao chefe do Estado-Maior, Shaul Mofaz, que volte a ocupar com o exército todas as cidades da Cisjordânia cedidas à Autoridade Palestina em 1995, no contexto do acordo interino Oslo II. Para essa vasta operação — a maior realizada pelo exército israelense nos Territórios Ocupados desde a guerra dos Seis Dias —, são mobilizados centenas de blindados e várias brigadas de reservistas. Em poucos dias, Nablus, Jenin e Belém estão sob o controle dos tanques e infantes israelenses. Em Ramallah, a Mouqata, quartel-general de Yasser Arafat, é cercada, assim como a Igreja da Natividade, em Belém, onde se refugiaram combatentes palestinos. Em Jenin, depois de uma batalha que deixou mortos 53 palestinos e 15 soldados israelenses, os bulldozers blindados do exército arrasam boa parte das casas do campo de refugiados. No dia 6 de junho, em Ramallah, a Mouqata é atacada pelos tanques e bulldozers. Yasser Arafat e seus colaboradores ficam confinados em alguns compartimentos de um prédio danificado. Examinada a certa altura por Sharon, a hipótese da expulsão do presidente palestino é afinal afastada por recomendação do Shin Bet, do Mossad e da inteligência militar, para os quais o velho "raís" seria mais incômodo no exterior que nas ruínas da Mouqata.

Poucos meses depois da eliminação de Raëd Carmi, o homem forte da Fatah em Tulkarem, considerada "um ato infeliz" pelo general Yitzhak Eytan, comandante da região centro, e denunciada por Ben-Eliezer como "um grave erro", pois encerrava um período de calmaria respeitada pelos palestinos, a operação Muralha contra as cidades palestinas confirma para o ministro da Defesa que, mais que nunca, ele não é ouvido. E que Sharon está para fazer, com alguns seguidores fiéis — seu assessor especial Dov Weissglass, o chefe do Estado-Maior, Shaul Mofaz, e o representante do Conselho dos Colonos, seu velho amigo Zeev Hever, mais conhecido como Zambich — escolhas políticas e estratégicas que ele não poderia apoiar. Além de optar, no caso da barreira, por um traçado muito diferente daquele que ele propunha. Não que Ben-Eliezer seja propriamente uma dessas "belas almas" da esquerda tão desprezadas por Sharon e correligionários, por sua ingenuidade e sua fraqueza frente aos árabes. "Fuad" deu sinal verde, em entendimento com Sharon, a um suficiente número de operações militares, e especialmente de "execuções certeiras", para não ser acusado de brandura. Mas a ausência de qualquer iniciativa para tirar o processo de paz do impasse em que agoniza há dois anos e o peso crescente do "lobby das colônias" sobre o governo mostram que o ministro da Defesa nunca foi tão ignorado. A situação da economia nacional, à beira da falência, e a disputa pela liderança do Partido Trabalhista, no qual um general da ala esquerda, Amram Mitzna, prefeito de Haifa, começa a causar preocupação a Ben-Eliezer, acabarão por precipitar a demissão dos ministros trabalhistas quatro meses depois, a 30 de outubro. E também o fim do governo de união nacional.

O projeto de barreira, enquanto isso, já virou um canteiro de obras. Nove dias antes da reunião de 23 de junho de 2002 em que o governo oficialmente aprovou, pela decisão nº 2077, o plano da fase 1, os bulldozers já estão em ação no Norte da Cisjordânia, entre a aldeia palestina de Zbuba e a aldeia árabe-israelense de Salem, separadas pela invisível Linha Verde. Em terras "requisitadas por razões militares" aos proprietários palestinos, a menos de 3 quilômetros da rodovia 65, as máquinas de obras públicas começaram a limpar e nivelar uma faixa de terra de cerca de sessenta metros de largura em meio às hortas, estufas e lavouras, para construir a cerca destinada, segundo Ben-Eliezer, a proteger a rodovia 65.

Em princípio, os proprietários assim lesados têm direito a uma indenização. A maioria a recusa — muitas vezes a pedido da Autoridade Palestina —, para não transformar a requisição de suas terras em pura e simples desapropriação. Em princípio, eles também podem recorrer ao conselheiro jurídico da autoridade militar de ocupação, e, em caso de rejeição do pedido, levar o caso à Corte Suprema de Israel. Em princípio. Concretamente, só alguns poucos, com a ajuda de juristas e militantes dos direitos humanos, chegarão a esse ponto. Com resultados variados. No momento, os bulldozers avançam sob os olhos dos camponeses perplexos, protegidos pelos guardas de uma milícia privada que, armados de pistolas-metralhadoras Uzi, vigiam dia e noite o canteiro de obras. Quando o gabinete aprova definitivamente o traçado da fase 1 da barreira, na quarta-feira, 14 de agosto de 2002, os bulldozers estão em ação há um mês e o canteiro já estende sua longa cicatriz empoeirada por quilômetros na direção oeste, acompanhando rigorosamente a Linha Verde. Por enquanto.

"Quando recebi de Sharon a ordem de dar início simultaneamente à realização da fase 1 e ao estudo do traçado de uma barreira entre Israel e toda a Cisjordânia, propus que meu trabalho se baseasse em três parâmetros, que foram aceitos", relata Uzi Dayan. "Primeiro: eu teria de proporcionar aos israelenses a melhor segurança possível. Segundo: teria de incluir a oeste da barreira o menor número possível de palestinos e o maior número possível de israelenses. Finalmente, precisaria me empenhar em não atrapalhar muito a vida cotidiana dos palestinos."

É verdade que essa hierarquia corresponde ao discurso oficial das autoridades israelenses quanto às condições em que foi decidida a construção da barreira. Mas não se pode afirmar com certeza que seja absolutamente sincera. Pode-se dar ao governo Sharon o crédito de se ter preocupado com a segurança dos israelenses. Pode-se até aceitar — com a ressalva da necessidade de um inventário — suas intenções "humanitárias" em relação aos palestinos. Mas não se pode deixar de constatar que desde o início a barreira também tinha uma outra vocação. Se por um lado apresenta uma justificação da estrita ordem da "segurança", para os meios de comunicação crédulos e a opinião pública israelense, legitimamente traumatizada pelo terrorismo, Uzi Dayan "esquece", por outro lado, de mencionar as demais funções, polêmicas, da barreira: as que ele mesmo lhe atribui, juntamente com boa parte dos dirigentes políticos e militares, e que vêm a ser reveladas por seu traçado sinuoso; e as que ele defenderia mais tarde no programa de seu partido. Na verdade, os pareceres "técnicos" fornecidos pelo general Uzi Dayan, que preside o Conselho de Segurança Nacional, coincidem rigorosamente com as opções ideológicas do estrategista e do político Uzi Dayan, partidário da anexação a Israel dos grandes blocos de colônias da "Judeia-Samaria" e da transformação da barreira numa fronteira entre Israel e um futuro Estado da Palestina.

O homem encarregado por Ariel Sharon, na primavera de 2002, de dirigir o gigantesco projeto de construção da barreira — um dos maiores canteiros de obras de toda a história de Israel — não tem exatamente as mesmas lembranças que Uzi Dayan. Ou talvez tenha simplesmente uma maneira mais brutal de contar o mesmo episódio. Netzah Mashiah, "Eternidade Messias", em hebraico, é tão frio e funcional quanto o cenário em que se insere. É sob a escolta de uma soldada cujo cartão magnético abre portas e elevadores que chegamos ao seu gabinete no novo Ministério da Defesa em Tel Aviv, um cubo de concreto e vidro perfurado por um cilindro de aço —, onde os visitantes, examinados um a um, devem deixar na entrada telefones celulares, computadores e agendas eletrônicas. Mashiah, falando na presença de uma porta-voz do ministério, é um civil extremamente militar. Ou o contrário. Aos 52 anos, engenheiro civil, ele passou quase metade da vida — 23 anos — no departamento de obras do exército. Deixou um cargo de direção na Solel Boneh, uma das maiores empreiteiras israelenses de obras públicas, para retornar ao Ministério da Defesa e tomar a frente do projeto da barreira de segurança, convidado por Sharon. Econômico nas palavras e nas emoções, ele se anima, contudo, ao ouvir que a barreira pode dividir em "cantões" ou "bantustões" separados o território palestino — "É pura propaganda!" —, ou então ao lembrar que o time de futebol italiano do Milan mencionou a insegurança em Israel para se recusar a jogar contra o Maccabi Haifa em seu estádio. Pois

Netzah Mashiah é torcedor do Maccabi, considerando-o o melhor clube israelense dos últimos dez anos...

A cada fase do muro, é a ele que cabe selecionar, mediante licitação pública, as empresas a serem incumbidas da limpeza do terreno, da construção da barreira e do fornecimento dos equipamentos ópticos e eletrônicos. As firmas fornecedoras do material de detecção e vigilância devem ser previamente aprovadas pelo exército. No caso do canteiro de obras da Fase 1, faziam parte da lista cerca de vinte empresas israelenses, entre elas os fabricantes de sistemas de proteção e detecção Magal e Elbit, e um fornecedor americano de equipamentos eletrônicos de segurança, Detektor. Netzah Mashiah também está a cargo da supervisão do trabalho dos cartógrafos. Com base nas fotos aéreas da zona escolhida, os perfis topográficos digitais são estabelecidos, atualizados e convertidos em modelos matemáticos estocados nos computadores do exército. Com base nesses dados, o traçado é desenhado em função das ações adotadas pelo governo e dos critérios de segurança definidos pelo Estado-Maior.

"Os políticos", explica ele com sua voz baixa, macia demais para ser realmente serena, "não param de se desentender sobre o traçado da barreira*. Por isso é que o primeiro-ministro [Ariel Sharon] e o ministro da Defesa decidiram entregar a questão ao exército, determinando um único objetivo: impedir a passagem de terroristas palestinos e sua entrada em Israel. O problema não era saber por onde passaria a barreira, em que terras, mas para que serviria. E que traçado seria o melhor para atingir seu objetivo. Foram essas as instruções recebidas pelos responsáveis pelo projeto — todos militares — no momento de pôr mãos à obra. A barreira hoje existente foi recomendada pelo exército e aprovada pelo diretor-geral do Ministério da Defesa, o chefe do Estado-Maior do exército, o ministro da Defesa e o governo. A fase seguinte consistiu em tornar tudo isso legal, efetuando requisições de terras por motivos de segurança. Requisitar não significa que nos tornemos proprietários das terras. Dispomos delas apenas enquanto

* Entrevista com o autor, 31 de agosto de 2005, em Tel Aviv.

durar a missão atribuída à barreira: acabar com o terrorismo. Partimos do princípio de que essa barreira é provisória, e de que a duração de sua existência depende da maneira como os palestinos se encaminharem para a paz. Portanto, ela pode durar cinco minutos ou cinco décadas."

4

A campanha de Dayan

NEM MESMO APÓS A CONSTRUÇÃO DO TRECHO SALÉM-ELKANA da barreira, que não apresentou grande problema e era considerado eficaz pelo exército e os serviços de segurança,* Sharon parecia realmente convencido. Ele já não tinha dúvidas, segundo um de seus assessores, quanto ao interesse de uma separação física entre israelenses e palestinos do ponto de vista da "segurança", mas continuava em dúvida quanto às derivas estratégicas e aos riscos políticos eventualmente gerados por sua existência. "Foi necessário o atentado de Netânia para convencê-lo a abrir o primeiro canteiro em junho de 2002", lembra o general reformado Uzi Dayan,

* Segundo Dany Tirza, 58 israelenses foram mortos em 2002 por terroristas provenientes do Noroeste da Cisjordânia. Em 2003, depois da construção do primeiro trecho da barreira, o número de vítimas mortais israelenses caíra para 3, e em 2004 para 0 (entrevista com o autor, em 29 de agosto de 2005). A 17 de abril de 2006, um jovem palestino da aldeia de Arqa, perto de Jenin, membro da Jihad Islâmica, disparou a carga de explosivos que trazia consigo na entrada de um restaurante num bairro popular de Tel Aviv. O atentado causou 10 mortes, entre elas a do terrorista. O exército não revelou onde nem como ele conseguira atravessar a barreira.

desiludido do sharonismo governamental. "E no entanto, a maioria dos responsáveis pela segurança, no exército, no Shin Bet, no Mossad, estava sempre reiterando, como eu, com base em mapas, números e fotos, que a construção da barreira era vital para Israel. Na realidade, eu não entendia por que persistiam tantas hesitações no terreno político, e particularmente da parte de Sharon. Naturalmente, eu sabia quais eram os motivos dessa hesitação, tanto à esquerda quanto à direita. Do meu ponto de vista, contudo, nenhum deles tinha realmente peso em comparação com os benefícios que podíamos extrair da barreira. Além disso, cabe perguntar se tínhamos escolha. Para Israel, havia, e ainda há, apenas duas soluções: ou pretendemos manter todo o conjunto da Terra Prometida, do Mediterrâneo ao Jordão, e assim caminhamos para um Estado binacional que ninguém quer, já que queremos viver num Estado judeu; ou então nos retiramos dos Territórios [ocupados], nos separamos dos palestinos e esperamos, protegidos do terrorismo pela barreira, até que as circunstâncias sejam favoráveis para negociar um acordo.

"O importante é que, tanto para os que ainda acreditam num acordo como para aqueles que querem preservar a maior parte dos Territórios, o melhor ponto de partida é o desengajamento ou retirada unilateral e a separação. Caso contrário, acabaremos com uma forma de Estado que não tem equivalente no planeta. Em matéria de segurança, seria como o Sul do Líbano; a democracia seria a da África do Sul no tempo do apartheid; e o regime, uma espécie de ditadura militar latino-americana. Um coquetel que não me agrada em absoluto!

"A única maneira de fazer os políticos saírem do lugar, de fazê-los superar as reticências e aceitar a ideia da separação, vale dizer, da barreira, era mobilizar a opinião pública. Por isso é que, em junho de 2002, ao deixar as funções de presidente do Conselho de Segurança Nacional e assessor do governo, eu decidi criar, com outros especialistas dessas questões e representantes da sociedade civil, uma associação a que demos o nome de Conselho por uma Barreira de Segurança. Nosso grupo não era grande, mas trabalhamos duro. Em três direções. Estabelecemos a lista das comunidades vizinhas à Linha Verde, logo, diretamente expostas ao terrorismo, e as dividimos em quatro grupos geográficos: Norte, Centro, Jerusalém e Sul. Em seguida, diferentes delegações foram visitar cada prefeito, cada câmara municipal. Em toda parte constatamos que as pessoas estavam preocupadas ou exasperadas com o terrorismo. Explicamos que não era uma fatalidade. E que, se eles não tinham meios para garantir a segurança das populações sob sua administração, o governo os tinha, já que havia um meio de se proteger, um meio de eficácia comprovada. Como esperávamos, esse discurso levou a maior parte deles a pressionar o ministro da Defesa, exigindo uma barreira em sua região.

"O segundo alvo de nossa comissão era o Knesset. Empreendemos um grande lobby nas comissões de Defesa e de Segurança, fornecendo aos deputados propostas e às vezes até projetos de lei. Finalmente, e neste terreno é que nossa ação foi mais eficaz, mobilizamos os meios de comunicação. Com uma argumentação muito simples: 1) nos lugares onde foi implantada, a barreira de segurança é muito eficaz; 2) ao longo da maior parte da Linha Verde, não existe uma barreira de segurança; 3) o responsável por essa ausência é Ariel Sharon. Se amanhã explodir um ônibus em Jerusalém, quem será acusado? Nas estações de rádio e televisão, não nos dirigimos aos jornalistas políticos, aos editorialistas, mas aos mediadores de debates, aos especialistas em entrevistas. Eles não são muitos, era fácil. Nós lhes expusemos nosso programa, insistindo em algumas perguntas que eles deviam fazer e voltar a fazer toda vez que estivessem diante de um dirigente político ou militar: 1) por que o que foi eficaz em Gaza não seria em outro lugar? 2) o que o senhor faz exatamente contra essa onda de terrorismo? 3) quantos quilômetros de barreira de segurança o exército já construiu? 4) o que o senhor fará se houver um atentado numa zona onde não haja barreira? De minha parte, procurei as pessoas que considero influentes nos três principais jornais: *Yedioth Aharonoth*, *Maariv* e *Haaretz*. E lhes pedi que tivessem sempre em mente duas perguntas e as fizessem, sempre que possível, a seus interlocutores dos meios políticos: 1) considera a barreira eficaz contra o terrorismo? 2) quem é responsável pelo fato de não haver uma barreira? Em seis meses, a opinião pública era favorável à barreira."

Devemos dizer que a campanha de Uzi Dayan e do seu Conselho pela Barreira não evoluía em terreno hostil. Em primeiro lugar, por causa do terrorismo. A obsessão dos atentados suicidas já se tornara onipresente entre os israelenses. Em dois anos, desde o início da segunda Intifada, os ataques ou atentados palestinos haviam causado 649 vítimas israelenses — 337 em Israel, 312 nos Territórios Ocupados. Mais de dois terços dos mortos — 445 — eram civis,* e as pesquisas mostravam que nove israelenses entre dez estavam "preocupados" ou "muito preocupados" com sua segurança. Depois, porque, após o fracasso das reuniões de cúpula de Camp David e Taba, Ehud Barak e o seu círculo tinham conseguido disseminar em Israel e outros países, graças a seus simpatizantes nos meios de comunicação, a ideia de que Yasser Arafat optara deliberadamente pelo recurso à violência, em setembro de 2001, e era o único responsável pelo naufrágio do processo de paz, por sua atitude intransigente frente às propostas israelenses. Em outras palavras, o velho presidente palestino, acusado de duplicidade e complacência com os terroristas, não era um interlocutor. Os israelenses teriam de renunciar à esperança de um dia viver "como bons vizinhos" com os palestinos.

Trabalhos publicados por jornalistas e pesquisadores — especialmente os livros de Charles Enderlin** e Clayton E. Swisher*** — mostraram desde então que essa versão era simplista e parcial. Com efeito, graves erros podiam ser imputados aos palestinos no encaminhamento do processo de paz e das negociações. Eles podiam ser acusados, em particular, de não ter preparado bem sua opinião pública para as concessões, de se ter recusado a combater os velhos mitos do nacionalismo palestino, de haver estabelecido objetivos inacessíveis e recuado no momento de assumir suas responsabilidades his-

---

* Dados do B'Tselem. No mesmo período, registraram-se 1.754 mortes de palestinos.
** Charles Enderlin, *Le Rêve brisé*, Fayard, 2002.
*** Clayton E. Swisher, *The Truth about Camp David*, Nation Books, Nova York, 2004.

tóricas. Mas Barak e os seus tampouco se tinham mostrado irrepreensíveis. Longe disso. Incapaz de esquecer, frente aos palestinos, que fora general e chefe das unidades de elite do exército, o primeiro-ministro israelense não soube adaptar o seu modo de pensar e o seu discurso às circunstâncias. Ao deixar de retirar suas tropas de certas zonas da Cisjordânia, ao adiar indefinidamente a transferência das aldeias da periferia de Jerusalém para a Autoridade Palestina, ele deixara de cumprir compromissos considerados cruciais pelos palestinos, dando a Yasser Arafat a impressão de que procurava acima de tudo eximir-se de suas obrigações. Finalmente, a maneira como sua delegação encaminhou as negociações foi desastrosa, assim como sua estratégia de "demonização" de Yasser Arafat, que levara os palestinos a concluir que se tinham equivocado ao acreditar na sinceridade israelense.

Outra desilusão cruel para Yasser Arafat e os palestinos: a delegação americana não desempenhara o papel de emissário honesto, neutro e benevolente que eles esperavam. Muito mal preparada, a mediação de Bill Clinton e seus assessores — que haviam deixado de lado, particularmente, a definição de possibilidades de recuo em caso de bloqueio — se havia transformado muitas vezes em apoio disfarçado à delegação israelense. "Os americanos atiraram em nós pelas costas", comentava na época Ahmed Qorei [Abu Alá], então presidente do Conselho Legislativo [Parlamento] e membro da delegação palestina em Camp David.* "Pouco antes do início de Camp David, estive com Bill Clinton. Expliquei-lhe que nós participaríamos das negociações, já que nos convidava, mas que nossa atitude era de grande reserva, pois nos encontros preparatórios com os israelenses não havíamos constatado qualquer mudança decisiva, nenhuma nova abertura. Eu temia que uma reunião de cúpula, nessas condições, desembocasse num fracasso histórico de que todos teríamos dificuldade de nos recuperar. Foi o que eu disse a Clinton, pedindo-lhe que se comprometesse, na minha presença, a não atribuir a responsabilidade de um fracasso assim a Arafat. E ele me prometeu. Mas não cumpriu a palavra.

---

* Entrevista com o autor, 8 de fevereiro de 2001, em Ramallah.

Mal demos as costas, após o fiasco de Camp David, e ele já apontava Arafat como principal responsável." Confirmado por um membro da delegação americana em Camp David, esse esquecimento da promessa de Bill Clinton foi considerado pelos dirigentes palestinos uma verdadeira traição. Pior: uma prova de que os Estados Unidos, mais uma vez, tinham escolhido o campo de Israel, vendo-se novamente os palestinos isolados no papel ingrato de inimigos da paz.

A verdade nos obriga a dizer que Yasser Arafat e a Autoridade Palestina nunca conseguiram se recuperar dessas acusações. O clima de desconfiança e aversão que elas contribuíram para criar continua a dominar a percepção dos israelenses em relação aos vizinhos. A Yasser Arafat, "aquele que podia, mas não queria", no dizer da classe política israelense, sucedeu Mahmud Abbas, apresentado como "um homem razoável", para ser transformado em seguida naquele que "quer, mas não pode". E, no fundo, nada mudou. "A lenda segundo a qual Barak, em Camp David, ofereceu-lhes quase tudo e Arafat respondeu com o terrorismo é hoje um dos principais obstáculos para a busca de uma solução pacífica", constata o coronel (da reserva) Shaul Arieli, que foi o responsável pela questão da paz no gabinete de Ehud Barak.*

"O muro de concreto e metal que se vê hoje na região é produto do muro mental por trás do qual se fecharam os israelenses, especialmente depois do fracasso de Camp David",** explica Menahem Klein, professor de ciências políticas na Universidade Bar Ilan. Depois de atuar como assessor de Shlomo Ben-Ami, o ministro de Relações Exteriores de Barak, Menahem Klein, judeu religioso que usa o quipá, foi um dos artesãos do acordo informal assinado a 12 de outubro de 2003 por um grupo de políticos, militares e intelectuais israelenses e palestinos e dado a público dois meses depois em Genebra. Ele afirma ter ficado indignado com a versão dos acontecimentos de Camp David apresentada por seu antigo chefe no li-

* Entrevista com o autor, 31 de agosto de 2005, em Tel Aviv.

** Entrevista com o autor, 10 de novembro de 2005, em Jerusalém.

vro que publicou.* Uma versão devastadora para Arafat, por ele considerada uma "vergonhosa deturpação dos fatos". "O grande problema de muitos israelenses, inclusive do 'campo da paz', que apoiam as posições de Sharon", diz ele, "é que nunca tentaram se colocar no lugar dos palestinos. No fundo, não estão dispostos a pagar o preço da paz, ou seja, ceder a terra, frente aos palestinos, que pagam esse preço com seu próprio sangue."

Esse aprisionamento na certeza de estar com a razão, de ocupar uma posição de superioridade moral em relação ao adversário, essa cegueira ante as aspirações do outro revelam a crise de uma sociedade "emparedada", refém das denegações de sua história.** Uma sociedade espontaneamente receptiva ao discurso dos militares, na qual a patente de general é um trampolim natural para uma carreira política, às vezes chegando ao cargo de primeiro-ministro, como mostram as trajetórias de Moshe Dayan, Yitzhak Rabin, Ehud Barak e Ariel Sharon. Uma sociedade, enfim, em vias de "brutalização", na qual os imperativos de segurança determinam as escolhas políticas e, sobretudo, as relações com essas "criaturas perigosas", os palestinos. Foi o próprio Ehud Barak que definiu Israel como "uma vila na selva". "Ser forte e se achar fraco é uma enorme tentação", constatava em 2004 o escritor David Grossman. "Nós temos dezenas de bombas atômicas, tanques, aviões. Enfrentamos pessoas desprovidas de todas essas armas. E no entanto nos mantemos mentalmente como vítimas. Essa incapacidade de nos enxergar como realmente somos na relação com o outro constitui nossa principal fraqueza."***

O diagnóstico de David Grossman, de Menahem Klein e outros intelectuais, como Avraham Burg, ex-presidente do Knesset, e o historiador Shlomo Sand é confirmado pelas radiografias da opinião pública apresentadas nas pesquisas. Um levantamento do centro de estudos estratégicos da Uni-

---

* Shlomo Ben-Ami, *Quel avenir pour Israël?*, PUF, 2001.

** Essa crise é analisada com perspicácia e erudição por Sylvain Cypel em *Emmurés, la société israélienne dans l'impasse*, La Découverte, 2005.

*** *Le Monde*, 19 de junho de 2004.

versidade de Tel Aviv* mostrava que, em 2002, 68% dos israelenses (contra 56% em 2001) consideravam impossível a paz com os palestinos; 80% (contra 71% em 2001) achavam legítima a utilização de tanques e aviões de combate nos Territórios Ocupados; e 56% consideravam os palestinos os únicos responsáveis pelo prosseguimento do conflito. E sobretudo, num eloquente desmentido retrospectivo de suas próprias esperanças, apenas 45% declaravam que haviam aprovado em 1993 os acordos de Oslo, ao passo que as pesquisas da época revelavam um índice de aprovação de pelo menos 65%...

Ao ser eleito primeiro-ministro, em fevereiro de 2001, Ariel Sharon está perfeitamente consciente, é claro, da crise por que passa a sociedade israelense. Ainda que seus critérios de análise não sejam os mesmos dos "pombos" do campo da paz e ele não compartilhe a indignação e a perplexidade de Menahem Klein, impotente ante a transformação de Israel em um "Estado-caserna", Sharon sabe que assume a liderança de um país traumatizado pela sucessão de atentados terroristas e mergulhado na dúvida depois do naufrágio do processo de paz. E por sinal baseou os temas de sua campanha nas angústias, obsessões e aversões de seus concidadãos. O que lhe valeu uma vitória com 62,39% dos votos. Ele se vê então, juntamente com seus "adversários" trabalhistas, que aderiram sem combate à sua causa, chefe de um governo de união nacional de que também participam os sefarditas ortodoxos do partido Shass, os russófonos de Nathan Charansky e a extrema-direita de Rehavam Zeevi e Avigdor Liebermann. Sem enfrentar no país uma verdadeira oposição, ele pode dedicar-se a uma missão que considera capital: consolidar a aliança com os Estados Unidos, chave da segurança de Israel, e acabar de vez com os parâmetros de negociação herdados do governo Clinton, que contemplavam, em especial, a instauração de um Estado palestino em 94 a 96% dos Territórios Ocupados da Cisjordânia e de Gaza.

---

* Asher Arian, *Israeli Public Opinion on National Security 2003*, Memorando nº 67, outubro de 2003, Jaffe Center for Strategic Studies, Universidade de Tel Aviv.

A chegada ao poder de George W. Bush e, sobretudo, os atentados contra as *Torres Gêmeas* e o Pentágono representariam para ele uma ajuda decisiva. É bem verdade que o início é difícil, pois a tragédia de 11 de setembro modifica completamente as prioridades diplomáticas e estratégicas do novo governo republicano. Nos últimos meses de 2001 e até a primavera de 2002, os assessores de Bush, obcecados com a convicção da necessidade de isolar a rede terrorista de Osama Bin Laden a qualquer preço, lutar contra o antiamericanismo do mundo árabe e fortalecer os regimes moderados do Oriente Médio, parecem depositar a maior parte de suas esperanças numa reativação urgente do agonizante processo de paz palestino-israelense. O que implica, particularmente, tomar certa distância em relação a Israel, que intensifica as operações militares e as execuções de alvos escolhidos nos Territórios Ocupados, e já não quer ouvir falar de negociações. Vozes autorizadas lembram que Washington condena o expansionismo israelense na Cisjordânia e na Faixa de Gaza. George W. Bush, cuja aversão a Yasser Arafat é bem conhecida, intervém pessoalmente junto a Ariel Sharon para que o primeiro-ministro israelense autorize seu ministro de Relações Exteriores, Shimon Peres, a se encontrar com o presidente da Autoridade Palestina — encontro que ocorreria, depois de vários adiamentos, no fim de setembro. No mês seguinte, Bush chega a declarar que é favorável à criação de um Estado palestino.

Mas esse endurecimento da posição do governo americano em relação a Israel não resistiria a uma vigorosa ofensiva do Congresso. A 16 de novembro de 2001, 89 senadores, mobilizados pelo lobby pró-israelense de Washington, enviam a George W. Bush uma carta cumprimentando-o pela decisão de não se encontrar com Yasser Arafat e pedindo que seu governo declare firmemente o apoio dos Estados Unidos a Israel.* No início de

---

* *The Israel Lobby and US Foreign Policy*, por John J. Mearsheimer e Stephen M. Walt, Harvard University, John F. Kennedy School of Government, Faculty Research Working Papers Series, março de 2006. Pouco depois da publicação do estudo, a Universidade de Harvard decidiu retirar seu logotipo do documento, distanciando-se das conclusões dos pesquisadores.

dezembro, o arrufo terminou. Dois meses depois de ter comparado Bush a Neville Chamberlain* às vésperas de Munique e acusado Washington de pretender "aplacar os árabes à custa de Israel", Sharon vai à Casa Branca para um encontro "amistoso". Chamado de "muniquense" por um aliado que em grande medida deve sua própria segurança à ajuda militar americana, caberia perguntar se Bush mereceu um pedido de desculpas. Não. Sharon limitou-se a enviar-lhe uma carta de "explicações" e "apaziguamento". Ele sabe que aliados fiéis e influentes defenderam sua causa em Washington. E, com efeito, ao subir a escada de seu Boeing para voltar a Israel, ele acaba de obter, com a ajuda dos cristãos fundamentalistas e dos assessores *likudniks* que cercam Bush, uma vitória diplomática decisiva: convencer o governo americano de que o combate que empreende na Cisjordânia e em Gaza se insere na guerra global contra o terrorismo, e de que Yasser Arafat, assim como Bin Laden, representa uma ameaça para a estabilidade do Oriente Médio. Engavetada, portanto, a reivindicação de independência dos palestinos! Esquecida sua aspiração legítima a um Estado, reconhecida pela comunidade internacional! Ei-los portanto recrutados contra a vontade, islâmicos ou não, nos ameaçadores contingentes do terrorismo planetário. Eclipsados pela luta global contra a al-Qaida, a ocupação israelense e o sofrimento sem fim dos palestinos desaparecem pelo menos provisoriamente do cenário internacional.

Sharon triunfa. Nos meses e anos que se seguem, as relações entre Israel e os Estados Unidos terão altos e baixos. Em abril de 2002, a assessora de segurança de George Bush, Condoleezza Rice, exige — em vão — a retirada "sem demora" do exército israelense, que acaba de retomar o controle da maior parte da Cisjordânia, e o secretário de Estado, Colin Powell, volta de cabeça baixa de uma viagem pelo Oriente Médio em que insistiu na retomada das negociações palestino-israelenses. Quatorze me-

---

* Neville Chamberlain (1869-1940), primeiro-ministro britânico que em 1938 assinou em Munique, com Hitler, acordos de "apaziguamento" com concessões territoriais que fortaleceram o ânimo bélico da Alemanha hitlerista. (*N. do T.*)

ses depois, durante uma visita a Ramallah, em junho de 2003, a mesma Condoleezza Rice tem uma explosão de raiva ao se defrontar, na presença de vários colaboradores de Mahmud Abbas, com o mapa da barreira, mostrando os amplos meandros do traçado no interior da Cisjordânia. Incumbida de apresentar e comentar o documento nessa reunião, Stephanie Khoury, assessora jurídica no departamento de negociações da Autoridade Palestina, dizia na época que ficara "estupefata" com a violência de sua reação: "Ela ficou indignada, furiosa, como se acabasse de descobrir que tinha sido enganada."*

Mas essas peripécias não teriam grande importância. Pois o fato é que, para Sharon e seus aliados americanos, o balanço é amplamente positivo: há muito tempo as relações entre Israel e os Estados Unidos não eram tão próximas. Em quatro anos, entre 2001 e sua hospitalização, no fim de 2005, o primeiro-ministro israelense fez onze viagens aos Estados Unidos. E toda vez que tinha uma decisão importante a tomar e não podia deixar Jerusalém, seu fiel Dov Weissglass era enviado a Washington num avião da Continental Airlines, sua companhia preferida. Assim, entre maio de 2002 e agosto de 2004, Weissglass teria cerca de vinte encontros de pelo menos uma hora e meia com Condoleezza Rice. Tornaram-se tão bons amigos que passaram a se chamar de "Condi" e "Dubi".

---

* Entrevista com o autor, 8 de julho de 2003, em Ramallah.

[illegible] depois, durante uma visita a Islamabad em junho de 2003, [illegible] Condoleezza Rice teve uma explicação de [illegible] de frente [illegible] de vários colaboradores de Mahmud Abbas, [illegible] o mapa da [illegible] ampliando os amplos [illegible] do traçado [illegible] da Cisjordânia [illegible] que constam no documento dessa reunião, Stephen [illegible] departamento de [illegible] de Abu- [illegible] que fizeram [illegible] a [illegible] dos [illegible], como se [illegible] [illegible] engano.[illegible]

Mas esse [illegible] grande importância, [illegible] e que [illegible] americanos, [illegible] entre Israel e [illegible] quatro [illegible] entre 2001 e [illegible] Estados Unidos [illegible] que tudo [illegible] Washington [illegible] profunda [illegible] em 2004, [illegible] amigos que [illegible] "Condi" e "Dubya".

[illegible]

5

Quantas oliveiras?

Como imaginava Uzi Dayan ao lançar em junho de 2002 o seu Conselho por uma Barreira de Segurança, a pressão da opinião pública, traumatizada pelos atentados, contribuiu para vencer as reticências de Sharon, especialmente graças à ajuda por ela encontrada entre os políticos e nos meios de comunicação, metodicamente mobilizados. Mas também existem outros argumentos, menos fáceis de sustentar e defender perante a comunidade internacional, que explicam a conversão do primeiro-ministro ao princípio da barreira. Segundo Ron Nachman, prefeito de Ariel — uma das maiores colônias da Cisjordânia — e velho amigo de Sharon, "foi o traçado escolhido por Dany Tirza que acabou por convencê-lo, após um longo período de hostilidade, pois ele vinculava a Israel os principais blocos de colônias — Maale Adumin, Ariel, Gush Etzion, Modin Illit — e se integrava a uma estratégia clara e coerente*". Em outras palavras, se Sharon acabou aceitando a barreira, não foi apenas porque ela pode contribuir, como indica seu nome, para a segurança dos israelenses, mas também — e talvez

---

* Entrevista com o autor, 26 de março de 2006, em Ariel.

sobretudo — porque permite anexar terras consideradas valiosas e mesmo vitais para o futuro de Israel. E isto por seu potencial agrícola, as reservas de água que contêm, a possibilidade de que representem um obstáculo para o surgimento de um Estado palestino viável ou a combinação de todos esses fatores.

Esses objetivos têm o inconveniente de entrar em contradição com o direito internacional, com várias resoluções do Conselho de Segurança das Nações Unidas, com os acordos firmados entre Israel e os palestinos, com os compromissos assumidos perante os Estados Unidos, as Nações Unidas, a União Europeia e a Rússia? Certamente. Mas quem se importa, afora os palestinos, novamente infrequentáveis, e seus aliados habituais, acusados de parcialidade? Aos olhos da maioria dos israelenses e de muitos estrangeiros, a justificação "pública" da barreira de segurança — proteger os israelenses do terrorismo — é perfeitamente digna de crédito. E legítima.

E por sinal foi depois de um novo atentado, que deixou seis pessoas mortas e cerca de quarenta feridas, a 28 de novembro de 2002, em Beit Shean, atingindo uma das seções eleitorais onde transcorriam as primárias do Likud, que o governo Sharon deu sinal verde à construção da segunda parte da barreira norte, uma seção de 45 quilômetros entre Salém e Tirat Zvi que deve concluir a zona de separação na direção do vale do Jordão. Colado, nessa altura, à Linha Verde, o traçado acompanha o vale de Jezreel, onde foram implantados os primeiros kibutzim, ao redor da antiga cidade fortificada palestina de Megiddo, para depois percorrer o cume da cordilheira de Gilboa, conhecida pelos praticantes de caminhadas e camping por suas fontes frescas e seus campos de lírios. A obra seria concluída em outubro de 2004. Enquanto isso, Sharon venceu as eleições legislativas antecipadas de 28 de janeiro de 2003, convocadas por causa da demissão dos ministros trabalhistas.

O governo de coalizão que assume menos de um mês depois é definido pelos observadores como um gabinete de "direita total". Ao lado dos representantes do Likud, ele reúne leigos do Shinui, políticos de "quipá tricotado" do Partido Nacional religioso, que tradicionalmente apoia os colonos, e figuras de proa da direita radical, como Benyamin "Benny" Elon, favorável à "transferência" dos palestinos, a quem é atribuída a pasta do Turismo... Como então admite o próprio Sharon, a coalizão que o apoia é formada por deputados que não compartilham a mesma visão do processo de paz — ou do que resta dele —, mas convergem na convicção da necessidade de construir a barreira, muito embora alguns comecem a se questionar quanto ao seu papel a longo prazo.

No verão de 2003, essas dúvidas, mas também as que dizem respeito à aparente lentidão da obra, intrigando os partidários mais decididos da barreira, chegam até a mesa do Conselho de Ministros. Em duas ocasiões, num espaço de poucas semanas, o ministro da Saúde, Danny Naveh, membro do Likud, preocupado ou advertido por uma fonte bem informada, questiona Sharon sobre o cronograma da construção da barreira. "É importante que ela seja concluída", insiste ele. "Seria um terrível erro parar no meio do caminho: bastaria aos terroristas contorná-la." Sharon concorda, sem responder.

A 7 de julho, é o ministro das Finanças, Benyamin Netanyahu, que faz a mesma pergunta a Uzi Dayan, o promotor do Conselho pela Barreira de Segurança. O encontro ocorre no gabinete de Netanyahu no Knesset. Dayan está acompanhado de quatro assessores. "Precisaremos de um ano", responde Dayan. "Em um ano, tudo poderá estar concluído." "O que nos surpreendia", comentariam mais tarde vários participantes dessa reunião, "era constatar que o próprio Netanyahu não sabia por que só determinadas seções da barreira tinham sido aprovadas pelo governo e já estavam sendo construídas, quando existia um acordo político de princípio para sua construção do norte ao sul da Cisjordânia." Convencido há algumas semanas de que alguma coisa está retardando a construção da barreira, Uzi Dayan manifesta sua preocupação a Netanyahu. Ele apresenta as respostas dadas pelo vice-ministro da Defesa, Zeev Boim, a dois deputados, o trabalhista Matan Vilnai e Avshalon Vilan, do partido de esquerda Meretz, quando lhe perguntaram a 28 de maio sobre o cronograma da obra: "A seção C, de Elkana a Jerusalém, e a parte que cerca Jerusalém devem estar concluídas em 2004. A seção D, de Jerusalém até o vale de Arad, estará pronta em 2005 ou 2006; a esta altura, seria difícil ser mais preciso."

Afora o próprio Sharon, quem ainda seria capaz de estar retardando a construção da barreira? O ministro das Finanças? "Não, nós sabíamos que não havia nenhum real obstáculo nessa direção, a partir do momento em que a decisão política fora tomada", afirma Uzi Dayan. "Não havia qualquer restrição orçamentária para tudo que dissesse respeito à construção da barreira." Afirmação corroborada por três outros dirigentes envolvidos no projeto. Estaria Sharon sofrendo pressões do governo americano? De fato, durante sua visita a Jerusalém, no início de julho de 2003, a assessora de segurança de George W. Bush, Condoleezza Rice, pedira ao primeiro-ministro israelense que desistisse de incluir o bloco de colônias de Ariel nos territórios protegidos pela barreira. Ela também manifestara o desejo de que, na região de Jerusalém, o muro não englobasse os bairros palestinos Os pedidos americanos teriam abalado Sharon? Não, tanto mais que não vinham acompanhados de qualquer ameaça ou condição específica. Em momento algum, por exemplo, fora aventada a hipótese de interromper ou mesmo limitar a ajuda a Israel se as sugestões de Washington não fossem levadas em consideração. E por sinal Sharon, falando ao grupo parlamentar do Likud no dia seguinte a seu encontro com Condoleezza Rice, quis tranquilizar a todos: "Quando estive com o presidente Bush, em Aqaba,* ele me perguntou se podíamos deixar de construir a barreira. Eu respondi que seria impossível. E foi o que reiterei à Sra. Rice. Expliquei-lhe em termos perfeitamente claros, sem qualquer equívoco, que sob pretexto algum abriríamos mão de sua construção, que era uma questão de segurança. Dei-lhe exemplos de lugares em que a presença de uma barreira reduziu o número de atentados terroristas." Por outro lado, nenhum dos responsáveis

---

* Ariel Sharon refere-se aqui à "reunião de cúpula" de que participaram em Aqaba, a 4 de junho de 2003, o presidente George W. Bush, o rei Abdallah, da Jordânia, o primeiro-ministro da Autoridade Palestina, Mahmud Abbas, e o primeiro-ministro de Israel.

pela concepção ou a construção do dispositivo de separação — barreira e muro — lembra-se de ter recebido qualquer ordem de modificação do traçado depois da visita de Condoleezza Rice.

Pode parecer paradoxal, mas talvez a amplitude de sua coalizão de "direita total" explique os problemas encontrados então por Sharon. É verdade que todos os seus ministros, desde Avraham Poraz, do Shinui, a Avigdor Lieberman, da União Nacional, são favoráveis à construção da barreira como "mecanismo de segurança", mas alguns deles, como o rabino Benny Elon, diretor da escola talmúdica Beit Orot e habitante da colônia de Beit El, temem que um dia ela se transforme em fronteira, e cada vez menos escondem sua preocupação. Outros estão constantemente bombardeando o primeiro-ministro com sugestões ou pedidos sobre o traçado definitivo. Embora Sharon, uma vez tomada uma decisão, seja capaz de ir em frente como um tanque de assalto, precisa agir politicamente neste caso: ouvir, consultar, tranquilizar, prometer, ainda que deixando tudo de lado quando chegar a hora de agir. Ele tampouco pode deixar de levar em conta os contenciosos que surgiram, especialmente a leste e ao sul de Jerusalém, onde o traçado original do muro atravessa terrenos pertencentes a congregações religiosas cristãs. É mais difícil arrasar com um bulldozer as hortas dos bons padres que os olivais dos aldeões palestinos. Sobretudo quando estão em andamento negociações com o Vaticano.

Mas os atrasos, motivo de preocupação para os partidários da barreira e de exasperação para Uzi Dayan, não impedem que o projeto avance. Ao mesmo tempo em que fiscaliza o andamento da obra no noroeste da Cisjordânia, onde o primeiro trecho declarado operacional é entregue ao exército em agosto de 2003, Dany Tirza dá prosseguimento a seu trabalho sobre uma "linha de separação" composta de barreiras e muros, estendendo-se, no sul, até a beira do mar Morto, passando por Jerusalém. O cartógrafo do Estado-Maior garante: seu lápis foi orientado nessa missão exclusivamente pelos critérios estabelecidos pelo Conselho de Segurança Nacional e avalizados pelo governo: proporcionar a melhor segurança possível, situar a oeste da barreira o mínimo de palestinos e o máximo de israelenses, buscar um equilíbrio entre os direitos dos palestinos e os imperativos de segurança. É igualmente o que repetem outros protagonistas do projeto, como Uzi Dayan, Benyamin Ben-Eliezer e Netzah Mashiah. Falta apenas um entendimento quanto ao conteúdo desses critérios.

Estritamente do ponto de vista da segurança, ou seja, da proteção frente às incursões dos terroristas, a barreira, tal como existe hoje, parece em condições de atender às exigências do Estado-Maior. Com uma largura de 50 a 60 metros, podendo ser vista das colinas rochosas da Cisjordânia como veríamos uma autoestrada em meio à vegetação espessa da Provença, ela começa, do lado palestino, com um obstáculo formado por rolos de arame farpado do tipo "lâmina de navalha" empilhados numa pirâmide de 2 metros, seguido de um fosso "antiveículos" com profundidade de 2,50 metros e largura de 3 a 5 metros, mais uma pista de patrulha utilizada pelos Humvee ou os jipes do exército israelense. Do outro lado da estrada, fincada numa mureta de concreto, ergue-se uma grade de arame de 3 metros de altura, equipada com sensores eletrônicos capazes de detectar qualquer tentativa de infiltração. No caso, improvável, de algum intruso conseguir atravessar essa primeira série de obstáculos, chegando ao lado israelense da barreira, ele se depararia com uma "pista de detecção de incursões" de 3 metros de largura, feita de areia bem fina e perfeitamente lisa, deixando visível o mais leve rastro, mesmo das patas de um pássaro, por exemplo. Ao longo dessa pista passa uma outra rota de patrulha e, em determinados pontos, uma segunda "pista anti-incursões". Tudo com torres de controle blindadas dispostas a intervalos regulares, com guardas de segurança e postes sustentando câmeras de controle remoto e foco variável, capazes de registrar o menor incidente durante o dia e durante a noite e em quaisquer condições climáticas. O dispositivo todo é completado por radares que detectam qualquer movimento nas proximidades da barreira.

Várias fontes militares afirmam que outras redes de sensores — destinadas a evitar tentativas subterrâneas de intrusão — também seriam integradas à barreira. Entretanto, sem negar oficialmente a existência desses detectores de túneis, os funcionários questionados a respeito se recusam a falar. Segundo o Ministério da Defesa israelense, cada quilômetro da barreira custa 2,5 milhões de euros. Para construí-lo, são necessários em média 85 mil metros cúbicos de terra e rochas, 6 mil metros cúbicos de massa de aterro, 5 mil metros quadrados de asfalto, 300 postes, 40 estojos de detecção, 2.500 metros quadrados de grades e 12 quilômetros de arame farpado. Desde setembro de 2004, por determinação do exército, a zona de separação é completada — do lado palestino — por uma "zona-tampão" de no mínimo 200 metros de largura, podendo chegar, segundo os observadores da ONU, a 850 metros, e na qual não é autorizada qualquer construção. Nos trechos em que a barreira acompanha a Linha Verde, a zona-tampão fica do lado palestino da barreira; naqueles em que serpenteia dentro da Cisjordânia, em território palestino, o exército impõe duas zonas-tampão: uma de cada lado da barreira. O regulamento militar que estabelece essa zona-tampão não proíbe a circulação de palestinos, mas na realidade congela, de acordo com um relatório publicado em março de 2005 pelas Nações Unidas,* cerca de 5 mil hectares de terrenos aproveitáveis nas cidades de Tulkarem e Qalqiliya e nas cerca de quarenta aldeias encontradas no traçado da barreira.

Por que motivo a barreira é substituída por um muro em 8 dos quase 140 quilômetros do primeiro trecho da zona de separação? Os motoristas que circulam pela rodovia número 6 — a única estrada com cobrança de pedágio em Israel — não notam a diferença, pois o muro é quase completamente encoberto por um outeiro de terra coberto de arbustos, mas quando a autoestrada "Trans-Israel" costeia a Linha Verde, na altura das cidades palestinas de Qalqiliya e Tulkarem, ela é separada das primeiras casas, a uma distância de pelo menos uma centena de metros, por um muro

---

* *The Humanitarian Impact of the West Bank Barrier on Palestinian Communities*, relatório publicado em março de 2005 pelo Escritório das Nações Unidas para a Coordenação das Questões Humanitárias nos Territórios Palestinos Ocupados (OCHA) e a Agência das Nações Unidas para a Assistência aos Refugiados Palestinos (UNRWA).

de concreto com altura de 8 a 9 metros e espessura de 45 centímetros, tal como acontece ao redor de Jerusalém. "No caso de Qalqiliya e Tulkarem", explica Dany Tirza, "decidimos construir um muro para proteger a autoestrada dos tiros. Nesse importante eixo econômico, várias vezes os veículos tinham sido transformados em alvo por atiradores isolados, escondidos nas casas próximas da autoestrada. Era preciso acabar com isso a qualquer preço. Construindo um muro de 9 metros de altura, tendo a intervalos regulares torres de observação que nos permitem vigiar as idas e vindas, nós impossibilitamos esses ataques. O muro é tão alto que nem mesmo um atirador do alto de um telhado ou de um minarete consegue ver a autoestrada. Tenho no meu computador um programa que permite controlar o relevo e a topografia dos lugares. Se um habitante de Qalqiliya decide acrescentar um andar ou dois a sua casa, o programa me fornece o número de centímetros a serem adicionados ao muro, e em que ponto.

"No caso de Jerusalém, optamos pelo muro por um motivo diferente. Trata-se de uma zona urbana, não sendo possível erguer uma barreira de segurança como a que construímos em campo aberto, pois não há espaço: teríamos para isso de derrubar centenas de construções. O governo nunca teve a intenção de chegar a esse ponto.* Dito isso, o muro custa consideravelmente mais que a barreira. Seus componentes — barras de concreto de 9 metros, com largura de 1,50 metro — são fabricados numa cidade do Neguev, transportados por um comboio de caminhões e instalados com o uso de guindastes. É muito mais pesado e complicado que traçar pistas, instalar arame farpado e grades. Optamos, portanto, por construir o menos

---

* O governo e o exército israelenses às vezes chegaram, sim, a esse ponto. Segundo o antropólogo Jeff Halper, coordenador do Comitê Israelense contra as Demolições de Casas (ICAHD), desde 1967 Israel demoliu 12 mil casas nos Territórios Ocupados. Desde o início da segunda Intifada, em setembro de 2000, entre 4 mil e 5 mil foram demolidas na Cisjordânia e mais de 2.500 em Gaza, no contexto de operações de "limpeza", para punir seus ocupantes ou porque os proprietários não tinham as autorizações necessárias. Jeff Halper, *Obstacles to Peace, A Re-Framing of the Palestinian-Israeli Conflict*, terceira edição, ICAHD, Jerusalém, 2005.

possível. Calculei que, nos cerca de 730 quilômetros que terá a zona de separação depois de concluída, a parte em muro representará apenas 5%."

Exatamente: 730 quilômetros. É, com efeito, a extensão da barreira proposta por Dany Tirza ao governo israelense em outubro de 2003. E é ainda a extensão por ele declarada em agosto de 2005, quando os documentos do setor de negociações da OLP ainda têm a referência de 680 quilômetros e os da ONU falam de 670, após retificação do traçado anterior, que fora estimado em 622 quilômetros. Em qualquer dos casos, a extensão da barreira é mais de duas vezes maior que a da Linha Verde (315 quilômetros). Como explicar esses intermináveis meandros? Por que será que a barreira, que só acompanha a Linha Verde por 20% do seu percurso, afasta-se dela às vezes mais de 5 quilômetros?

A resposta já é visível na primeira parte da linha de separação, concluída em julho de 2003. Depois de acompanhar de perto a Linha Verde, a sudoeste de Salém, ela dá uma ampla volta no interior da Cisjordânia, em torno das colônias de Hinnanit (700 habitantes), Shaked (500 habitantes) e Reihan (148 habitantes), aprisionando na "zona fechada" entre a barreira e a Linha Verde os cerca de 5 mil palestinos da parte leste da grande aldeia de Barta Ash Sharqiya e de um punhado de povoados agrícolas. Depois dessa primeira volta, a barreira faz uma curva na direção da aldeia de Qaffin, isolada de uma parte de suas terras, e se aproxima da Linha Verde, acompanhando-a até Tulkarem, onde se transforma em muro. No sul da cidade, vira num ângulo reto para leste, ao longo da rodovia 557, e em seguida volta a descer em direção ao sul, contornando a colônia de Salfit (440 habitantes). Aproxima-se novamente da Linha Verde, deixando a leste a aldeia palestina de Falamya e seus 600 habitantes, para em seguida seguir um trajeto em zigue-zague ao redor da colônia de Zufin (mil). Fecha-se de novo — completada por um trecho de muro — enlaçando os 45.800 palestinos de Qalqiliya, deixando-os com uma única saída para o resto da Cisjordânia, e em seguida envolve com suas grades tranquilizadoras Alfei Menashe e seus 5.500 colonos... mas também os 1.200 habitantes de cinco povoados palestinos já agora separados do resto da Cisjordânia, e especialmente da grande aldeia vizinha de Habla (5.300 habitantes), cercada, como Qalqiliya, por um outro meandro. Em Izbat Salman, a barreira volta a se aproximar por breve trecho da Linha Verde, afastando-se mais adiante em direção leste, ao redor das colônias de Oranit (5.600 habitantes), Sha'are Tikva (3.600 habitantes), Ez Efrayim (620 habitantes) e Elkana (3 mil habitantes), o que isola numa outra "zona fechada" a aldeia palestina de Azzun Atma e seus 1.500 habitantes.

Segundo um documento divulgado pelas Nações Unidas em julho de 2004, a superfície total das "zonas fechadas" superava na época 48 mil hectares, o equivalente a 8% da extensão total da Cisjordânia. Quanto às casas demolidas, ao contrário das afirmações de Dany Tirza, foram muitos os casos no trajeto do primeiro trecho da barreira. Segundo o B'Tselem, o Centro Israelense de Informação sobre os Direitos Humanos nos Territórios Ocupados,* cerca de trezentas construções foram destruídas nos distritos de Jerusalém Oriental, Tulkarem e Qalqiliya no ano de 2002 e nos três primeiros meses de 2003. A maior parte das ordens de demolição expedidas pela administração civil — o setor do exército, vale lembrar, incumbido das relações com a população dos Territórios Ocupados — visavam casas, lojas e oficinas dos enclaves situados a oeste da barreira. Elas somam 170 em Nizlat Issa, 60 em Baqa al-Gharbiya, 72 em Barta ash Sharqiya e 20 em Azzun Atma. O pretexto invocado oficialmente em quase todos os casos é a inexistência de alvará de construção. A administração civil israelense baseia-se, nessa questão, em cadastros da época do mandato britânico, fixando os limites das cidades e aldeias tal como se apresentavam antes de 1948 e considerando a maior parte do território da Cisjordânia como "terras agrícolas", ou seja, impróprias para a construção. Por definição, esses documentos não levam em conta o aumento da população há mais de meio século,** sendo considerados

---

* *Behind the Barrier, Human Rights Violations as a Result of Israel's Separation Barrier*, Position Paper, março de 2003, B'Tselem.

** Em 1948, a Palestina tinha cerca de 1,4 milhão de habitantes. A Cisjordânia e Gaza têm atualmente 3,8 milhões.

superados pelos municípios palestinos. Entretanto, exatamente como as legislações otomana e jordaniana que foram igualmente aplicadas aqui antes e depois do mandato britânico, eles foram integrados ao enorme arsenal jurídico, acrescido desde 1967 de uma montanha de regulamentos, decretos e normas militares, da qual a administração civil se vale para conferir uma aparência de legitimidade jurídica ao controle da terra e da população.

Em virtude desse juridismo — pelo menos formal —, ordens de requisição das terras "por motivos de segurança" são afixadas nas árvores e nos postes de eletricidade da zona do futuro canteiro de obras antes do lançamento de cada trecho da barreira. Nas localidades vizinhas à Linha Verde, são raros os dirigentes que não guardaram como prova esses documentos com o selo do exército, mostrando-os ao visitante entre o café e o chá, para corroborar seus relatos. A partir do dia em que essas ordens são afixadas, os proprietários dos lotes referidos, se tiverem perfeitamente legalizada a sua posse, dispõem de uma semana, como vimos, para recorrer à administração civil. Se o recurso for rejeitado, têm novo prazo de uma semana, antes do início das obras, para recorrer à Suprema Corte de Israel. Durante os primeiros meses da obra, poucos palestinos valeram-se desses dispositivos, implicando providências complicadas e onerosas. Posteriormente, constituíram-se comitês de defesa dos aldeãos, com a ajuda de organizações não governamentais especializadas e de juristas israelenses e palestinos, e os processos se foram acumulando na Suprema Corte. Em torno de Jerusalém e na região de Belém, quilômetros de muro ou barreira ficaram durante meses suspensos na fase de estudos de traçado, para indignação de Dany Tirza, Netzah Mashiah e seus colaboradores, à espera das decisões dos tribunais locais e da Suprema Corte.

No Noroeste da Cisjordânia, onde os dois primeiros trechos estão em funcionamento desde o verão de 2003, a vida com a barreira foi mais ou menos se organizando. Na verdade, antes menos do que mais, com toda uma série de trajetos kafkianos, de coisas simples que se tornaram complicadas, de gestos banais tornados impossíveis, de novas humilhações e restrições. A

2 de outubro de 2003, um mês depois do fim das obras de construção da primeira seção, o general Moshe Kaplinsky, comandante das forças da região Centro, emitiu a ordem nº 378-5730-1970, declarando "zona militar fechada" a região entre a Linha Verde e a barreira. O documento, no qual essa zona é chamada de *seam area* (zona de junção), estabelece que "ninguém deve entrar ou permanecer nessa zona" e que "qualquer pessoa que nela seja encontrada deverá deixá-la imediatamente". A ordem especifica, todavia, que "a proibição de entrar e permanecer na zona de junção não se aplica aos cidadãos e residentes israelenses, inclusive os colonos que vivem na Cisjordânia". Os cerca de 5 mil palestinos que vivem nas zonas fechadas das regiões de Jenin, Tulkarem e Qalqiliya precisam agora obter um visto de "residência permanente", de acordo com as diretrizes dadas a público a 7 de outubro de 2003 com a assinatura do comandante da administração civil, o general Ilan Paz, e isso ainda que sempre tenham vivido ali. Os que não residem na zona mas precisam entrar nela para trabalhar em suas terras ou visitar parentes e amigos devem, quando maiores de 12 anos, encaminhar um pedido de autorização à administração civil, o que representa um complexo procedimento burocrático.

De acordo com as especificações do "livro de diretrizes" estabelecido pelo exército, são doze as categorias de pessoas que têm direito de solicitar essa permissão. Cada categoria requer um formulário específico e a apresentação de certo número de documentos. Desse modo, um proprietário que deseje visitar suas terras deve apresentar fotografia, fotocópia da carteira de identidade e certificado de inscrição no cadastro. Como conseguir esse certificado? Paciência! Depois de pagar a taxa correspondente, é preciso preparar um outro conjunto de documentos: carteira de identidade do requerente, uma declaração juramentada, feita na presença de um magistrado palestino, atestando que o terreno em questão não foi vendido, fotocópia do documento de inventário, em caso de morte do proprietário anterior, e atestado fornecido pela prefeitura certificando a autenticidade dos documentos apresentados. Só resta, então, esperar o veredicto da administração civil. Conforme os períodos e as zonas geográficas, de 25 a 40% das solicitações são recusadas. A resposta da administração é dada oralmente ou com um carimbo "recusado" no formulário. Mas o motivo nunca é mencionado. Teoricamente, é possível recorrer da decisão, mas poucos palestinos o fazem. A comissão de recurso, com efeito, está submetida à mesma autoridade — a administração civil — que a instância que fornece ou recusa as autorizações. "Ela só existe para salvar as aparências", considera o B'Tselem.*

Em certas zonas, os palestinos que conseguiram a autorização podem atravessar a barreira com suas máquinas agrícolas; em outros, precisam obter autorização especial para o veículo. Válidas em princípio do nascer ao pôr do sol, as autorizações só podem ser utilizadas numa única "porta agrícola" da barreira. Sua validade varia em princípio de acordo com o trabalho a ser feito. Em princípio. Já aconteceu de certos proprietários de estufas, que precisam trabalhar diariamente em suas plantações, receberem autorizações de dois meses, ao passo que trabalhadores agrícolas empregados na colheita de azeitonas, que ocorre exclusivamente em outubro e novembro, conseguiam autorizações de seis meses...

Segundo o relatório do Escritório de Coordenação das Questões Humanitárias da ONU nos Territórios Ocupados, publicado em março de 2005, os palestinos que, em virtude da barreira, deixaram de ter acesso a suas terras para cultivá-las, fazer a colheita das azeitonas ou alimentar o gado encontram-se numa situação econômica difícil. Tanto mais que também foram isolados das escolas, universidades e hospitais da região, assim como das redes locais de assistência social, pela fragmentação das comunidades e aldeias decorrente das dificuldades de circulação. E esses problemas, longe de se atenuar, agravam-se com o tempo. Um relatório divulgado pelas Nações Unidas em janeiro de 2006 mostra que o regime de autorizações vem sendo constantemente dificultado desde que foi adotado.** Assim foi que o

---

* "Not all it Seems, Preventing Palestinians Access to their Lands West of the Separation Barrier in the Tulkarem-Qalqiliya Area", *Information Sheet*, junho de 2004.

** *Humanitarian Impact of the West Bank Barrier. Special Focus: Crossing the Barrier: Palestinian Access to Agricultural Land.* Publicado em janeiro de 2006 pelo Escritório das

percentual de solicitações recusadas passou de 27% em dezembro de 2004 a 38% em julho de 2005. No início, os motivos invocados pelo exército israelense para explicar esse crescente número de recusas estavam ligados sobretudo a questões de segurança. Já agora eles se relacionam cada vez mais à propriedade da terra. Em julho de 2005, 65% dos pedidos de autorização rejeitados tinham sido apresentados por palestinos impossibilitados de conseguir a tempo títulos de propriedade dos terrenos que pretendiam visitar ou de comprovar a relação de parentesco direta com o proprietário. Como a terra, na sociedade rural palestina, é explorada pelos membros da família mais ampla — cônjuges, filhos, netos, sobrinhos —, esse endurecimento do regime de autorizações corre sério risco de tornar difícil, senão impossível, o prosseguimento de certas culturas. Também pode acabar com a tradição secular da colheita comunitária de azeitonas.

A isso se somam as dificuldades causadas na região pela falta de pontos de passagem pela barreira. Segundo os investigadores da ONU, em outubro de 2005 só metade das 42 "portas agrícolas" previstas nas regiões administrativas de Salfit, Qalqiliya e Tulkarem estavam abertas aos palestinos detentores de autorização. Mas só eram abertas três vezes por dia, por períodos variando de vinte minutos a uma hora. Cabe acrescentar, no entanto, que as decisões quanto a esses horários incumbem exclusivamente aos soldados. Eles podem respeitá-las ou não, modificando-as a seu bel-prazer. Também podem, em caso de "incidentes de segurança", fechar as portas durante vários dias, sem prévio aviso. Outra regra arbitrária, considerada uma provocação gratuita pelos aldeãos: quase sempre, os agricultores não são autorizados a atravessar essas portas com seus tratores e reboques. O que quase sempre os obriga a usar burros atrelados a carroças para transportar suas ferramentas ou os legumes e frutas que acabam de colher.

Nações Unidas para a Coordenação das Questões Humanitárias (OCHA) e a Agência das Nações Unidas para a Assistência aos Refugiados Palestinos (UNRWA).

Pesquisas realizadas por uma rede de organizações não governamentais palestinas* mostram que 51 cidades e aldeias palestinas das regiões administrativas de Jenin, Tulkarem e Qalqiliya foram diretamente afetadas pela construção da barreira. A zona de separação consumiu 1.500 hectares de suas terras, causou a destruição de mais de 100 mil árvores e isolou, do outro lado da barreira, cerca de 10 mil hectares de terras cultivadas, de oliveiras, laranjeiras, limoeiros e pastagens. Metade dessas 51 localidades, com uma população de mais de 165 mil habitantes, está separada de suas terras cultiváveis, a maioria das quais não dispõe mais de sistemas de irrigação. Perto de Nizlat Issa, ao sul de Tulkarem, oliveiras centenárias foram arrancadas pelos construtores da barreira. Os palestinos choram sua perda porque elas representam o essencial de sua herança ancestral, mas também por serem muitas vezes, aqui, seu principal ganha-pão. "As oliveiras mais antigas são as mais rentáveis", explica Ahmad Assad, velho aldeão inconformado que não consegue mais desviar o olhar dessa faixa de terra empoeirada aberta pelos bulldozers entre suas árvores. "Uma árvore de 15 anos rende 70 dólares por ano. Uma árvore de 100 anos, dez vezes mais." Quantas oliveiras foram arrancadas? Dezenas de milhares, afirmam os palestinos. Não se conhece o número exato. Mas o diário israelense *Yedioth Aharonoth* afirmava em julho de 2003 que uma das empresas contratadas para construir a barreira pusera à venda em Israel oliveiras "em quantidade ilimitada", ao preço de mil shekels (250 euros) a unidade.

Segundo o Ministério da Defesa israelense, medidas "humanitárias" específicas foram tomadas em favor dos aldeãos cujas oliveiras foram arrancadas para a construção da barreira. Essas medidas são aplicadas sobretudo nas regiões administrativas de Jenin, Tulkarem e Qalqiliya — onde a agricultura é a atividade econômica dominante e a cultura das oliveiras ocupa lugar primordial —, atravessadas pela fase 1 da barreira. Assim foi que o exército propôs aos aldeãos dessa região, desesperados com a perda

---

* *The Wall in Palestine*, The Palestinian Environmental NGO's Network. Jerusalém, 2003

de árvores às vezes multisseculares, o transplante das oliveiras para outras terras da mesma zona ou uma indenização. O princípio da indenização, como vimos, foi afastado na maioria dos casos — às vezes a pedido da Autoridade Palestina — para evitar a "legitimação" das requisições de terras e sua transformação em desapropriações. Quanto à transferência, só muito raramente foi possível, por falta de terras disponíveis.

"Eu sei que a construção da barreira criou muitos problemas para os palestinos", responde Netzah Mashiah quando são mencionados os estragos humanos da zona de separação ou as observações dos especialistas da ONU. "Mas a experiência obtida nessa primeira fase nos ajudou a montar um plano batizado de 'Viver com a barreira', graças ao qual poderemos talvez amainar algumas dessas dificuldades nas próximas etapas. Particularmente em matéria de circulação e travessia das passagens autorizadas, com a utilização de alta tecnologia para tornar os controles mais simples e rápidos. Quando tudo estiver concluído, os palestinos terão até uma malha rodoviária melhor do que antes."

Netzah Mashiah mal consegue esconder: quaisquer que sejam os problemas políticos ou humanos causados por "sua" barreira, é evidente que ele se orgulha de estar hoje à frente de um canteiro de obras faraônico que se estende por centenas de quilômetros e supera, em suas proporções, a drenagem dos pântanos de Hula, na Galileia, a construção da linha Bar Lev, ao longo do canal de Suez, depois da guerra dos Seis Dias, e a instalação da rede nacional de distribuição de água, três "grandes obras" históricas do Estado de Israel. Uma obra que mobiliza mais de 500 bulldozers e cerca de 6.500 operários — entre os quais muitos palestinos — e cujo orçamento total deve chegar a 1,8 trilhão de euros.

6

Os montoneros do kibutz

Ao chegarem ao kibutz de Metzer na primavera de 2002, os militares incumbidos de apresentar o traçado da futura barreira já tinham tomado sua decisão. Embora a Linha Verde, separando Israel da Cisjordânia ocupada, fique a distância praticamente equivalente do kibutz e da aldeia palestina de Qaffin, eles tinham decidido que a zona de separação não acompanharia a velha linha de armistício traçada em 1949, dando uma ampla volta ao redor do kibutz, quase encostando nas casas de Qaffin e separando a aldeia de boa parte de suas terras agrícolas. Para eles, parecia claro que os dirigentes do kibutz ficariam gratos pelo traçado: não só ele não invadia suas terras como criava, no terreno da "segurança", uma autêntica terra de ninguém entre eles e seus vizinhos palestinos. Era subestimar Metzer e seus habitantes.

Criado em 1953 por uma centena de jovens imigrantes argentinos que, em sua maioria eram militantes do movimento sionista socialista Hashomer Hatzair e tinham fugido do regime de Perón, o kibutz Metzer mantinha-se fiel, meio século depois, ao projeto dos pioneiros: construir nessa terra rochosa uma comunidade ligada aos princípios do humanismo, enriquecida pelos valores do judaísmo e decidida a viver em bom entendimento com os vizinhos árabes. O acampamento inóspito dos primeiros dias, modesto posto avançado judeu numa região fronteiriça cheia de árabes, transformou-se numa pequena aldeia de cerca de 500 habitantes, acolhedora e próspera. Com o passar dos anos, vieram juntar-se aos fundadores argentinos outros imigrantes que fugiam das ditaduras latino-americanas: tupamaros uruguaios, montoneros argentinos, companheiros de Che Guevara e outros guerrilheiros saídos da luta armada e decididos a restabelecer os vínculos com suas raízes judaicas na terra da Bíblia, sem abrir mão de suas convicções humanistas.

Hoje, uma centena de casas floridas se espalha sob a sombra fresca dos ciprestes, pinheiros e jacarandás plantados pelos fundadores. O kibutz vive confortavelmente da criação de gado bovino, dos produtos leiteiros "orgânicos", do comércio de bananas, caquis e abacates cultivados em suas terras e sobretudo da fabricação e venda de seus sistemas de irrigação utilizando tubos plásticos extremamente finos. Fundada em 1970 por um grupo de membros do kibutz, a empresa Metzerplas, empregando atualmente 130 pessoas, vendeu no mundo inteiro suas redes de irrigação "gota a gota", próprias para os solos mais ingratos e as regiões onde há escassez de água. Quarta maior fabricante mundial desses sistemas, que patenteou, a empresa é responsável hoje em dia por 70% dos recursos do kibutz. "Somos uma empresa privada perfeitamente clássica", explica Dov Avital, quinquagenário de barba grisalha que acumula as funções de diretor geral da Metzerplas e secretário do kibutz. "Com a única ressalva de que nossos únicos acionistas são os 200 membros do kibutz. Exatamente, decidimos enriquecer juntos. E é o que estamos fazendo atualmente."*

Originário de uma família da Bucóvina, região dos Cárpatos dividida entre a Ucrânia, a Moldávia e a Romênia, Dov Avital, cujo avô combateu no exército austríaco durante a Primeira Guerra Mundial, nasceu no Uruguai, para onde seus pais emigraram em 1940, fugindo das perseguições antissemitas. Tinha 20 anos ao deixar Montevidéu para se instalar em Israel, logo

* Entrevista com o autor, 19 de agosto de 2005, no kibutz Metzer.

depois do golpe militar de 27 de junho de 1973 e o fechamento de partidos e sindicatos pelo exército. Depois de viver num kibutz vizinho, tentando em seguida retornar ao Uruguai, onde representou o movimento dos kibutzim e o Partido Trabalhista israelense, ele se estabeleceu em Metzer há dezoito anos, tendo-se casado com a filha de um dos casais de fundadores. "De início", explica, "trabalhei na oficina de produção de Metzerplas e depois no departamento de exportação, até me tornar diretor-geral da empresa e vice-presidente do movimento dos kibutzim."

Nem o espetacular êxito econômico nem a inserção já agora bem-sucedida na sociedade israelense mudaram as convicções e os compromissos dos habitantes de Metzer. Eles acabaram com o dormitório coletivo das crianças; os membros da comunidade passaram a ser autorizados a conservar uma parte de seus ganhos, em vez de entregar a totalidade ao fundo comum. Quanto ao resto, todavia, os princípios definidos pelos criadores resistiram. Leigos eles eram, leigos continuaram. Ainda hoje não existe uma sinagoga em Metzer, e as únicas cabeças cobertas de quipá que podem ser vistas no kibutz são de visitantes. Tampouco politicamente eles mudaram muito. Tradicionalmente favoráveis à esquerda, e em particular ao Meretz, que obteve aqui resultados históricos, eles deram 46% de seus votos a este partido nas eleições de 29 de março de 2006, indo o resto dos sufrágios para o Partido Trabalhista (32%), os Verdes (10%) — que, em nível nacional, não conseguiram votos suficientes para entrar para o Knesset — e o Kadima, o partido do primeiro-ministro Ehud Olmert.

Decididos desde o primeiro dia a viver em bom entendimento com os vizinhos, eles também se mantiveram fiéis, apesar do passar do tempo e das convulsões às vezes sangrentas da política, a essa opção e a sua história. Uma história já agora inseparável da história das duas aldeias árabes vizinhas: Meisar do lado israelense* e Qaffin do outro lado da Linha Verde, na

* Na guerra árabe-israelense de 1948-1949, cerca de 150 mil palestinos (de um total de 1,4 milhão) escaparam da expulsão que esvaziou mais de quatrocentas aldeias. Tornando-se árabes israelenses, eles são em princípio cidadãos israelenses. Mas cidadãos

Cisjordânia. "Quando chegaram os primeiros habitantes", conta Dov Avital, "não havia nada aqui, só um grande matagal, rochas e mosquitos. Os pioneiros viviam em tendas. Só conseguiram extrair água graças às bombas emprestadas pelos habitantes de Meisar. Em troca, a enfermeira de Metzer cuidava dos doentes da aldeia vizinha."

Em Meisar, minúscula aldeia agrícola formada ao redor de seu minarete, e que no fim da guerra de 1948 se encontrava em território israelense, os mais antigos lembram-se, com efeito, da água oferecida a esses "jovens judeus chegados da América". Mas nem por isso esqueceram o ressentimento de então. Pois foi em terras que pertenciam antes da guerra a famílias árabes da Palestina que esses "jovens judeus" se instalaram. Com o tempo, as relações entre Meisar e Metzer foram-se tornando aos poucos mais calorosas e até amigáveis. Em 1967, quando os homens de Metzer, convocados às suas unidades, partiram para combater os exércitos árabes na guerra dos Seis Dias, camponeses de Meisar chegaram com seus tratores para ajudar as mulheres do kibutz. Na década de 1970, Meisar e Metzer tinham até um time de futebol comum, integrante da federação israelense. Ainda hoje, a meninada de Meisar vai a Metzer jogar basquete e tomar banho de piscina. O kibutz e a aldeia emprestam material agrícola um à outra e vice-versa, trocando visitas e pratos tradicionais durante as festas religiosas muçulmanas e judaicas.

As relações com a aldeia palestina de Qaffin foram mais complicadas desde o início. "Antes de 1967", explica Dov Avital, procurando com o olhar as velhas lajes de cimento que pontuam a Linha Verde, entre as moitas que se estendem além das fileiras de bananeiras, "era uma aldeia da Cisjordânia anexada pela Jordânia. Desde 1967, é uma aldeia palestina da Cisjordânia ocupada por Israel. Somos solidários com a luta de nossos vizinhos de Meisar — que em princípio são nossos concidadãos — por seus direitos

---

de segunda classe, que não têm acesso aos mesmos serviços públicos, à educação, à saúde, ao emprego e aos serviços sociais. E as subvenções concedidas aos municípios árabes são nitidamente inferiores às dos municípios judeus.

cívicos. No caso dos habitantes de Qaffin, é diferente. Nós lutamos como israelenses de esquerda, favoráveis à paz e à criação de um Estado palestino, contra a ocupação da Cisjordânia, mas do seu combate principal, pelos direitos nacionais, que compreendemos e aprovamos, não podemos participar, pois eles são palestinos e nós, israelenses."

Mas isso não impediu Qaffin e o kibutz Metzer de manter, até a construção da barreira, relações das mais raras entre comunidades israelenses e palestinas. Tal como as crianças de Meisar, as de Qaffin também faziam uso das instalações esportivas de Metzer. Voluntários de Metzer ajudavam na colheita de azeitonas. Em caso de incêndio em Qaffin, os bombeiros do kibutz mandavam seu caminhão-bomba. Bolos e confeitos atravessavam a Linha Verde nas festas populares ou religiosas. Dov Avital e Taysir Harashi, o prefeito de Qaffin, conversavam pelo telefone celular quando surgia alguma dificuldade ou era possível alguma ação em comum.

"O primeiro traçado da barreira proposto pelo exército era inaceitável para nós", conta Dov Avital, percorrendo seus e-mails no pequeno escritório da administração do kibutz, com seus fichários, arquivos metálicos e o aparelho de ar-condicionado. "No início, a própria ideia de uma barreira não nos agradava muito. Estávamos acostumados a circular livremente entre nossos bananais e os campos de oliveiras deles. Se acabamos por aceitá-la em princípio, foi por causa do aumento do número de atentados suicidas. Em nossa opinião, contudo, ela só podia ser construída ao longo da Linha Verde, para não comprometer a criação, um dia, do Estado palestino. Por causa de tudo isso, essa volta que fazia com que a barreira passasse debaixo das janelas das primeiras casas de Qaffin, separando a aldeia de seus olivais, parecia-nos inútil e injusta. Tanto mais que não correspondia a qualquer necessidade de segurança. Era uma decisão totalmente arbitrária. Foi o que eu expliquei aos militares. Disse-lhes que, para nós, era fundamental ter relações amistosas com nossos vizinhos de Meisar e Qaffin. E que até então esses laços existentes entre nós tinham permitido que o kibutz vivesse em paz, e que não tínhamos o menor motivo para ser cúmplices de uma decisão que nossos amigos de Qaffin justificadamente considerariam uma agressão. Propus então, em entendimento com a secretaria do kibutz, que a barreira fosse construída exatamente sobre a Linha Verde. Desse modo, a faixa de terra requisitada para a obra seria igualmente dividida entre Qaffin e nós. O que nos parecia justo. Telefonei ao prefeito de Qaffin, expliquei-lhe nossa posição e propus que a partir daquele momento empreendêssemos juntos uma campanha para conseguir o deslocamento da barreira para oeste. Fiquei sabendo posteriormente que o debate sobre nossa proposta na prefeitura de Qaffin fora dos mais acalorados. Havia quem duvidasse das nossas motivações, temendo alguma armadilha. Mas o prefeito aguentou firme, e tomamos muitas iniciativas conjuntas para conseguir que o exército retificasse o traçado da barreira. No outono de 2002, finalmente tínhamos uma esperança concreta de atingir nossos objetivos. Na segunda-feira 11 de novembro, tínhamos audiência na direção do Ministério da Defesa para defender nossa causa e a dos nossos amigos de Qaffin..."

A audiência afinal nunca ocorreu.

Na noite de 10 para 11, pouco antes da meia-noite, um palestino armado que se tinha infiltrado no kibutz adicionou mais uma página de horror à história singular de Metzer. Na primeira casa à qual ele se dirigiu, Revital Ohayon, de 34 anos, estava falando no telefone com o ex-marido, Avi, depois de ler uma história para ninar os dois filhos, Matan, de 5 anos, e Noam, de 4. O terrorista deu dois tiros na fechadura, arrombou a porta e abateu Revital e os dois filhos à queima-roupa. Antes de fugir, matou mais duas pessoas, um dos dirigentes do kibutz, Yitzhak Drory, de 43 anos, e uma visitante, Tirza Damari, 42 anos, do moshav* de Elyachin. No dia seguinte, a responsabilidade pela carnificina era assumida pelas Brigadas dos Mártires de Al-Aqsa, um grupo armado ligado à Fatah de Yasser Arafat. "Eles fizeram isso aqui! Ninguém vai entender mais nada no kibutz."

Visivelmente, mesmo passados três anos, não é fácil para Dov Avital voltar a essas lembranças. "A população de Metzer não é grande. Todo

---

* Comunidade rural cooperativada. (*N. do T.*)

mundo conhece todo mundo. No kibutz, a incompreensão, a dor, a indignação eram tantas que eu nem tive coragem de voltar a falar da questão da barreira. Eu teria sido trucidado. Nós sabíamos que o assassino não era de Qaffin. A polícia logo nos informou que ele vinha do campo de refugiados de Tulkarem. Eu me limitei a dizer que o crime de um árabe não era o crime de todos os árabes; que o ódio cego de que estava tomado aquele terrorista não existia em todos os palestinos. Foi o que ficou demonstrado na reação imediata de Yasser Arafat, condenando o ataque, e no comunicado da Autoridade Palestina, considerando "vergonhoso" tomar civis como alvo, fossem israelenses ou palestinos. Foi também o que ficou evidente pela afluência ao kibutz de gente de Meisar, de Qaffin e outras aldeias árabes da região, que vinham se solidarizar conosco. Foi o que eu repeti quando Sharon veio nos visitar. Ninguém aqui queria vê-lo explorar essa tragédia com fins políticos. Eu disse que nós não éramos quacres, dispostos a aceitar qualquer coisa sem fazer nada, e que esperava que o exército encontrasse e eliminasse esse assassino. Mas que o governo devia lembrar-se de que a maioria dos palestinos não são terroristas, e que era indispensável proporcionar-lhes horizontes políticos. Que não existe outra solução. Acrescentei que, embora fosse compreensível a sede de vingança depois do que acontecera, devíamos ter a força de nos manter fiéis a nossas convicções e continuar querendo viver em paz com nossos vizinhos. Por esse motivo, pedimos a Sharon que interviesse para que o traçado do muro fosse deslocado para oeste. Ele prometeu fazer o que pudesse."

Sharon teria intervindo? Os responsáveis pelo muro não têm lembrança. O certo é que o pedido dos habitantes de Metzer e Qaffin nunca seria atendido. Do caminho que passa entre os bananais de Metzer e o olival de Qaffin, praticamente sobre a linha verde, Dov Avital mostra ao longe a barreira passando, como decidira o exército, junto às casas da aldeia palestina, a menos de 2 quilômetros. "Aí está, perdemos", diz ele. "E eles também. Agora, para chegar a Qaffin, temos de dar uma volta de cerca de doze quilômetros. E os habitantes de Qaffin, quando querem vir aqui, precisam de uma autorização especial, muito difícil de conseguir — praticamente impossível, para certas pessoas.

Menos de um ano depois do atentado, a 4 de outubro de 2003, uma unidade especial do exército conseguiu identificar e abater, durante uma troca de tiros no campo de refugiados de Tulkarem, onde vivia, o muçulmano de vinte anos responsável pela carnificina de Metzer, Sirhan Burhan Hassin Sirhan. Durante a operação, um menino de 7 anos, Muhamad Aiman Yussef Ibrahim, foi morto pelos tiros dos soldados.

"Hoje, para chegar a Qaffin, é preciso passar por Baqa al-Gharbiya, Nizlat Issa e a porta agrícola." Enquanto me indica o itinerário, Dov Avital desenha uma espécie de alça que parte de Metzer, contorna o kibutz bem ao largo, pelo sul, e praticamente retorna ao ponto de partida. Atendendo ao celular, Taysir Harashi, o prefeito de Qaffin, mostra-se mais exato: "Depois do posto de controle de Baqa al-Gharbiya, dirija-se a Nizlat Issa, depois a Baqa al-Sharqiya e tome a rodovia 585 em direção a leste, por 3 quilômetros, até o entroncamento da rodovia de Qaffin, em direção ao norte. Chegando lá, pare depois da torre de vigilância do exército israelense e me chame, que eu vou ao seu encontro."

Com um bom mapa rodoviário, o mapa dos bloqueios e pontos de passagem estabelecido pelo Escritório de Coordenação das Questões Humanitárias da ONU, um telefone celular e um tanque cheio de gasolina, a expedição a partir de Metzer — cerca de quinze quilômetros — parece das mais simples, muito embora, nessa região como em qualquer outra onde vivam os árabes israelenses, a sinalização rodoviária seja muito esparsa. Mas nada é simples num território ocupado em que a maior parte das rodovias é cortada por blocos de concreto, fossos ou montículos de terra, onde as que restam são abertas a uns, mas vedadas a outros, e a carteira de identidade de cada um, mas também, às vezes, o humor de um soldado decidem se o sujeito pertence a uma categoria ou à outra.

Nessa manhã, o soldado, um ruivo grandalhão e corado, parecendo meio sem jeito com seu fuzil de assalto M-16, examina meu passaporte e minha carteira de jornalista "visitante" e decide que não tenho direito de tomar a rodovia de Qaffin, pois a aldeia está "fechada". É, pelo menos, o que me traduz, em inglês escolar, uma soldada, mais bem disposta e mais poliglota que seu camarada. Como, então, poderei ir a Qaffin? "Ele não sabe, terá de se informar", responde a soldada, enquanto o ruivo resmungão fala no telefone de campanha depositado num dos blocos de concreto dispostos na rodovia para atrapalhar.

"É assim o tempo todo. Qaffin não está fechada, em absoluto, acabo de vir de lá. É só para se divertir e nos fazer perder tempo, porque você é jornalista." O palestino de terno bege e gravata que atravessou o bloqueio a pé junto com uma senhora de idade de vestido bordado tradicional, carregando dois cestos, ouviu nossa conversa. Professor em Baqa al-Gharbiya, ele é cidadão israelense, fala hebraico e inglês, além do árabe, e oferece ajuda.

"Muito bem, conseguimos a resposta." A soldada traz na mão um papel rabiscado. "O oficial disse que o senhor deve passar por Barta e a porta de Daher al-Abed." Barta? Daher al-Abed? Apontando com o dedo, o professor me mostra, no mapa rodoviário, o itinerário a seguir. Um desvio de quase 40 quilômetros pela rodovia 564, passando em seguida pela rodovia 65, até chegar, pela rodovia do norte, a Qaffin, cujas primeiras casas estão à minha frente, a menos de um quilômetro...

"O senhor vai precisar hoje de pelo menos uma hora, talvez mais, pois é dia de mercado em Barta." Informado dos meus problemas com os soldados, Taysir Harashi não se mostra muito encorajador, mas paciente. Os palestinos, ao contrário do que podem levar a crer certas reações suas ante a ocupação israelense, são um povo de infinita paciência. Esperar nos postos de controle, esperar nos controles volantes, esperar nas portas da barreira, esperar, diante dos escritórios da administração civil, a concessão de vistos de circulação, esperar a libertação dos prisioneiros, esperar a criação de um Estado: sua vida não passa de uma interminável espera.

Nessa manhã, vou precisar praticamente, portanto, de duas horas, incluindo vinte minutos de parada na passagem da barreira, para chegar a Qaffin, enorme aldeia agarrada ao flanco da colina, sendo conduzido até a prefeitura pelos escolares de uniforme azul que percorrem as ruelas. Depois de horas de estrada, bifurcações traiçoeiras, discussões e imobilidade resignada debaixo de um sol ardente, o interior do prédio, mergulhado na penumbra, parece quase fresco. "Não acendemos mais a luz elétrica durante o dia, para economizar. Há onze meses não pagamos nossas faturas."* O prefeito de Qaffin é um homem de seus 45 anos, alto, cabelo curto, tendo o rosto estreito ornado por um espesso bigode grisalho à iraquiana. Está sentado em seu escritório sob um retrato de Yasser Arafat, cercado de meia dúzia de habitantes da aldeia que vieram apresentar suas queixas.

"Esta aldeia está arruinada", explica Taysir Harashi, enquanto uma jovem de longa túnica cinzenta, os cabelos encobertos por um lenço bege, traz as xicrinhas de café de cardamomo. "Dos 9 mil habitantes de Qaffin, cerca de 20% viviam exclusivamente da agricultura, e quase 80% trabalhavam em Israel, sobretudo em empresas de construção, ao mesmo tempo cultivando um lote de terra ou explorando suas oliveiras. A primeira Intifada não mudou grande coisa no nosso estilo de vida. A segunda já apresentou mais problemas, por causa dos bloqueios, do fechamento das rodovias. Era impossível chegar à aldeia e sair de carro. Só podíamos passar pelos campos. Mas muitas pessoas que tinham mantido o emprego em Israel iam trabalhar a pé, percorrendo as trilhas, procurando não ser interceptadas pelos soldados. Uma vez chegando ao outro lado da Linha Verde, seus patrões davam um jeito de ir apanhá-las de caminhão. Com a barreira, tudo isso acabou. Já não se pode mais ir trabalhar em Israel. E agora boa parte de nossas terras está do outro lado. Dos 10 mil dunums (mil hectares) de terras da aldeia, mais de 6 mil estão a oeste da barreira, e pelo menos 600 foram engolidos pela própria zona de separação, que ocupa uma faixa de terra de 60 metros de largura ao longo de quase 7 quilômetros. Mais de 12 mil oliveiras foram arrancadas, a maior parte dos canais de irrigação foi cortada. É um verdadeiro desastre que os entendimentos com os habitantes de Metzer não tenham levado a nada!

---

* Entrevista com o autor, 3 de setembro de 2005, em Qaffin.

"O que aconteceu foi terrível. Terrível para eles, naturalmente. Mas também terrível para nós. Embora eles saibam que nós não tínhamos nada a ver com o atentado, embora nós saibamos que eles não queriam que a barreira fosse implantada no local onde hoje está, alguma coisa se rompeu entre nós. Não nos vemos mais com frequência. Se a barreira acompanhasse o traçado da Linha Verde, como todos nós queríamos no início, talvez tivéssemos perdido 200 ou 300 dunums, mas todo o resto teria sido salvo, e os habitantes da aldeia pelo menos poderiam lavrar suas terras. Atualmente, para trabalhar em suas terras ou suas plantações de oliveiras, eles têm de obter autorização especial, válida por alguns meses. E só podem passar por uma determinada porta. Neste ano, cerca de 2 mil pediram visto, mas só 700 conseguiram. São em geral pessoas idosas e mulheres. Para os que obtiveram o visto, uma 'porta agrícola' é aberta durante uma hora pela manhã e uma hora à noite. Isso se os soldados encarregados da vigilância estiverem dispostos. Às vezes eles não se encontram, às vezes decidem mudar a hora da abertura, e podem também fornecer um visto de passagem pela porta mais distante, o que obriga os moradores da aldeia a percorrer quilômetros para chegar a suas terras. Em princípio, os agricultores não têm direito de passar com tratores e reboques. O resultado disso é que em 2004, por exemplo, a colheita de azeitonas foi de apenas um quarto do que costumava ser. E a aldeia, que era próspera, tem atualmente 85% de desempregados em sua população."

Sentado num canto, um velho camponês com a cabeça coberta por um quefié pergunta ao prefeito se pode falar. "Eu me chamo Abu Ismail", diz o velho de rosto marcado, cujas palavras são traduzidas pelo prefeito. "Tenho 72 anos e oito filhos. Tenho 60 dunums de terra divididos em três lotes, dois dos quais estão do outro lado da barreira. Gostaria de dizer ao nosso visitante que o trabalho da terra não é apenas o que nos sustentava, é tudo que herdamos de nossos pais. É o que sempre fizemos. É o que nos diz em que parte do ano estamos. Em janeiro, aramos e preparamos a terra antes de plantar o trigo, a cevada e os legumes. Em fevereiro, podamos as oliveiras, protegemos as árvores dos insetos e arrancamos as ervas daninhas nos campos de trigo e cevada. Em maio e junho, vem a ceifa. Em julho e agosto é a época do calor, nós descansamos e fazemos a manutenção das casas e do material agrícola. Em setembro, temos de arrancar os espinheiros ao redor da oliveiras para preparar a colheita. Do fim de setembro até novembro, é a colheita das azeitonas. De manhã, estamos nos olivais com a família toda, e à tarde, na fazenda, para a triagem das azeitonas. Também é o período em que fazemos as conservas. Terminada a colheita das azeitonas, descansamos durante uma semana ou duas e voltamos a cuidar das árvores. E assim é desde sempre. Nunca fizemos mal a ninguém. Por que tomar nossas terras, arrancar nossas árvores, nos impedir de cuidar das que ficaram?"

"Tenho enorme dificuldade para fazer com que os moradores entendam que a prefeitura é tão pobre quanto eles e não pode ajudá-los, podendo apenas recorrer à Autoridade Palestina para que interfira junto aos israelenses, para pedir que não cortem a eletricidade", conta Taysir Harashi. "A criação da Autoridade foi vista aqui, em 1994, não só como uma espécie de vitória, um primeiro passo em direção à independência, mas também como o advento de um poder benevolente que nunca mais deixaria os aldeãos sozinhos frente ao exército israelense. Pode-se imaginar então sua frustração, seu desespero, seu cansaço ao descobrirem que a Autoridade Palestina não tem um só dólar para ajudá-los, e que é impotente até quando Israel lhes toma suas terras! Pois aqui todo mundo entende perfeitamente para que serve a barreira: antes de mais nada, para roubar terras aos palestinos. Em dois meses, ocorreram cinco incêndios nos olivais que pertencem à aldeia, do outro lado da barreira. O exército impediu os bombeiros que tinham chegado de Tulkarem de ir até o local: só os veículos militares israelenses eram autorizados a ultrapassar as portas da barreira. Já os bombeiros israelenses estavam a postos, para proteger os kibutzim e as colônias vizinhas. Mas nada fizeram para salvar nossos olivais, nossas alfarrobeiras e nossas amendoeiras. Mas ninguém aqui é tolo. É verdade que os olivais já não são tão bem cuidados quanto antigamente, pois é muito difícil e até impossível chegar a eles, e o mato e as ervas daninhas vão proliferando. Mas os incêndios não são espontâneos. E nós conhecemos a velha lei otomana segundo a qual a terra não cultivada durante três anos pode ser confiscada e declarada 'terra do Estado'..."

Depois das xícaras de café vieram as canecas de chá fervente; e logo copos de laranjada e pratos de frutas. Enquanto os visitantes se vão despedindo um após outro, depois de expor seus problemas, às vezes desdobrando sobre sua mesa velhos documentos cobertos de carimbos e selos, Taysir Harashi continua acendendo um cigarro no outro e finalmente decide falar de si mesmo.

"Qaffin é minha aldeia natal", diz ele. "Mas eu vivi durante muito tempo no exterior. Depois de me formar como engenheiro no Egito, trabalhei durante vários anos para uma empresa de navegação do Kuwait, encarregado da manutenção das máquinas em cargueiros e porta-contêineres. Depois da primeira guerra do Golfo, quando a vida se tornou impossível para os palestinos no Kuwait, consegui emprego numa outra empresa de navegação, na Jordânia. Era muito bem remunerado. Consegui até fazer economias. Em 1994, quando vi que os primeiros palestinos voltavam do exterior para participar da decolagem da economia palestina, decidi retornar a Qaffin. E me candidatei às eleições municipais por uma chapa independente. Na época, eu estava convencido de que o processo iniciado em Oslo nos levaria à criação de nosso Estado e à independência. Parecia-me que, considerando-se a posição geográfica de Qaffin, nossos vínculos com as localidades israelenses vizinhas, árabes e judias, e a atividade econômica da aldeia, baseada ao mesmo tempo em empregos em Israel e no cultivo da terra, podíamos esperar muito da paz, inclusive no plano turístico. Foi com base nessas perspectivas que fiz minha campanha, apresentando também minha competência profissional, minha formação universitária, minhas experiências de trabalho no exterior. E fui eleito. Todas essas esperanças foram reduzidas a pó com o fim do processo de paz e sobretudo a construção da barreira. Eu pretendia casar dentro de alguns meses, mas acabamos decidindo, minha futura mulher e eu, adiar para mais tarde. Teria sido indecente dar uma festa, quando nossa aldeia sofre como está sofrendo atualmente. Para os moradores daqui, a terra é tão vital quanto a água para os peixes. Quando se tira um peixe da água, ele morre. Quando se priva um palestino de sua terra..."

7

A grande mentira

COM SEU CHAPEUZINHO DE LONA, sua camisa xadrez azul e branca, suas calças de jeans cru bem passado e seus tênis de adepta das longas caminhadas, Ruth Kedar, dirigindo muito comportada seu velho Toyota cinzento pela autoestrada nº 5, em direção à Linha Verde e à Cisjordânia ocupada, mais parece uma encantadora vovozinha dinâmica a caminho de um piquenique nas colinas com alguns de seus nove netos. Mas se ela deixou esta manhã sua confortável residência de Ramat Ha-Sharon e a sombra da nogueira-pecã gigante que refresca seu jardim, para percorrer, debaixo de um sol implacável, a rodovia de Qalqiliya, considerada por muitos israelenses um autêntico ninho de terroristas, não foi para uma excursão em família. Tal como o marido, Paul Kedar, que foi cônsul em Nova York, adido militar na Turquia, chefe da representação do Ministério da Defesa israelense na Europa e funcionário do Mossad, até se aposentar com a patente de coronel, Ruth Kedar — Ruthie, para os íntimos — dedica boa parte de seu tempo livre a uma pequena organização humanitária, Yesh Din ("Existe uma Justiça"), que luta contra as violações dos direitos humanos cometidas pelo exército e a polícia israelenses nos Territórios Ocupados.

Seu destino hoje é uma minúscula aldeia de 300 habitantes, Ras a-Tira, estendida sobre uma aresta rochosa 500 metros ao sul da colônia de Alfei Menashe. Juntamente com quatro outras aldeias — A-Daba (250 habitantes), Arab a-Ramadin (250 habitantes), Wadi a-Rasha (120 habitantes) e Arab Abu Farda (120 habitantes) —, Ras a-Tira foi incluída, contra a vontade de seus habitantes, na alça da barreira que se fecha ao redor da colônia de Alfei Menashe. Uma parte das terras dessas aldeias, arrasadas pelos bulldozers, serviu para construir a barreira, que nessa altura tem bem uns sessenta metros de largura. Outra parte foi parar de um dia para outro do lado "israelense" da cerca de arame farpado. Tal como os outros enclaves da região, o de Alfei Menashe foi declarado "zona militar fechada" em outubro de 2003. Para os cerca de mil palestinos apanhados na rede, isso quer dizer que a partir dos 12 anos de idade, se quiserem continuar vivendo em suas aldeias, eles têm de obter da administração civil um visto de residência, inicialmente renovável semestralmente, mas desde 2005 válido por dois anos. Se quiserem continuar vivendo em suas aldeias: uma ressalva preocupante, cujo caráter ameaçador é frequentemente frisado pelos palestinos — no verso do documento, por sinal, uma nota esclarece que de modo algum ele assegura os direitos de propriedade do portador. Um outro visto, com validade de três meses a dois anos, segundo o caso, permite-lhes sair do enclave, através das portas especificamente designadas, caso possuam terras ou possam provar que têm um trabalho lícito do outro lado da barreira. Mas fica bem claro que o documento não lhes permite entrar em Israel.

Fonte permanente de ressentimento e rancor, a obrigação de portar salvo-condutos para viver e circular perto da barreira não se aplica aos seus vizinhos, os colonos de Alfei Menashe. Estes podem, como qualquer cidadão israelense, ir e vir a seu bel-prazer, desde que respeitem as instruções de segurança do exército. A situação é tanto mais causadora de mal-estar nas cinco aldeias pelo fato de terem populações pequenas demais para que se desenvolva até mesmo o comércio mais incipiente, e de seus habitantes terem sido sempre dependentes, para se abastecer, para a educação dos filhos e o acesso aos serviços de saúde, das comunidades palestinas vizinhas: Habla, Ras-Atiya e Qalqiliya. O único hospital da região encontra-se em Qalqiliya. Em Habla existem apenas dois médicos, dois farmacêuticos e um dentista. Para entrar na aldeia, seus habitantes precisam agora apresentar-se nas portas da barreira nos horários — variáveis — em que estão abertas, formar fila, mostrar os vistos aos soldados e aceitar ser revistados. A porta de Habla é aberta três vezes por dia durante uma hora. Também dá acesso a Qalqiliya, graças ao túnel cavado pelos israelenses por baixo da rodovia 55. A de Ras-Atiya, mais ao sul, é aberta desde junho de 2005 das 6 às 18 horas. Os ônibus escolares autorizados pela administração civil israelense podem usar essas portas para transportar as crianças para as quatro escolas de Habla e Ras-Atiya, mas os habitantes do enclave são proibidos de atravessá-las com mercadorias.

Se os habitantes de Ras a-Tira, por exemplo, quiserem vender seus legumes e frutas em Habla, como costumavam fazer, ou trazer para casa provisões compradas na cidade, e sobretudo se quiserem usar seus próprios veículos — muitas vezes velhos calhambeques já nas últimas —, a coisa fica mais complicada. Pois nos territórios palestinos ocupados, também os veículos, como as pessoas, precisam de uma autorização para circular. E, em regra geral, esses documentos são fornecidos de preferência a veículos comerciais, e só excepcionalmente a automóveis particulares. Os que conseguem obter a autorização devem certificar-se, antes de pegar a estrada, de que seu caminhão ou táxi está com a placa em dia e não apresenta qualquer anomalia técnica aparente (pneus carecas, faróis quebrados, pisca-piscas com defeito etc.). Pois só uma porta permite aos palestinos sair do enclave ou entrar nele transportando mercadorias: a de Qalqiliya. E segundo os moradores, os policiais israelenses que montam guarda nesse posto de controle têm o hábito — ou a ordem — de se mostrar extremamente exigentes quanto ao estado de conservação dos veículos palestinos, castigados com pesadas multas à menor infração. Nem seria possível emprestar o automóvel a um parente ou amigo: só o proprietário do veículo é autorizado a atravessar a barreira ao seu volante.

Para os habitantes das aldeias de Ras a-Tira, Wadi a-Rasha e a-Daba, ao sul do enclave, a passagem pelo posto de controle de Qalqiliya, chamado pelos soldados de "encruzilhada 109", não é só mais um motivo de irritação numa vida cotidiana cheia de obstáculos, mas uma espécie de absurda punição kafkiana que os obriga a fazer um desvio de cerca de quinze quilômetros para chegar a Habla, ao passo que, antes da barreira, bastavam alguns minutos. Pois ao tempo de percurso deve-se somar o que se leva, muitas vezes imprevisível, na inspeção do posto de controle da rodovia 55. É bem verdade que, como essa rodovia leva às colônias de Kedumim e Karnei Shomeron, a passagem fica permanentemente aberta e os soldados montam guarda dia e noite. Entretanto, pelo mesmo motivo — a frequente passagem de veículos de placa amarela (israelenses) por essa rodovia —, o controle de mercadorias transportadas pelos palestinos é draconiano. E muitas vezes se transforma em perseguição, e mesmo em humilhação. Os habitantes de Ras a-Tira costumam contar a história de um criador de gado que teve, sozinho, de descarregar e depois voltar a carregar uma tonelada de forragem em seu caminhão, na encruzilhada 109, para que os soldados verificassem que não estava escondendo nada de suspeito. Na aldeia de Ras-Atiya, uma lembrança muito mais dramática vem à tona quando os habitantes são convidados a falar dos problemas causados pela barreira. Em fevereiro de 2004 — o incidente é comprovado por um documento da Agência das Nações Unidas para a Ajuda aos Refugiados Palestinos (UNRWA)* —, uma criança de 2 anos, acometida de febre forte e convulsões, não pôde ser transportada a tempo para o hospital de Qalqiliya, pois a porta de Ras-Atiya estava fechada. Os pais e o médico que os acompanhava tiveram de tomar um desvio de mais de uma hora pelas aldeias de Izabat Salman, Kafr Thulth e Azzun para chegar a Qalqiliya, e a criança morreu a caminho.

"Olhando para trás, vejo que minha geração cometeu muitos erros", reconhece Ruth Kedar, enquanto esperamos num posto de controle vizinho à

---

* "UNRWA Emergency Appeal. The West Bank Barrier. Profile: Alfei Menashe & Habla." Atualizado em agosto de 2005.

Linha Verde*. "Talvez fôssemos muito arrogantes, orgulhosos demais por estar construindo o país. Não me envergonho de ser israelense, com certeza que não, mas estou decepcionada. E talvez até um pouco triste, apesar do meu natural otimismo. Foi por causa desse mal-estar que abracei a militância em favor dos palestinos. Pois chega um momento na vida em que é preciso deixar falar a própria consciência e o senso de justiça. Pois não podemos deixar de agir. Comecei fiscalizando os postos de controle com os voluntários da Machson Watch, para ver se os soldados e guardas de fronteira não abusavam de sua autoridade, não recorriam à violência contra os palestinos. Não era nenhuma salvação do mundo, mas o fato é que os soldados se comportavam melhor quando estávamos presentes do que quando não estávamos, o que já é bastante coisa. Depois, participei com meu marido da fundação da Yesh Din, em março de 2005. Nosso objetivo é contribuir a longo prazo para melhorar a situação dos direitos humanos nos Territórios Ocupados. O que fazemos é reunir, verificar e divulgar informações sobre as violações que acontecem, exercendo pressão sobre as autoridades através da lei ou com a ajuda da opinião pública. Nossa organização é formada exclusivamente por voluntários, mas somos assessorados e orientados por uma equipe de especialistas dos direitos humanos, juristas e consultores de comunicação. Quando uma ação judicial pode revelar-se útil, também nos cabe buscar o financiamento necessário."

Enquanto tantos imigrantes recentes, mal chegados do Brooklyn ou de Nice, ficam indignados toda vez que alguém critica Israel ou menciona os "direitos" reivindicados pelos palestinos, a militância cívica de Ruthie Kedar é tanto mais digna e digna de crédito pelo fato de ela encarnar em sua trajetória pessoal vários capítulos da história conflituosa de Israel. Sua mãe, nascida na Palestina em 1892, era filha de imigrantes russos que haviam chegado seis anos antes, fundando a cidade de Rehovot, ao sul de Tel Aviv. Seu pai, oficial britânico de uma família judia de Manchester, chegara à Palestina em 1917 para expulsar os turcos com o exército do general Allenby,

---

* Entrevista com o autor em 21 de agosto de 2005.

acompanhado pelo lendário Thomas Edward Lawrence. Morreu em julho de 1946, juntamente com 90 outras pessoas, no atentado contra a ala sul do Hotel King David, em Jerusalém, cometido por um comando do Irgun* chefiado pelo futuro primeiro-ministro Menahem Begin. O palácio, que hoje hospeda convidados importantes de Israel, era na época sede da administração do mandato e dos serviços de informação militares britânicos. Curiosamente, o Irgun — considerado pelos britânicos uma organização terrorista — também foi a primeira base de militância do marido de Ruth, Paul Kedar. Atualmente integrante da direção do Museu da Diáspora, do qual foi um dos fundadores, esse aposentado culto e poliglota preserva a ironia distraída dos que se habituaram a conviver com segredos, ao comentar os acontecimentos da atualidade, de calção, em seu jardim, enquanto vai mordiscando a torta de pecã que é uma especialidade de Ruth.

Ouvindo-o referir-se a "esses dirigentes israelenses que não têm coragem de fazer a paz", quem diria que ele vem de uma família de judeus "revisionistas"** e que cresceu no colo de Zeev Jabotinsky e Menahem Begin, figuras de proa do sionismo conservador e nacionalista, para em seguida participar da luta clandestina contra os britânicos e entrar para a aeronáutica do jovem Estado de Israel e os serviços de informação? Da juventude de combatente nas fileiras do Irgun à aposentadoria engajada na Yesh Din, passando por sua carreira no Mossad, na força aérea e na diplomacia, a vida de Paul Kedar contém boa parte das complexidades e tormentos atuais da sociedade israelense. Complexidades e tormentos que também se refletem nas escolhas dos quatro filhos dos Kedar. Os três filhos serviram no Líbano durante a guerra, juntamente com o pai, na

---

* Organização paramilitar sionista que atuou durante o mandato britânico da Palestina (1931-1948). (*N. do T.*)

** Na década de 1920, os "revisionistas" pretendiam "rever" a política sionista — e não o sionismo —, retomando o projeto original de Theodor Herzl: seu objetivo era a criação de um Estado judeu nas duas margens do Jordão, pelo estabelecimento de uma maioria judaica nesse território (*cf.* Marius Schattner, *Histoire de la droite israélienne*, Complexe, Bruxelas, 1991).

época porta-voz do exército israelense. O mais velho, Alexandre (Sandy), é atualmente professor de direito na Universidade de Haifa. Especializado no "regime de propriedade da terra", ele compartilha as convicções dos pais. O segundo divide seu tempo e seus negócios entre os Estados Unidos e a França. O mais jovem trabalha em restauração, em Israel. A irmã trabalha numa empresa de biotecnologia em Nazaré, "a única empresa árabe-judaica do país", diz, orgulhosa, sua mãe.

Enquanto conversávamos, a fila de automóveis chegou até o soldado que verifica os documentos de identidade dos motoristas. Com toda evidência, não lhe agrada a ideia de que uma israelense visite uma aldeia palestina. Tanto mais que, em princípio, tem ordens de impedi-lo. É o que se pode ler numa placa amarela plantada à beira da estrada: "A entrada nesta aldeia é proibida aos cidadãos israelenses, por ordem das Forças de Defesa de Israel. Assinado: o comandante da região." Frente a esse tipo de obstáculo, que nem parece alterar seu bom humor, Ruth Kedar tem uma arma infalível: sua indispensável agenda telefônica. Com dois telefonemas pelo celular preso ao painel do automóvel, o problema é resolvido e o Toyota toma a estradinha que vai subindo em zigue-zague, em meio às oliveiras e às rochas, na direção de Ras a-Tira. Lá embaixo, depois da barreira, estendem-se os campos e as fileiras de estufas de Habla e Ras-Atiya. A cerca de arame farpado está cheia de painéis vermelhos ameaçadores: "Perigo de morte — Zona militar. Qualquer pessoa que atravessar ou tentar danificar a barreira corre risco de vida."

Não é a primeira vez que Ruthie vem a Ras a-Tira: basta ver os gestos amistosos dos moradores, ouvir as palavras de boas-vindas quando ela abaixa o vidro do carro para perguntar, num árabe meio tosco, onde se encontra nessa manhã Yassin Yunes, o presidente da câmara municipal.

Yassin Yunes aguarda os visitantes em casa. É um barbudo dos seus cinquenta anos, tendo na cabeça um bibico de algodão branco. Na presença dos estranhos, notáveis muçulmanos locais, ele mostra um rosto austero e uma atitude algo rígida. Mas é com um sorriso que pronuncia o *Ahlan wa sahlan* (bem-vindos) tradicional ao abrir o portão de metal pintado com as cores da bandeira palestina — verde, branco, vermelho e preto. No pátio de sua casa, protegidas dos olhares mas não do sol vertical do meio do dia, uma mesinha e cadeiras foram dispostas debaixo do limoeiro. Dois outros habitantes já se encontram ali. Yassin Yunes, que não fala inglês nem hebraico, pediu-lhes que servissem de intérpretes. Um deles, Nasser Mussa, trabalhava numa criação de galinhas, e está desempregado; fala algumas palavras de hebraico e um inglês muito rudimentar. O outro, Rafik Mrabe, igualmente barbudo, veste uma camiseta de mangas curtas e uma calça de lã azul-marinho. É funcionário e presidente do comitê local contra o muro. Seu inglês é bem melhor, e é ele que vai traduzir a conversa debaixo do limoeiro, e depois nas ruas da aldeia, até o promontório rochoso em frente à colônia de Alfei Menashe, erguendo-se como uma fortaleza em sua colina.

Enquanto a mulher do dirigente, numa longa túnica marrom, com a cabeça coberta por um véu grená, deposita na mesa xícaras de um café muito forte e copos de água gelada, desaparecendo em seguida, como de costume numa família muçulmana tradicionalista, Rafik Mrabe ouve e traduz a fala de Yassin Yunes, visivelmente indignado.

"Inicialmente", explica ele, "perdemos cerca de 40 dunums (4 hectares), confiscados para a construção da barreira.* Depois, perdemos mais 200, com estufas, oliveiras e cinco poços, que ficaram do outro lado. Antigamente, tudo de que precisávamos aqui vinha de Qalqiliya, e quase tudo que produzíamos — frutas, legumes, ovos, galinhas — ia para Habla ou Qalqiliya. O percurso levava apenas vinte minutos. Agora, só pode ir quem tiver um visto, e o trajeto pode levar uma hora ou uma manhã inteira, conforme o tamanho da fila de espera no posto de controle e o humor dos soldados. Se um morador da aldeia tiver de ser hospitalizado ou operado depois das 18 horas, ou seja, quando a porta de Ras-Atiya está fechada, será necessário transportá-lo para o hospital de Qalqiliya. Ou seja, solicitar ao Escritório de Coordenação palestino (DCO) que consiga com o exército

* Entrevista com o autor, 21 de agosto de 2005, em Ras a-Tira.

israelense autorização para a passagem de uma ambulância. O que pode levar tempo.

"Hoje, boa parte do meu trabalho consiste em negociar vistos. Para que os habitantes da aldeia possam consegui-los, eu tenho de ir à colônia de Kedumin, a 25 quilômetros daqui, entregar os documentos dos candidatos ao escritório da administração civil. Às vezes a resposta chega no mesmo dia. Às vezes, temos de esperar vários dias. Poucos anos atrás, a maior parte dos habitantes da aldeia trabalhava em Israel ou em Alfei Menashe. Mas isso acabou. Três quartos dos que tinham trabalho acabaram por perdê-lo. Eu mesmo, em três meses, não pude trabalhar minha terra mais que dez dias. A barreira mudou tudo. Matou qualquer esperança, tanto para nós quanto para os habitantes das outras aldeias do enclave de Alfei Menashe que enfrentam os mesmos problemas. Fica parecendo que os israelenses [Yassin Yunes disse "os judeus", mas Rafik Mrabe traduziu "os israelenses"] querem dificultar ao máximo a nossa vida. Nem para os casamentos ou os enterros eles deixam as pessoas entrarem. A verdade, como pode ver, é que querem nos obrigar a ir embora. Eles querem a terra, não as pessoas."

"É verdade, parece que se faz de tudo para romper os vínculos sociais", confirma Rafik Mrabe, enquanto Yassin Yunes atende a um telefonema no celular. "Eu tenho uma irmã em Habla, a 3 quilômetros, uma outra em Ras-Atiya, ainda mais perto. Mas não as vejo há mais de três meses. Só nos resta um vínculo, o telefone. E tudo isto por motivos que nada têm a ver com a luta contra o terrorismo ou a segurança dos israelenses. É a grande mentira dessa história toda."

O que Rafik Mrabe chama de "grande mentira" é o motivo da presença de Ruthie Kedar em Ras a-Tira. De fato, os militantes da Yesh Din e seus assessores acreditam, tendo procedido a pesquisas de campo, de aldeia em aldeia, a verificação do cadastro e a uma investigação dos projetos de urbanização, que, ao contrário do discurso oficial, não foram os imperativos de segurança que determinaram, aqui, o trajeto da zona de separação. Assim foi que decidiram apoiar a solicitação levada à Suprema Corte pelos representantes de cinco aldeias do enclave, pedindo o deslocamento da barreira para a base da colina de Alfei Menashe.

"Venham", convida Rafik Mrabe, entrando pela única rua estreita de Ras a-Tira. "Vou mostrar-lhes por que a barreira dá uma volta tão grande ao redor de Alfei Menashe. Por que fomos feitos prisioneiros. E por que eles nos mentem!"

No fim da aldeia, onde velhas sepulturas se perdem em meio a rochas e arbustos espinhosos, ele se detém, apontando com o braço estendido, 500 metros a sudeste da colônia de Alfei Menashe, a colina em frente, onde transcorrem obras de derrubada.

"Aí está", diz ele. "Os israelenses chamam essa colina de 'Tal'. Vão construir nela centenas de habitações, para aumentar a colônia de Alfei Menashe. Uma outra extensão está prevista ao sul de Ras a-Tira. Os construtores da barreira conheciam esses projetos. Por isso é que a linha de separação não passa entre nossas aldeias e Alfei Menashe, mas ao redor das nossas aldeias, que assim ficam prisioneiras."

O plano diretor de urbanismo de Alfei Menashe, aprovado pelo Ministério da Construção e Habitação em 1998 e hoje oficialmente divulgado, mostra, com efeito, que não são algumas centenas de habitações, mas mais de mil — 1.406, exatamente — que serão construídas nos 100 hectares do projeto 115/8, designação topográfica oficial da colina Tal. Destinada a permitir, com o tempo, a duplicação da população de Alfei Menashe — hoje estimada em 5.700 habitantes —, essa ampliação da colônia, abrangendo também prédios públicos, estabelecimentos comerciais, instalações turísticas e um zoológico, deverá ocorrer em três fases. A primeira contempla a construção, no alto da colina, de uma coroa de pequenos prédios de cinco andares com 288 apartamentos. Segundo a prefeitura de Alfei Menashe, cem deles já foram vendidos. O mesmo plano diretor mostra que três outros projetos de urbanização estão sendo preparados ou em estudos na região. O projeto 115/9, batizado de Ilanit ou Qaniel, ocupa 21 hectares ao sul das aldeias de Ras a-Tira e A-Daba. Ainda não foi submetido ao Ministério. Aprovado em 2003, o projeto 115/16/4 (Nof Ha-Sharon), cobrindo menos de 4 hectares, prolonga a localidade israelense de Nirit a leste da Linha Verde. Extensão do anterior, o projeto 115/10 contempla a construção de 1.200 habitações em 75 hectares. Ainda está em estudos. Como mostram as fotos aéreas recentes da região, é efetivamente o contorno das colônias e de suas futuras ampliações — e não o relevo — que explica o percurso sinuoso da barreira na região de Qalqiliya e Alfei Menashe. "Um dos fatores prioritariamente levados em conta para definir o trajeto da barreira em torno de Alfei Menashe foi a preocupação de situar as zonas do plano de extensão do lado israelense da barreira", escrevem os autores do relatório *Under the Guise of Security.** Publicado em dezembro de 2005 pela Bimkom (Urbanistas pelos Direitos Humanos) e a organização de defesa dos direitos humanos B'Tselem, esse documento demonstra, com exemplos concretos, que o traçado da barreira de separação obedecia na verdade a "considerações ocultas", tendo sido concebido não só para proteger os cidadãos israelenses do terrorismo, mas também e talvez sobretudo para permitir a anexação de fato de cerca de 70 colônias da Cisjordânia ao território israelense, preservando os terrenos necessários a sua ampliação.

"O que vocês acham? Claro que nós discutimos o traçado da barreira com Dany Tirza! Claro que levamos em conta nossos projetos de desenvolvimento e os de nossos vizinhos. Era o mínimo que se podia fazer, não?"

Secretário da prefeitura de Alfei Menashe, Arie Zissman, que também desempenha as funções de chefe de segurança da colônia, não é nenhum humorista. Seu robusto aperto de mão, a figura parruda e a parafernália que mantém ao alcance da mão em seu gabinete — três capacetes de combate, dois carregadores de pistola, um carregador de fuzil de assalto M-16,

* "Under the Guise of Security. Routing the Separation Barrier to Enable the Expansion of Israeli settlements in the West Bank", relatório de Bimkom e B'Tselem, dezembro de 2005. A organização Bimkom, "Urbanistas pelos Direitos Humanos", foi fundada em 1999 por urbanistas e arquitetos. B'Tselem, o "Centro de Informação Israelense pelos Direitos Humanos nos Territórios Ocupados", foi fundado em 1989 por um grupo de universitários, juristas, médicos, jornalistas e parlamentares.

um colete à prova de balas, dois *walkie-talkies* — deixam claro que esse nativo dos Estados Unidos, aqui chegado há 25 anos, mas ainda exibindo um sotaque, não leva a vida na flauta. E por sinal, os adesivos e rolos de fitas laranja encontrados entre seus arquivos e documentos, indicando a adesão dos colonos contrários à evacuação da Faixa de Gaza em agosto de 2005, mostram também que ele não é homem de aceitar o que costuma chamar de "estratégia de presentes aos árabes".

"Foram pessoas como eu que elegeram Sharon para a chefia do governo. Ele nos traiu. As ideias que aplicou eram as ideias dos trabalhistas. E o pior é que Bibi [Benyamin Netaniahu] não é melhor que ele. Simplesmente um pouco menos mau!" Com toda evidência, a "traição" do primeiro-ministro tira Zissman do sério.* O que não o impede de dar boas risadas quando lhe perguntamos se houve barganha entre o exército e a prefeitura de Alfei Menashe a respeito do traçado da barreira.

Na câmara municipal, parece evidente que essa questão não é minimamente incômoda. Pelo contrário. É sem qualquer preocupação de desconversar e mesmo com um entusiasmo de negociadores astuciosos que os vereadores falam a respeito: "Vocês querem saber como foi que conseguimos a volta da barreira ao nosso redor? Perguntem a Zissman. Ele sabe tanto quanto eu sobre essa questão, e seu inglês é muito melhor que o meu." O prefeito de Alfei Menashe, Eliezer Hasdai, membro do comitê central do Likud, não só reconhece sem rodeios que a prefeitura discutiu com o exército o traçado da barreira como orienta o visitante curioso para a outra extremidade do corredor, onde fica o gabinete do chefe da segurança.

No centro administrativo de Alfei Menashe encontram-se a prefeitura, o rádio da polícia, os correios e alguns outros serviços públicos. É um prédio bege, construído no ponto mais elevado da colônia e descortinando o horizonte, como a cabine de navegação de um navio. Dele, o olhar pode percorrer toda a planície costeira, até as torres de Tel Aviv. Pelo ar, o Mediterrâneo fica a 20 quilômetros. O aeroporto internacional David Ben-Gurion, a 25. "No

---

* Entrevista com o autor, 25 de agosto de 2005, em Alfei Menashe.

tempo claro", afirma Arie Zissman, "pode-se ver, ao norte, até Haifa, e ao sul até Ashkelon. Dá para imaginar a posição estratégica que ocupamos!"

Fundada em 1983 com o nome de Tzavta, no alto de uma colina de 300 metros de altitude, a colônia tem hoje cerca de 6 mil habitantes — 6.500, segundo Arie Zissman, 5.500 de acordo com o observatório da colonização do movimento Paz Agora. A relação de cidades e aldeias do Escritório Central de Estatísticas de Israel informa que Alfei Menashe, transformada em município autônomo em 1987, recebeu 1.500 novos habitantes nos oito últimos anos. Os que optam por morar aqui não vêm em geral por motivos religiosos ou ideológicos, mas porque essa "colônia-dormitório" permite viver no campo a 25 minutos de Tel Aviv, ao mesmo tempo se beneficiando das vantagens financeiras destinadas a atrair israelenses para os Territórios Ocupados. Embora os preços dos apartamentos tenham aumentado de 25 a 35% em Alfei Menashe desde a construção da barreira, ainda continuam nitidamente inferiores aos de Petah Tikva, para não falar de Tel Aviv. "Nosso verdadeiro problema", reconhece Arie Zissman, "é não ter empregos para oferecer aqui. A maioria dos habitantes trabalha do outro lado da Linha Verde, quase sempre em Tel Aviv."

"A verdade", diz o chefe da segurança, contemplando com ar distraído as duas fotos aéreas afixadas na parede de seu escritório e mostrando Alfei Menashe em 1995 e 2001, "é que inicialmente não estava previsto que ficássemos a oeste da barreira. Aqui, ela fora traçada exatamente sobre a Linha Verde, junto às primeiras casas de Qalqiliya, para proteger a autoestrada Trans-Israel, onde os motoristas eram tomados como alvo por *snipers* escondidos nos minaretes da cidade. Quando o prefeito foi informado, ficou furioso. Por quê? É simples: vejam o mapa. A rodovia 55, que nos liga a Kfar Sava, à autoestrada Trans-Israel e à planície costeira, passa exatamente entre Qalqiliya (45 mil habitantes) e Habla (5.500 habitantes): duas cidades árabes distantes de menos de um quilômetro que podem da noite para o dia nos separar de Tel Aviv e nos isolar em meio a aldeias árabes hostis. Inaceitável! O prefeito moveu céus e terra. Como tinha uma posição importante no Likud e fazia parte da direção do Conselho dos Assentamentos [colônias], conseguiu falar com as pessoas que contavam. No fim, Ben-Eliezer e Sharon vieram tomar conhecimento pessoalmente da situação. E começamos a conversar. O que nos ajudou muito na negociação com os militares foi que contamos com o apoio da localidade de Matan, que fica em frente a Habla, do outro lado da Linha Verde. A prefeitura de Matan fora informada de que o exército, para preservar um acesso seguro a Alfei Menashe e aos assentamentos da região de Maale Shomeron, projetava construir uma nova estrada contornando Habla e Ras-Atiya pelo sul, até chegar, depois da Linha Verde, à estrada de Kfar Sava a Kafr Qasem. Essa estrada, que devia ser identificada pelo número 5.250, podia estragar a vista dos habitantes de Matan, de tal maneira que a prefeitura, controlada pela esquerda, expressou vigorosamente seu desacordo. Tal como nós, o pessoal de Matan também chamara a atenção para o fato de que seria uma loucura deixar de separar Qalqiliya e Habla por um obstáculo físico. Em agosto de 2002, eles haviam inclusive escrito ao comitê central do Partido Trabalhista uma carta em que afirmavam que a aproximação das duas cidades árabes podia levar ao surgimento de uma aglomeração populacional de 100 mil habitantes, que constituiria um perigo para toda a região. Essa carta deve ter acertado na mosca: no fim de setembro, o general Amos Yaron, diretor-geral do Ministério da Defesa, e o presidente da Comissão de Relações Exteriores e Defesa do Knesset, o trabalhista Haim Ramon, foram a Matan. Depois de visitar demoradamente o setor com os militares, eles concluíram que efetivamente seria um erro manter uma continuidade territorial entre Qalqiliya e Habla. A partir de então, as coisas foram bem rápido. Deixou-se de lado a ideia de construir a barreira ao longo da Linha Verde. Dany Tirza começou a desenhar as alças para isolar Qalqiliya e Habla, separadas agora por duas barreiras, e depois traçou, inspirando-se no plano diretor das ampliações de Alfei Menashe, a barreira que existe hoje e que contorna as zonas em que novas construções estão em obra ou em projeto.* Nós tínhamos vencido."

---

* Em depoimento na Suprema Corte a 21 de junho de 2005, Dany Tirza reconheceu que o trajeto que escolhera para a barreira ao redor de Alfei Menashe contornava a

Frente às reivindicações dos representantes eleitos de Matan e Alfei Menashe, a pesada máquina burocrática político-militar do Estado de Israel, com tanta frequência surda às solicitações dos palestinos, dessa vez mostrara-se à altura. Dias depois de sua visita ao local, Amos Yaron e Haim Ramon receberam de Amikam Sivirski, assessor do primeiro-ministro na questão das colônias, uma carta informando que o pedido havia sido aceito. Com data de 25 de setembro, o documento esclarecia que o traçado da barreira na região de Qalqiliya-Alfei Menashe seria redesenhado para levar em conta suas observações. O montante das despesas suplementares para o Ministério da Defesa era avaliado em 130 milhões de shekels (25 milhões de euros). Os jornais da época informam que Eliezer Hasdai comemorou a notícia proclamando: "Conseguimos deslocar a Linha Verde!" Haidai mostrava-se por demais modesto: não era a Linha Verde, há tanto tempo negligenciada pelos israelenses, que ele acabava de conseguir deslocar com a ajuda de seus amigos, mas a barreira de segurança e, portanto, provavelmente, a fronteira do futuro Estado palestino...

O prefeito de Alfei Menashe relataria mais tarde que seus colegas do Conselho dos Assentamentos, provavelmente enciumados por seu sucesso nesse caso, espalharam o boato de que ele devia sua vitória à posição de influência que ocupava no Likud, mais que a seu talento de negociador. De sua parte, ele considerava que, se conseguira do governo uma decisão que custaria 25 milhões de euros ao orçamento do Estado, não era em virtude de suas funções políticas, mas por ter sido capaz de deixar claro que Alfei Menashe, situada na primeira cadeia de montanhas depois da planície costeira, podia ser considerada um baluarte.* Retrospectivamente, esse debate parece duplamente ocioso. Primeiro porque os partidários do traçado ao longo da Linha Verde, como Ben-Eliezer, já

---

zona 115/8, que deveria tornar-se uma extensão de Alfei Menashe. Informou também que incluíra as aldeias de A-Daba e Ras a-Tira no interior do enclave de Alfei Menashe para proteger essa extensão.

* "A Wall in Their Heart", artigo de Meron Rapoport em *Yedioth Aharonoth*, 10 de julho de 2003.

tinham perdido a parada frente aos defensores de uma barreira anexando os "blocos" de colônias, como Haim Ramon, quando a negociação a respeito de Alfei Menashe teve lugar. Depois porque, considerando-se o traçado completo da barreira, do norte ao sul da Cisjordânia, e o projeto revelado nesse traçado, o papel de Eliezer Hasdai parece irrisório. Aqui, como em outras partes, a barreira, destinada em princípio a "reduzir as infiltrações de terroristas provenientes da Judeia e Samaria [Cisjordânia] para cometer atentados em Israel",* tem efetivamente um outro objetivo. Ela também foi concebida e construída para proteger colônias, permitir seu desenvolvimento e estabelecer uma contiguidade territorial entre elas e Israel. Os meandros de arame farpado e concreto que protegem Alfei Menashe e seus satélites, ao mesmo tempo estrangulando Qalqiliya e Habla, cumprem exatamente essa função.

* Decisão do gabinete nº 2.077, de 23 de junho de 2002. Seção B-3.

8

Qalqiliya cai na rede

"Não se pode esperar que todo mundo fique feliz com a barreira." Essa cruel meia verdade é um dos postulados favoritos do antigo presidente do Conselho de Segurança Nacional, Uzi Dayan. E não são os habitantes de Qalqiliya que dirão o contrário. Na ofensiva das prefeituras de Alfei Menashe e Matan para desviar a linha de separação, sua cidade perdeu tudo: as terras agrícolas, os vínculos com o interior do país, as chances de desenvolvimento. Sua situação de hoje exemplifica em nível caricatural a estratégia inconfessada, mas perfeitamente verificável no terreno concreto, dos governos Sharon e Olmert, a estratégia desenvolvida por Dany Tirza: assegurar a expansão e garantir a segurança das colônias israelenses destinadas a serem anexadas, qualquer que seja o preço para as localidades palestinas vizinhas.

Quando se tem diante dos olhos o mapa completo da barreira, em funcionamento, em construção ou em projeto, nenhuma seção — à parte o labirinto que constitui o "invólucro de Jerusalém" — é mais desconcertante em seu traçado que a zona de Qalqiliya-Alfei Menashe. Em menos de 8 quilômetros pelo ar, entre Jayus ao norte e Izbat Salman ao sul, a barreira, alternando aqui com um muro de 8 metros de altura, estende-se por quase 40 quilômetros, em três meandros que praticamente se fecham sobre eles mesmos, formando ilhotas de territórios ora israelenses, ora palestinos, totalmente separados uns dos outros. Desde o verão de 2003, Qalqiliya parece enfeixada numa rede no centro desse labirinto de concreto e arame farpado. A oeste, um muro de 8 metros de altura foi construído no meio das plantações de tomate e berinjela das terras dos agricultores. Com uma extensão de 3 quilômetros e torres de vigilância a intervalos de 300 metros, ele separa a cidade da rodovia 6 Trans-Israel. Os motoristas que circulam por esse moderno eixo rodoviário — a única rodovia com pedágio no país — passam pertinho dele sem se dar conta: do lado israelense, os construtores do muro encostaram no concreto um outeiro de terra, coberto de arbustos e verde, transformando-o em obra de paisagismo;* ao norte e ao sul da cidade, o muro está ligado a um dispositivo de separação, composto, como em toda a Cisjordânia, de arame farpado, pistas anti-intrusão, uma cerca eletrônica, uma via de patrulha e uma infinidade de sistemas de detecção e alerta, ópticos e eletromagnéticos. Os dois ramos da barreira se aproximam a leste, formando um gargalo que, controlado pelo exército israelense, constitui já agora a única via de acesso à cidade.

"Eles querem nos matar de fome, nos obrigar a ir embora. Ou então nos transformar em terroristas para poder nos matar."** Servindo bebidas geladas no pátio de sua casa novinha em folha, Nuhaila Awaydat não parava mais de amaldiçoar os israelenses que acabavam de arruinar seu marido e pôr fim ao seu sonho: criar os filhos num casarão aberto para o verde. O negócio do marido — uma loja de peças de reposição para automóveis cujo movimento devia-se em maior parte a clientes israelenses — já enfrentava sérias dificuldades desde a segunda Intifada, por causa dos bloqueios e do isolamento imposto às cidades palestinas. Com o muro, acabando com qualquer possibilidade de retorno às antigas relações de boa vizinhança,

---

* Ver capítulo 5.
** Entrevista com o autor, 10 de julho de 2003, em Qalqiliya.

ele corria sério risco de ser condenado à falência. E era por sinal o motivo pelo qual não se encontrava em casa nessa manhã. "Ele está em dúvida se já deve vender tudo. Foi à cidade consultar alguém", explicara a jovem de longa túnica marrom e cabelos encobertos por um lenço, sinais exteriores de respeito do islamismo tradicional. Por sua vez a casa que acabava de ser concluída e na qual o marido de Nuhaila investira a maior parte de suas economias, transformara-se num pesadelo. Nem mesmo da varanda do segundo andar já se podia ver os campos e bosques do interior israelense. E muito menos o pôr do sol. Só o concreto do muro, a menos de 30 metros.

"Nossos limões, nossas azeitonas, nossas goiabas eram exportados até para a Arábia Saudita e os emirados do Golfo. Agora, não podemos mais vendê-los nem mesmo em Nablus ou Jenin." De pé com um cesto na mão no meio de uma plantação de tomates já agora amputada pela pista de patrulha do muro, Assad Atalla lançava ao redor um olhar desesperado. Esse lote espremido entre a rodovia e o muro era tudo que lhe restava das terras herdadas da família. O resto estava debaixo do cimento ou inacessível, do outro lado. "Mas o pior", confessara o agricultor, na casa dos 50 anos, visivelmente furioso com a impotência a que fora reduzido, "é que eles arrancaram diante dos nossos olhos quase 8 mil oliveiras, carregando-as em caminhões. E quando perguntamos aos soldados o que fariam com elas, eles responderam que não podiam dizer nada, pois era uma questão de segurança!"

Corria o mês de julho de 2003. O prefeito de Qalqiliya, Maa'ruf Zahran, convidara-me a acompanhá-lo, em sua picape japonesa, pelos caminhos precários que acompanham o muro e o arame farpado da barreira. "O senhor vai ver o que eles fizeram. Transformaram nossa cidade numa prisão. Quem nunca viu não seria capaz de imaginar semelhante coisa."* Ex-professor, tendo entrado para a política depois dos acordos de Oslo, ele fora eleito prefeito em 1996 por uma lista da Fatah. Estava visivelmente abatido.

* Entrevista com o autor, 10 de julho de 2003, em Qalqiliya.

"Como é que puderam ter semelhante ideia? Como foram capazes de decidir romper todos os laços tecidos há anos entre as duas sociedades? E como é que a comunidade internacional aceita que um país desenhe unilateralmente sua fronteira no território do vizinho?"

Aqui e ali, ele se detinha para trocar algumas palavras com um agricultor trabalhando, cumprimentar um vizinho de muro, mostrar, do outro lado das cercas, os olivais que ficaram inacessíveis, apontar com o dedo um poço perdido ou simplesmente, com a voz ora indignada, ora resignada, dar continuidade a uma explicação.

"Antes do muro, eu estava convencido de que a paz ainda era possível. De que era uma questão de tempo. Aqui, até a segunda Intifada, sempre vivemos em bons termos com os israelenses. Quase 6 mil habitantes da cidade trabalhavam em Israel. Surgiram cerca de vinte empresas palestino-israelenses. Cheguei até a firmar acordos técnicos de tratamento da água com a prefeitura de Kfar Sava. Os bloqueios e a proibição de circular na Cisjordânia representaram para nós um primeiro golpe muito duro. Muitas pessoas que trabalhavam em Israel perderam o emprego. Os israelenses têm medo de vir à nossa cidade. Nós não temos mais direito de sair da cidade. As trocas comerciais foram suspensas. O percentual da agricultura na economia da cidade passou de 22 a 45%. Mais de 8 mil famílias recebem ajuda alimentar ou financeira. E agora, o muro vai nos dar o golpe de misericórdia. Perdemos mais de 200 hectares de terras agrícolas, dos quais uma dezena de hectares de estufas e cerca de trinta de olivais, confiscados e arrasados pelos bulldozers para dar lugar ao concreto. Quase 45% das terras cultiváveis da cidade e 19 dos nossos 39 poços estão do outro lado. Mais de 600 lojas fecharam e 18 empresas palestino-israelenses estão em liquidação. Qalqiliya passou a ter apenas uma única abertura para o exterior. Hoje, só podem entrar e sair a pé as pessoas de mais de 35 anos. Os veículos — inclusive as ambulâncias e os automóveis de médicos — precisam de uma autorização do exército."

Enquanto falava, Maa'ruf Zahran havia chegado ao limite sul da cidade, frente a uma das enormes portas amarelas da barreira, tendo ao lado uma torre de onde éramos observados por um soldado. Abandonada e deteriorada, a avenida por ele percorrida em zigue-zague entre os buracos e os blocos de cimento tinha dos dois lados lojas e depósitos fechados, muitos ostentando ainda os letreiros em hebraico. Pouco adiante, ela ia dar no muro.

"Por ali é que chegavam os israelenses", explicara o prefeito. "Eles costumavam vir nos fins de semana mesmo depois da primeira Intifada, para comprar frutas, legumes, móveis, peças de reposição. E aproveitavam para almoçar enquanto o carro ficava na oficina. Faziam bons negócios, e nós também. Agora, o desemprego atinge 69% da população de Qalqiliya. E não há qualquer saída à vista para a crise. Não sei o que fazer. Em 1996, quando fui eleito, eu fiz campanha falando da inutilidade da luta armada, das vantagens da paz para nossa cidade e do projeto estimulante que é a construção de um Estado. E veja a que ponto chegamos! As vantagens da paz ninguém vê. Vivemos em piores condições que antes. A perspectiva de uma solução negociada se afasta cada vez mais. E diante de uma situação tão desesperada, meu partido e a Autoridade Palestina estão longe de se mostrar à altura de suas responsabilidades. A Fatah ainda não entendeu que precisa desistir de ser um movimento armado para se transformar numa organização política e contribuir para o nascimento do Estado. Aqui, em Qalqiliya, mais de 60 pessoas foram eliminadas por milicianos da Fatah em quinze anos, por causa de boatos que os acusavam de colaboração com Israel. Se acrescentarmos as acusações de corrupção contra os dirigentes da Autoridade e sobretudo a construção do muro, contra a qual ficamos impotentes, o Hamas tem o caminho livre nas próximas eleições."

Maa'ruf Zahran estava certo. Nas eleições municipais de maio de 2005, os candidatos do Movimento da Resistência Islâmica (Hamas), tendo feito campanha contra a corrupção da Autoridade e as negociações com Israel, em favor do prosseguimento da "resistência" armada e de "novas ideias" políticas, conquistaram os quinze assentos da câmara municipal. O prefeito por eles indicado, Wajih Qawas, não pôde assumir logo o cargo: estava sob "detenção administrativa", ou seja, detido sem julgamento há quase três anos, sob a acusação de "atividades terroristas". Foi necessário esperar até maio de 2006, quando veio a ser libertado, depois de 44 meses de prisão, para que ele assumisse suas funções à frente de uma cidade à beira do naufrágio.

Mesmo na época em que atraía todo fim de semana as barcaças israelenses, Qalqiliya nunca foi uma cidade particularmente frívola. Mas o seu mercado e suas ruas de comércio não estavam isentos, nas horas de movimento, da afluência ruidosa e alegre das cidades orientais. O rosto que ela hoje apresenta aos visitantes é sinistro. Em pleno centro da cidade, já não se contam mais as lojas e oficinas fechadas, com as grades de ferro cobertas de cartazes com a efígie dos "mártires" mortos pelo exército israelense ou dilacerados por suas próprias bombas nos atentados suicidas. Em busca de trabalho, cerca de 4 mil habitantes se foram, para outras cidades da Cisjordânia ou para o exterior. Pelo menos mais 2 mil continuam vivendo em Qalqiliya mas trabalham em outro lugar. Das quatro "portas agrícolas" do enclave, que podem em princípio ser atravessadas pelos portadores de "vistos verdes", uma, a nordeste, foi condenada e coberta de arame farpado, e duas outras, a noroeste e sudoeste, são reservadas à passagem de veículos militares israelenses. A última, no sul, foi fechada em agosto de 2004, depois de um atentado suicida.* O que significa que, para os habitantes de Qalqiliya que possuem ou exploram terras ou estufas do outro lado da barreira, é praticamente impossível continuar a trabalhar. Cerca de quarenta anos depois de quase ter sido destruída pelo exército israelense na guerra de 1967 — quando os bulldozers foram contidos *in extremis*, graças a pressões diplo-

* Foi a explicação fornecida às autoridades locais, citada num documento das Nações Unidas, "The Humanitarian Impact of the West Bank Barrier on Palestinian Communities", publicado em março de 2005. Mas nenhum atentado perto de Qalqiliya em agosto de 2004 está registrado na base de dados do exército israelense, que pode ser consultada na Internet. Esse atentado tampouco é mencionado no levantamento realizado pelo B'Tselem.

máticas —, Qalqiliya, que tem a infelicidade de se encontrar na posição de um fortim palestino avançado, onde é mais estreita a planície costeira israelense, está morrendo lentamente, asfixiada. Não só os seus representantes muçulmanos eleitos e suas "novas ideias" não produziram milagres como já comprometeram em grande parte seu crédito de integridade, sucumbindo ao clientelismo e ao nepotismo. A tal ponto que os habitantes de Qalqiliya que haviam cobrado de Maa'ruf Zahran e sua equipe municipal o início do naufrágio da cidade, elegendo para substituí-los uma prefeitura islâmica, resolveram punir também o Hamas, em janeiro de 2006, no momento das eleições legislativas: enquanto o movimento islâmico obtinha maioria absoluta no Conselho Legislativo palestino, apeando do poder o partido de Yasser Arafat e Mahmud Abbas, Qalqiliya era a única cidade, ao lado de Rafah e Jericó, a entregar todos os seus mandatos a deputados da Fatah...

Será que uma cidade ou uma aldeia palestina terá algum dia alguma chance de conseguir, como aconteceu com a colônia israelense de Alfei Menashe, o deslocamento da barreira de separação? "Impossível", responde Maa'ruf Zahran, que, após a derrota, trocou Qalqiliya por Ramallah e um cargo de alto funcionário na Autoridade Palestina. "Por um motivo simples: estamos sob ocupação. Essa ocupação já dura quarenta anos. Foi acompanhada de uma política de colonização, lançada e mantida pelo governo israelense, violando abertamente o direito humanitário internacional. Tudo isso diante da total indiferença da comunidade internacional. Por que se haveria de esperar que um governo que despreza impunemente as convenções de Genebra e as resoluções das Nações Unidas atendesse às solicitações de um cidadão ou de uma câmara municipal palestina?"

"Talvez isso esteja para mudar", sugere Ruth Kedar, sempre otimista e combativa. "Incitar os soldados, policiais e colonos a respeitar os direitos humanos e a obedecer à lei, em seu trato diário com os palestinos, conseguir que o Estado israelense assegure a proteção das populações dos Territórios Ocupados, como é obrigado a fazer pelo direito internacional, são alguns dos objetivos da Yesh Din e das organizações com as quais trabalhamos. Veja o que aconteceu com os habitantes das cinco aldeias* que ficaram prisioneiras do enclave de Alfei Menashe: já é um avanço. Pode até ser considerada uma pequena vitória, tanto para eles quanto para nós."

Quem obteve essa "vitória" foi um advogado israelense de 34 anos, Michael Sfard, especializado na defesa dos palestinos frente às "injustiças e atrocidades cometidas nos Territórios Ocupados". Jurista militante e assumido, filho e neto de imigrantes poloneses, ele nada tem de um austero soldado das causas desesperadas. O rosto simpático, os finos óculos redondos, que lhe dão um certo ar de estudante, as maneiras diretas e sua equipe de jovens colaboradores tão entusiásticos quanto o chefe podem dar a impressão, quando entramos pela porta do seu escritório, de estar num centro de pesquisas universitárias ou na redação de um novo jornal. Mas Michael Sfard é um autêntico guerrilheiro do direito, seguro no combate e nas armas de que se vale. Nascido em Jerusalém, ele decidiu viver em Tel Aviv para fugir da religiosidade pesada da Cidade Santa. Seu escritório, desde que começou a trabalhar por conta própria, em 2004, fica no quarto andar de um prédio banal do Bulevar Rothschild, na zona sul da cidade. Ele ocupa um compartimento de paredes brancas, decorado com um cartaz de uma exposição de Picasso e algumas caricaturas de personalidades do judiciário. À sua frente, a biblioteca comporta apenas livros de direito em inglês e hebraico, deixando ao alcance da mão as quatro convenções de Genebra de 1949 e seus protocolos adicionais de 1977.

Com seus prédios de concreto das décadas de 1930 e 1940, inspirados na Bauhaus, o bairro, que está sendo reformado, adquiriu um aspecto quase "californiano", com seus cafés ao ar livre e sua avenida central arborizada, adotada pelos ciclistas e praticantes de *roller-skating*. A Bolsa fica

* As cidades são Ras a-Tira, A-Daba, Arab a-Ramadin, Wadi a-Rasha e Arab Abu Farda. Ver o capítulo anterior.

a duas ruas dali. No térreo das torres de vidro e aço ao longo do bulevar, restaurantes, galerias de arte e escritórios de design atraem uma clientela rica, jovem e aparentemente despreocupada. A barreira de separação, os postos de controle, o confronto cotidiano entre soldados israelenses e aldeãos palestinos, a ameaça do terrorismo suicida, tudo isso parece coisa de um outro planeta. E no entanto a Linha Verde está a apenas 35 quilômetros.

"Quando comecei a estudar direito", conta Michael Sfard, "tinha certeza de que era sobretudo para cuidar de questões de caráter político.* Eu sou de uma geração que só conheceu uma face de Israel: a do ocupante. Cresci num país em que um pequeno grupo de colonos judeus fundamentalistas exerce um peso político desproporcional à parte extremamente modesta da população que representa. Cresci num país em que os governos, fossem de direita ou de esquerda, permitiram e apoiaram a colonização dos territórios palestinos. E por essa ocupação, por essa colonização, Israel paga um preço moral muito alto. Nosso código de ética se degradou. Até nossa cultura é afetada. Baseado nos valores do humanismo, do pluralismo e da democracia, o Estado de Israel que eu prezo não existe mais. Sim, é verdade, tenho hoje um problema com minha identidade israelense. Por quê? Porque tudo que se faz hoje do outro lado da Linha Verde — o avanço da colonização, as demolições de casas, a construção do muro, os bloqueios, as detenções, humilhações e execuções — se faz em meu nome. A justiça israelense, civil ou militar, justifica tudo isso em nome da segurança. E a sociedade israelense, que nada ignora, deixa a coisa rolar, sem se questionar. Foi por isso que me recusei a cumprir meus períodos de reservista, em minha unidade de infantaria, nos Territórios Ocupados. Tive até de passar três semanas na prisão, alguns anos atrás, por ter me recusado a servir em Hebron. Não sou o único a pensar assim. Em 2002, mais de 450 reservistas, em sua maioria com idades entre 25 e 35 anos, participaram de um abaixo-assinado publi-

* Entrevista com o autor, 16 de novembro de 2005, em Tel Aviv.

cado na imprensa israelense, no qual declaravam que se recusavam a partir de então a participar da ocupação israelense e a prestar serviço militar além da Linha Verde. Eu estava entre eles. E também era advogado de vários deles. Defendi sua causa quando tiveram de prestar contas à justiça e fui visitá-los na prisão. O fato de terem assistido ou participado de atrocidades não significava que a maioria deles tinha feito essa escolha. Era simplesmente porque eles não suportavam mais a vida cotidiana nos Territórios Ocupados. Eu não sei se no exterior — e mesmo em Israel — as pessoas têm uma ideia exata do que significava uma decisão dessas. Centenas de soldados e oficiais, muitas vezes das unidades de mais prestígio do exército israelense, habituados a arriscar a vida pela segurança do Estado de Israel, questionavam ao mesmo tempo o caráter moral de nossa presença nos Territórios Ocupados e o mito de sua necessidade. Pessoas de todos os horizontes e procedências descobriam de uma hora para outra que a ordem que os mandava dominar um outro povo não podia deixar de provocar violações dos direitos humanos. Constatavam que a ocupação estabelecia relações de desigualdade entre israelenses e palestinos, lançando as sementes de um autêntico racismo antiárabe.

"Da primeira vez em que fui procurado para cuidar da questão da barreira, ela ainda não existia. Eu trabalhava na época no escritório de Avigdor Feldman, um dos advogados israelenses mais conhecidos, especializado em grandes questões criminais e políticas. Duas organizações israelenses de defesa dos direitos humanos, Hamoked e B'Tselem, nos haviam pedido que estudássemos os meios jurídicos de se opor a sua construção. Pusemos mãos à obra, e, em dezembro de 2003, nossa solicitação foi apresentada à Suprema Corte. Ela se baseava em três argumentos principais: 1) o muro não é uma necessidade militar vital para o Estado de Israel. E por sinal não foi construído no território de Israel, mas nos territórios palestinos, e seu traçado foi concebido para proteger as colônias implantadas por Israel; 2) ao construir a barreira, Israel anexa *de facto* e ilegalmente os territórios situados a oeste dessa separação; 3) por essência, a barreira faz parte do plano de colonização da Cisjordânia. Essa colonização é ilegal. A barreira, portanto, também é ilegal.

"Enquanto isso, a parte norte da barreira já fora erguida. O juiz, parecendo conhecer muito bem os detalhes da questão, concluiu que em certos casos nossos argumentos procediam, mas em outros, não. E que, em tais condições, não lhe era possível pronunciar-se sobre o conjunto do traçado da barreira, mas apenas examinar as solicitações que viéssemos a apresentar quanto a este ou àquele segmento específico. Sem chegar a ser debatida, assim, nossa solicitação genérica foi engavetada.

"Eu tinha deixado o escritório de Avigdor Feldman e aberto o meu quando comecei a me interessar pelo caso do enclave de Alfei Menashe e das cinco aldeias palestinas. Os voluntários da Yesh Din, que atendo como assessor jurídico, tinham obtido no local muitos depoimentos sobre as dificuldades enfrentadas pelos moradores. Também tínhamos tomado conhecimento dos planos de desenvolvimento de Alfei Menashe. E era fácil concluir que a barreira, tal como concebida, estava mais voltada para a ampliação dessa colônia do que para a segurança de seus habitantes. Tudo isso violando os direitos dos palestinos encerrados contra a vontade no enclave."

Em agosto de 2004, um ano depois da conclusão da primeira seção do "dispositivo de separação", seis habitantes das aldeias palestinas do enclave, apoiados pela Associação pelos Direitos Cívicos em Israel (ACRI), apresentam na Suprema Corte de Israel uma petição exigindo que a barreira que os isola do resto da Cisjordânia seja declarada ilegal e desmontada. Três deles, Zaharan Yunis Muhamad Mara'be, Murad Ahmed Muhamad Ahmed e Muhamad Jamil Mas'ud Shuahani, vivem em Ras a-Tira. Os três outros, Adnan Abd el-Rahman Daud Udah, Abd el-Rahnim Ismail Daud Udah e Bessam Salah Abd el-Rahman Udah, são da aldeia vizinha, Wadi a-Rasha. São representados perante a Corte por três advogados israelenses, Dan Yakir, Limor Yehuda e Michael Sfard. A ação que moveram, registrada com o número HCJ 7957/04, interpela, pela ordem das responsabilidades, o primeiro-ministro de Israel,* o ministro da Defesa,** o comandante em chefe das forças israelenses na Judeia-Samaria [Cisjordânia],*** a autoridade responsável pela barreira e a câmara local de Alfei Menashe. Menos de duas semanas depois de ter dado entrada, o dossiê é examinado uma primeira vez, a 12 de setembro de 2004, pelo presidente da Suprema Corte, Aharon Barak, e os vice-presidentes Mazza e Cheshin. A primeira decisão dos magistrados é adiar a questão, para permitir ao Estado definir e divulgar sua posição. "Esse adiamento", esclarece, entretanto, a Corte, "não impede os destinatários da petição de fazer tudo que puderem para facilitar a vida cotidiana dos requerentes."

A segunda audiência transcorre seis meses depois, a 31 de março de 2005, mais uma vez na presença de três magistrados, embora o juiz Dorit Beinisch tenha substituído o vice-presidente Eliahu Mazza, que acaba de se aposentar. A Corte toma nota de uma carta dos presidentes das cinco câmaras das aldeias do enclave, apresentada na véspera por Michael Sfard. Nesse documento, os dirigentes confirmam o apoio à petição dos concidadãos e nomeiam o jovem advogado de Tel Aviv como seu representante.

Na questão de fundo, a discussão não avança. A 21 de abril de 2005, quando aumenta na direita israelense a indignação ante a perspectiva de evacuação das colônias de Gaza, marcada para o mês de agosto, a Corte decide que a petição dos aldeãos será examinada por um júri ampliado, composto por nove magistrados, juntamente com duas outras questões — os dossiês HCJ 1348/05 e HCJ 3290/05 —, dizendo respeito à construção da barreira em torno da colônia de Ariel. A audiência é marcada para 21 de junho de 2005.

---

* Na data de apresentação da petição, era Ariel Sharon.

** Shaul Mofaz.

*** O oficial responsável pelo comando da região Centro era na época o general de brigada Moshe Kaplinsky, que seria nomeado em março de 2005 adjunto do chefe do Estado-Maior Geral.

"Nosso caso estava solidamente fundamentado", relata hoje Michael Sfard, sem conseguir evitar um sorriso, como à lembrança de um desafio bem enfrentado, ao descrever a estratégia exposta aos nove juízes da Suprema Corte. "Uma parte de nossa argumentação era de caráter humanitário, e outra, de ordem jurídica. Expusemos detalhadamente, da maneira mais concreta possível, os prejuízos que a barreira infligiu às populações. Mostramos que, em matéria de saúde, educação, relações sociais e de família, trabalho, comércio, prática religiosa, nada resistia ao isolamento, e que os estragos já eram enormes para os habitantes palestinos do enclave."

Os depoimentos dos aldeãos eram corroborados pelo "parecer de especialistas" enviado à corte por quatro arquitetos e urbanistas pouco depois de movida a ação. Membros da associação israelense Bimkom, que luta pela igualdade e a justiça no urbanismo, no desenvolvimento urbano e na distribuição de terras, um grupo de voluntários chegara à conclusão de que o traçado da barreira prejudicava gravemente a população palestina do enclave de Alfei Menashe. "A barreira e o sistema de vistos a ela associado", consideravam esses especialistas, "tornam muito difícil o acesso aos serviços regionais, pondo em risco o potencial econômico e as estruturas sociais existentes."

"Nossa argumentação jurídica escorava-se em parte nas conclusões da Corte Internacional de Justiça (CIJ) de Haia", explica Michael Sfard. "Num parecer consultivo divulgado a 9 de julho de 2004, a Corte considerara a construção da barreira ilegal, perante o direito internacional, solicitando à Assembleia Geral e ao Conselho de Segurança das Nações Unidas que examinassem as medidas a serem tomadas para pôr fim à situação ilícita criada pelo governo israelense. Para ser franco, eu considerava o raciocínio da Corte Internacional algo pobre do ponto de vista jurídico. Faltava-lhe profundidade. Mostrava-se vulnerável. O parecer, assim, era a priori uma ferramenta de pouca utilidade. Mas também era uma ferramenta muito preciosa, quase indispensável. Por quê? Porque transformava a questão do muro, até então um simples debate palestino-israelense, numa questão internacional. O que deixava o Estado de Israel numa posição delicada.

Embora os políticos e dirigentes israelenses fingissem ignorar essa condenação, atribuindo-a mais uma vez ao antissemitismo que segundo eles grassa na ONU, embora repetissem que a Corte nada dissera quando do extermínio dos judeus na Segunda Guerra Mundial [na verdade, a Corte Permanente de Justiça Internacional, substituída em 1945 pela CIJ], o fato é que a decisão existia. Os tribunais e os magistrados israelenses sabiam perfeitamente, de sua parte, que não podiam mais proceder como se esse parecer consultivo não existisse. E por sinal o presidente da Suprema Corte em pessoa comentara, durante a audiência, que a decisão da Corte Internacional de Justiça não podia ser ignorada, fosse qual fosse o seu contexto ou o seu teor.

"Tratamos então de explicar, no rastro da CIJ, que o primeiro-ministro de Israel e os outros dirigentes e instituições citados não tinham autoridade para construir uma barreira ao redor do enclave, primeiro, porque ela não atendia a um imperativo de segurança, depois, porque redundava numa anexação *de facto* desse território ao Estado de Israel. Tratava-se na verdade, assim, de deslocar para leste as fronteiras do Estado de Israel, o que é proibido pelos textos que definem os direitos e obrigações das potências ocupantes. Também chamamos a atenção do tribunal para o fato de que, até onde sabíamos, a decisão de construir a barreira no local onde se encontrava fora tomada sob pressão dos habitantes de Alfei Menashe e Matan.

"A segunda parte de nossa argumentação jurídica levantava a questão do caráter desproporcional dos prejuízos causados pela barreira. Lembramos que a existência da barreira implicava a violação da maior parte dos direitos fundamentais dos aldeãos — desde os direitos de propriedade e circulação até os direitos a saúde, educação, trabalho e dignidade. Acontece que a lei israelense, tal como a lei internacional, estabelece que qualquer usurpação de direitos individuais deve ser proporcional ao objetivo visado. O que longe está de ser o caso aqui, pois não ficou demonstrado que a construção da barreira, no traçado extremamente sinuoso escolhido pelo Ministério da Defesa, seja indispensável para a proteção dos civis. Pode-se até afirmar pelo contrário, como observaram vários oficiais, que uma barreira que acompanhasse a Linha Verde, sendo portanto ao mesmo tempo mais reta e mais curta, atenderia melhor ao objetivo de segurança teoricamente visado pelos construtores."

Para proteger os habitantes de Alfei Menashe, seria acaso necessário construir ao redor da colônia uma alça tão ampla da barreira que as grades de arame farpado se erguiam a 1.500 metros das primeiras casas israelenses e as cinco aldeias palestinas vizinhas se viam prisioneiras? No fundo, a questão para os juízes se resumia praticamente a isso, nesse dia 21 de junho de 2005, quando o coronel Dany Tirza se apresentou diante do tribunal com seus mapas do enclave. Confrontado com seus próprios documentos, o arquiteto da barreira reconheceu que havia sido para proteger a extensão de Alfei Menashe nas direções sul e oeste que ele ampliara a alça ao redor da colônia, situando em seu interior as aldeias de Ras a-Tira, A-Daba e Wadi a-Rasha. Ele explicou também que se as duas aldeias do norte do enclave, Arab a-Ramadin e Arab Abu-Farda, tinham ficado do lado "israelense" da barreira, era pelo fato de serem vizinhas da rodovia 55, que liga Alfei Menashe a Israel e precisava ficar dentro do enclave. Por quê? Porque, segundo admitia o próprio oficial, essa parte da rodovia 55 apresentava "problemas de segurança", como demonstravam os tiros disparados em Qalqiliya contra motoristas israelenses. De tal maneira que se chegara a aventar a hipótese de eliminar essa rodovia, considerada, segundo Dany Tirza, um "acesso provisório", substituindo-a por uma outra — o projeto de rodovia 5.250 — a passar perto da localidade israelense de Matan para chegar a Alfei Menashe pelo sul. Graças aos documentos apresentados pelos requerentes, a Corte estava perfeitamente a par das manobras empreendidas — com sucesso — pelos habitantes de Matan para conseguir a anulação desse projeto, que podia comprometer suas condições de vida.

O depoimento de Dany Tirza e o exame atento de seus mapas, acrescidos à discussão sobre o caráter lícito da barreira e aos depoimentos sobre seu impacto humanitário, pareciam ter abalado os juízes. Visivelmente, eles não estavam convencidos da necessidade vital, para a segurança de Israel, de incluir a futura ampliação de Alfei Menashe e as três aldeias palestinas do sudoeste na alça da barreira. Tampouco estavam convencidos da necessidade de preservar, dentro da barreira, uma via de acesso a Alfei Menashe considerada perigosa — e as duas aldeias palestinas à sua beira —, quando se podia escolher um itinerário mais seguro. "No fim da audiência, estávamos muito otimistas", recorda Michael Sfard. "Era evidente que os juízes tinham constatado que nos encontrávamos, nesse caso de Alfei Menashe, numa espécie de caos jurídico e humanitário, e que era preciso fazer alguma coisa. Assim foi que esperamos com impaciência, mas também com confiança, devo reconhecer, a decisão da Corte."

O julgamento da Suprema Corte, reunida na qualidade de Corte Superior de Justiça, saiu três meses depois da última audiência, a 15 de setembro de 2005. Surpreendentemente, numa jurisdição desse tipo, o presidente e os oito juízes se pronunciaram por unanimidade. O texto da sentença, que em sua versão inglesa ocupa 66 páginas, não comporta nenhuma opinião minoritária. "Por si só", considera Michael Sfard, "essa particularidade era das mais eloquentes. Ela mostrava claramente que o tribunal, mesmo manifestando divergências em relação ao parecer consultivo da Corte de Haia, julgava com extrema severidade a seção da barreira submetida ao seu exame: para ele, a zona de separação, nesse ponto, violava os direitos dos palestinos sem uma justificação aceitável do ponto de vista da segurança. A ordem da Corte às autoridades, ao fim do julgamento, era portanto inevitável, desse ponto de vista."

E com efeito, depois de constatar que os direitos humanos dos habitantes das cinco aldeias são indiscutivelmente violados e estabelecer que a proteção da colônia de Alfei Menashe não justifica o traçado escolhido, considerado "estranho", o presidente Aharon Barak, com a aprovação de seus oito colegas, ordena ao Estado Israel que "reconsidere em prazo razoável as outras opções de traçado da barreira de separação em Alfei Menashe, ao mesmo tempo examinando soluções alternativas em matéria de segurança, de maneira a reduzir o alcance dos prejuízos infligidos aos habitantes das aldeias. Nesse contexto", prossegue o juiz Barak, "a opção segundo a qual o enclave conteria apenas Alfei Menashe e uma rodovia ligando Alfei Menashe a Israel, ao sul do enclave, deve ser examinada".

Seis meses depois, nada mudou concretamente. A barreira continua lá. Os aldeãos continuam submetidos ao mesmo regime. "Dois projetos estão em estudo. Um deles terá de ser escolhido pelo Estado de Israel", resume Michael Sfard. "E, dessa vez, os aldeãos são consultados sobre o trajeto da futura barreira. Por uma questão de princípio, lembramos que não concordamos com qualquer traçado que não acompanhe exatamente a Linha Verde. Mas também enviamos às autoridades uma lista de objeções que fazemos a cada um desses dois projetos. O primeiro é muito problemático, pois se efetivamente volta a situar as aldeias do lado palestino da barreira, deixa do outro lado boa parte de suas terras. O segundo é inaceitável, pois isola as aldeias para permitir a ampliação da colônia. O exército, que leva em conta a opinião dos aldeãos pela primeira vez, prefere a primeira opção, por ter entendido que a oposição à segunda seria feroz. E o governo parece decidido a aprovar essa escolha. Mas a prefeitura de Alfei Menashe se mostra extremamente hostil a essa solução, que bloqueia toda perspectiva de ampliação da colônia. Ela já reuniu pareceres de especialistas militares para entrar com uma ação na Suprema Corte. Creio que nós também voltaremos à justiça para conseguir retificações do novo traçado e reduzir a superfície de terras cultiváveis palestinas situadas a oeste da barreira.

"O aspecto bom de tudo isso, naturalmente, é que, se o primeiro projeto for concretizado, as aldeias não ficarão mais separadas do resto da Cisjordânia. Poderão retomar sua vida social, cultural e econômica tradicional. O lado ruim é que a Suprema Corte não estabeleceu qualquer prazo para a aplicação de sua decisão. Fala apenas de um "período razoável". O que abre campo para interpretações. Em outras palavras, o tempo não joga a nosso favor."

9

O cerco de Cheikh Saad

Quando Dany Tirza, o arquiteto da barreira, quer mostrar a um visitante o caráter monumental e estratégico de sua obra na região de Jerusalém, leva-o até o quadro de localização do Parque Richard e Rhoda Goldman, no bairro de Talpiot, a sudoeste da Cidade Santa. Composto de terraços arborizados à beira do vale de Hinnom, em frente à muralha meridional da Cidade Velha e à cúpula dourada da Cúpula da Rocha, esse belvedere, frequentado por turistas e local de piqueniques, oferece uma visão panorâmica dos bairros orientais, do monte das Oliveiras aos cumes que dominam o deserto da Judeia e Belém. Para um judeu religioso usando o seu quipá, como o coronel da reserva Dany Tirza, o local também é interessante por ser um sítio bíblico pouco conhecido, mencionado no Gênese. "Na tradição judaica", explica ele, "foi aqui que Abraão viu pela primeira vez o monte Moriah, onde seu braço seria mais tarde contido pelo Anjo, no momento em que se preparava para sacrificar o filho Isaac. E na tradição cristã, nessa colina é que se encontrava a casa de Caifás, onde se decidiu entregar Jesus aos romanos. Por isso é que ela foi batizada, no Novo Testamento, de Colina do Mau Conselho."

Indiferente a esse presságio e à vizinhança de um vale que deu seu nome à geena — o lugar dos reprovados, na Bíblia —, Dany Tirza acompanha com os olhos, ao longe, a extensa linha cinzenta do muro que serpenteia entre as casas e as oliveiras, ao longo do limite oriental do município de Jerusalém. Às vezes no flanco da colina, outras no cume ou lá embaixo nos desfiladeiros, sua obra se impõe ao olhar, tão inoportuna nessa paisagem quanto um posto de gasolina diante da fortificação de Angkor Vat.

É difícil deixar de ver, desse promontório sobre Jerusalém Oriental, que o muro, aqui, não passa entre israelenses e palestinos, como devia acontecer caso se destinasse realmente a garantir a segurança daqueles barrando o caminho aos terroristas ocultos entre estes. De El-Azariyeh até o sul do perímetro urbano de Abu Dis, veem-se campanários e minaretes dos dois lados do concreto. É o que se pode confirmar com uma olhada num dos mapas extremamente detalhados mostrados por Dany Tirza no quadro de localização. "No caso do traçado da barreira em Jerusalém" — ele usa a palavra "barreira" mesmo quando se trata, como aqui, de um muro —, "eu tinha três possibilidades: 1) fazê-la passar entre os setores judeu e árabe de Jerusalém Oriental. Seria impossível num país democrático. O traçado teria sido considerado racista; 2) vincular a Jerusalém localidades palestinas limítrofes como Abu Dis, El-Azariyeh e Al-Ram, cuja atividade cultural, econômica e social está estreitamente ligada à de Jerusalém. Isto significaria aceitar que tivessem acesso a Jerusalém cerca de 100 mil palestinos portadores da carteira de identidade laranja, vale dizer, residentes dos Territórios Ocupados. O que também seria impossível; 3) seguir bem de perto os limites do município de Jerusalém. Esta solução também tinha seus inconvenientes: acontece de, numa mesma família, diferentes membros viverem em Jerusalém e na Cisjordânia. Também existem os casos de palestinos que vivem na Cisjordânia e trabalham ou mandam seus filhos estudar em Jerusalém. Em função dos lugares, fui escolhendo entre essas três soluções, ao mesmo tempo tentando minimizar os inconvenientes para os palestinos. Sei que nem sempre consegui, mas eu tinha de cumprir prioritariamente a missão que me foi confiada pelo governo — proteger os israelenses —, e foi o que fiz."

Dany Tirza não fala a respeito, mas com certeza sabe que a cinco minutos do belvedere onde consultamos seus mapas os habitantes da aldeia de Cheikh Saad se revoltaram contra seu traçado, que os condena ao isolamento ou ao exílio. Por quê? "Uma visita ao local vai esclarecer tudo", garante um dirigente do B'Tselem, organização que publicou em fevereiro de 2004 um relatório de cerca de vinte páginas sobre o caso.* Tomamos então o rumo de Cheikh Saad, sem a companhia de Dany Tirza. O percurso leva apenas alguns instantes. Para chegar à aldeia da indignação, basta virar à esquerda, na direção de Jabal Mukkaber, deixando o Parque Richard e Rhoda Goldman, em vez de seguir, à direita, pela rua Daniel Yanovsky, na direção de Talpiot e dos bairros meridionais de Jerusalém. Antes de mergulhar no vale de Cédron, a estrada, que se estreita, passa diante da Government House, onde tremula, acima dos pinheiros e ciprestes, a bandeira azul das Nações Unidas.

Inaugurada em 1930 por sir Arthur Wanchope, alto comissário britânico na Palestina, a pesada construção octogonal abrigou até 1948 os escritórios dos pró-cônsules de Sua Majestade nos territórios colocados sob mandato do Reino Unido pela Sociedade das Nações em 1922. Há mais de meio século, ela serve de quartel-general para os observadores militares da ONU, encarregados de supervisionar o cessar-fogo imposto em maio de 1948 aos exércitos de Israel e dos Estados árabes pelo Conselho de Segurança das Nações Unidas. A demarcação invisível entre os bairros judeu e árabe da cidade passa por aqui, em algum ponto entre o estacionamento da ONU, cheio de enormes utilitários brancos com as letras "UN", e a delegacia de polícia protegida por cercas e cubos de concreto, parecendo vigiar os subúrbios árabes lá embaixo. "Cheikh Saad fica bem no fim dessa estrada, em frente a Jabal Mukkaber, onde se vê uma torre de vigilância do exército israelense, não há como errar", explica um vendedor de legumes palestino que espera os clientes lendo o jornal, na penumbra tépida de sua loja. "Mas vocês terão de deixar o carro e entrar na aldeia a pé."

---

* "Facing the Abyss, The Isolation of Sheikh Sa'ad Village. Before and After the Separation Barrier", relatório do B'Tselem, fevereiro de 2004.

E em parte é este, com efeito, o problema. Ao pé da torre, enorme cilindro de concreto cinzento cravejado de antenas e câmeras, essa aldeia de apenas 200 casas agarradas a um esporão rochoso, frente a Jabal Mukkaber, é efetivamente Cheikh Saad. Não há realmente como errar: a única via de acesso à aldeia, uma rampa de cerca de trinta metros ligando a rua principal à rodovia que contorna Jabal Mukkaber, está fechada por blocos de rocha e cimento. Três soldados da polícia de fronteira montam guarda na barreira. Nessa tarde de verão, eles batem papo ouvindo o rádio, com os fuzis de assalto ao alcance da mão, protegidos do sol acachapante por uma tenda de camuflagem presa a postes. A chegada de um visitante estrangeiro visivelmente não lhes agrada. E a credencial numerada fornecida pela assessoria de imprensa do governo israelense aos jornalistas de passagem, devidamente apresentada com o meu passaporte, não muda grande coisa.

"É uma zona fechada. Só podem entrar e sair os moradores.

— Por quê? Onde é que está escrito isso? Vocês têm uma ordem militar para mostrar?

— Motivo de segurança. A aldeia é perigosa."

Perigosa? Os quatro aldeãos que conversam animadamente sentados em banquetas de plástico a 20 metros de nós, em frente a uma espécie de mercearia, parecem tão temíveis quanto um grupo de jogadores de bola de gude. E no entanto foi necessário parlamentar durante dez minutos com o único soldado que falava inglês, até que aquele que devia ser o chefe concluísse o exame dos meus documentos e concordasse em chamar seu superior pelo telefone de campanha. E seriam necessários pelo menos mais dez minutos de conversa entre os dois para que ele me autorizasse a entrar na aldeia, recomendando-me "ser prudente".

Os aldeãos, naturalmente, não perderam uma palavra do que acaba de acontecer diante de seus olhos. "Seja bem-vindo", diz o proprietário da mercearia, oferecendo uma garrafinha de Coca-Cola gelada e um canudo. "Viu como eles se comportaram com o senhor? Imagine só como não é com a gente!... Vou mandar um garoto buscar Mohammad. Ele fala bem o inglês. Vai lhe explicar o que nos acontece."

Ex-recepcionista do Hotel Lawrence, pouso obrigatório de mochileiros na rua Salah ed-Dine em Jerusalém, hoje fechada, Mohammad Abdu, um sólido bigodudo de seus sessenta anos, é um dos porta-vozes informais da aldeia, onde vive, aposentado, na casa da família. Fala um bom inglês e até algumas palavras de francês, aprendido durante suas duas visitas a um amigo de Sartrouville. Como tantos palestinos, ele enfrenta o estresse da vida cotidiana acendendo um cigarro depois do outro. "Desde 2002 — acho que foi mais ou menos no fim de setembro —, o exército fechou a única entrada da aldeia com a barreira que o senhor tem à sua frente.* Nenhum veículo pode passar. Antes que os bulldozers viessem depositar os blocos de pedra e cimento, os militares pediram aos habitantes que tinham automóvel que escolhessem: ou os mantinham na aldeia, e eles não poderiam mais sair; ou então os levariam imediatamente ao outro lado da barreira, à beira da estrada, eles nunca mais poderiam entrar em Cheikh Saad. Desde então, tudo aquilo de que precisamos é descarregado junto à barreira, para depois ser transportado para a aldeia nos ombros de carregadores. A gasolina nos chega em botijões. É verdade que quase não consumimos mais gasolina, pois os automóveis que restaram aqui praticamente não circulam. Quem precisa se mudar — e foram muitos os casos de mudança desde que a aldeia ficou isolada — tem de içar os móveis, geladeiras e máquinas de lavar por cima da barreira para em seguida carregá-los nos caminhões. Até os doentes e as grávidas que vão dar à luz precisam ser transportados em macas ou cadeiras, por cima dos blocos de pedra, até chegar às ambulâncias. Dá para imaginar os problemas que esse tipo de situação acaba apresentando... Que será de nós? Esta aldeia não pode viver sozinha, isolada de tudo. Temos duas escolas primárias, mas nenhuma classe secundária. Nossos filhos frequentam o colegial em Jabal Mukkaber ou em Jerusalém. Há um dispensário na aldeia para primeiros socorros e vacinações. Em casos de análises laboratoriais, consultas com especialistas, partos e cirurgias, contudo, sempre tivemos de ir a Jerusalém. Também é em Jerusalém que fazemos a

* Entrevista com o autor, 4 de julho de 2006, em Cheikh Saad.

maior parte de nossas compras e que trabalha a maioria dos habitantes da aldeia. Aqui, não há emprego, nem mesmo terra para cultivar: as encostas são muito íngremes. Isolar-nos de Jerusalém é a mesma coisa que nos privar de ar. Nos asfixiar. Talvez seja o que os israelenses querem..."

Dois anos depois da instalação da barreira, cerca de 800 habitantes — o equivalente a 25 a 30% da população — já tinham deixado a aldeia. Os demais estavam em sua maioria desempregados, vivendo de suas economias ou da ajuda das famílias. O relatório do B'Tselem, publicado em fevereiro de 2004, considerava que as condições de vida em Cheikh Saad se haviam tornado "intoleráveis". "Israel tem autorização para limitar os deslocamentos da população e assim atender a suas exigências militares", escrevia o autor, Yehezkel Lein. "Entretanto, o extremo rigor e a duração indeterminada do cerco imposto a Cheikh Saad, assim como a absoluta indiferença ante o sofrimento imposto aos habitantes, fazem desse cerco uma violação flagrante da lei internacional." E o pior ainda estava por vir.

"No início do verão de 2006", prossegue Mohammad Abdu, enquanto seu maço de Marlboro passa de mão em mão entre os aldeãos reunidos diante da mercearia, "os israelenses decidiram posicionar aqui, noite e dia, três ou quatro soldados da Polícia de Fronteira. Em princípio, eles são encarregados de cuidar para que ninguém atravesse a barreira sem autorização. Na verdade, também estão aí para nos fazer entender que o melhor, para nós, seria ir embora, pois eles podem nos tornar a vida impossível, por exemplo, atirando em plena noite, na aldeia, granadas ensurdecedoras que acordam todo mundo sobressaltado. Para os portadores de carteiras de identidade azuis, administrativamente "residentes permanentes" de Jerusalém Oriental, a presença dos soldados não muda grande coisa. Eles podem atravessar a barreira a pé e, do outro lado, tomar um ônibus, um táxi ou até seu próprio carro — se tiveram o cuidado de retirá-lo da aldeia — para chegar a Jerusalém. Mas esse caso se torna cada vez mais raro: os que têm a sorte de dispor de uma carteira azul e tinham algumas economias ou parentes para ajudá-los já se foram. Para os portadores de carteiras de identidade laranja, oficialmente residentes na Cisjordânia e em princípio submetidos à Autoridade Palestina, fica tudo muito complicado. Até então, muitos continuavam indo com certa frequência a Jabal Mukkaber e mesmo a Jerusalém, esquivando-se entre as patrulhas e tratando de evitar pelo caminho as barreiras e os postos de controle. Era um risco muito real: ao ser interceptado pela polícia pela primeira vez, o sujeito é levado de volta para casa e obrigado a assinar um documento se comprometendo a não sair mais da aldeia; na segunda vez, corre o risco de uma multa de mil shekels [cerca de 200 euros] e até de prisão."

Na verdade, existe efetivamente uma outra solução para deixar Cheikh Saad ou lá chegar sem passar pela barreira sob o olhar dos soldados. Mas ela está longe de estar ao alcance de todo mundo. Avançando pela aldeia, a ruela desemboca num precário caminho de terra que percorre a colina rochosa até o fundo da ravina de Cédron, para em seguida subir a outra encosta em direção a Sawahira-a-Sharqiya, onde ele vai dar na rodovia de Bet Sahur a Abu Dis. A encosta, de alguns quilômetros, é tão íngreme, o caminho, tão estreito que a aventura é arriscada. Os aldeãos garantem já terem visto grandes utilitários com tração nas quatro rodas provenientes de Belém subir até as primeiras casas. Mas em Cheikh Saad ninguém tem utilitários com tração nas quatro rodas. A pé, quando o solo está seco, a caminhada pelo vale leva bem uma hora. Ela é considerada penosa demais para mulheres grávidas, crianças, velhos, pessoas com problemas de saúde. Na canícula dos meses de verão, o trajeto é árduo até para os que estão em plena forma, tanto mais que é preciso ficar alerta às serpentes, que abundam entre as rochas. E no inverno, quando a chuva transforma a pista em lamaçal, o percurso é igualmente penoso e perigoso. E no entanto é esse o caminho que os habitantes de Cheikh Saad portadores de carteiras de identidade laranja são obrigados a tomar, contra a vontade, quando precisam ir à sede da administração civil, perto da colônia de Maale Adumim, para conseguir um visto de entrada em Jerusalém. De posse do visto, têm de tomar o mesmo caminho para chegar ao "terminal" de Hazeitim, ao norte de Abu Dis, uma das novas portas de Jerusalém para os visitantes que vêm do leste.

Exatamente como seis outras aldeias das proximidades, Cheikh Saad, cujo nome homenageia um sábio muçulmano vindo da Espanha, que morreu nessa colina ao voltar de uma peregrinação a Meca, é um satélite da grande aldeia de Jabal Mukkaber, que depois da guerra dos Seis Dias transformou-se num bairro palestino de Jerusalém. Depois da ocupação da Cisjordânia e da anexação de Jerusalém Oriental em 1967, o governo israelense redesenhou a seu bel-prazer, unilateralmente, os limites da Cidade Santa. Com alguns traços a lápis, a superfície do território municipal foi multiplicada por cinco. As terras anexadas pertenciam a cerca de trinta cidades e aldeias palestinas. Nessa operação, muitas localidades árabes da periferia de Jerusalém viram-se de um dia para outro integradas à cidade.

Foi o caso de Jabal Mukkaber. Sem nada ter pedido a ninguém, os habitantes dessa grande aldeia não se tornaram cidadãos israelenses, mas portadores da carteira de identidade azul dos "residentes permanentes" do Estado de Israel, como os palestinos de Jerusalém Oriental. Condição que lhes dava acesso à rede escolar e ao sistema de saúde e segurança social israelense; e que lhes permitia ter em seus automóveis as mesmas placas amarelas que os cidadãos israelenses, inestimável sésamo para circular em Jerusalém e Israel. Aparentemente consideradas simples dependências, as aldeias limítrofes de Jabal Mukkaber também foram vinculadas a Jerusalém. Exceto uma: Cheikh Saad, onde viviam na época cerca de 2 mil palestinos. Por que motivo? Mistério. Até o mukhtar* da aldeia, Hussein Eiwisat, nascido aqui em 1939 e atualmente instalado um pouco mais acima, numa casa ampla e arejada na estrada para Jabal Mukkaber, reconhece nunca ter conseguido uma explicação convincente. Diretor de hotel sob a administração jordaniana, mais tarde empregado do serviço de educação em Jerusalém, até desempenhar, após a aposentadoria, trabalho social voluntário, Hussein Eiwisat, que gosta de receber em seu salão cercado dos filhos, genros e ne-

* Dirigente eleito, às vezes herdeiro da função dentro do clã, e que exerce nas comunidades rurais uma função administrativa que pode ser equivalente à do prefeito e do juiz de paz oficioso.

tos, admite: durante mais de um quarto de século, essa diferença de condição entre Cheikh Saad e as aldeias vizinhas não teve grande importância.

"Alguns moradores tinham carteiras de identidade azuis, outros, as carteiras laranja dos Territórios Ocupados. Mas quem prestava atenção nesse detalhe burocrático? Todo mundo circulava como bem entendia e ia a Jerusalém sem problema. Para nós, Cheikh Saad e Jabal Mukkaber eram uma só cidade. Simplesmente, havia uma estrada entre as duas."*

E por sinal Cheikh Saad havia adotado, como Jabal Mukkaber e as outras aldeias das cercanias, a tradição da bandeira branca que costuma ser presa às janelas e varandas dos recém-casados até o nascimento do primeiro filho ou até que seja levada pelo vento. Escolas, hospitais, comerciantes, parentes e amigos se dispersavam pelas aldeias vizinhas ou por Jerusalém. Até o cemitério de Cheikh Saad ficava em Jerusalém.

Nessa época, a fronteira só existia no papel. Em 1991, mesmo permanecendo invisível, ela se tornou brutalmente concreta. Foi então que começaram os problemas para os habitantes de Cheikh Saad. Às voltas com a primeira Intifada, o governo israelense decidiu inicialmente proibir a entrada em Jerusalém Oriental dos palestinos dos Territórios Ocupados que não tivessem visto da administração civil. Depois, em março de 1993, seis meses antes dos acordos de Oslo e da assinatura da Declaração de Princípios por Yasser Arafat, Yitzhak Rabin e Shimon Peres em Washington, essa medida foi tornada mais severa com o "fechamento geral" dos Territórios Ocupados. Montadas em todas as estradas que permitiam aos viajantes provenientes da Cisjordânia chegar a Jerusalém, barreiras e postos de controle mantidos pelo exército ou a Polícia de Fronteira filtravam os passageiros de todos os veículos, separando os portadores de vistos dos demais, enquanto patrulhas buscavam pelas trilhas, ruelas e jardins os que tentavam contornar as barreiras militares.

* * *

---

* Entrevista com o autor, 4 de julho de 2006, em Jabal Mukkaber.

Mohammad Abdu e Hussein Eiwisat não comentam, talvez para afastar a lembrança das humilhações sofridas na época, mas o fato é que, a partir da explosão da segunda Intifada, em setembro de 2000 — como confirmam os relatórios do B'Tselem e os relatos de outros palestinos dos subúrbios de Jerusalém —, o quebra-cabeça burocrático da busca de vistos foi aos poucos transformando-se numa espécie de loteria. Uma loteria cujos "ganhadores" se foram tornando, com o passar dos anos, cada vez mais raros. Invocando razões de segurança nunca especificadas aos interessados, o exército israelense acabou rejeitando praticamente todas as solicitações apresentadas pelos palestinos da Cisjordânia que precisavam ir a Jerusalém para trabalhar. O que lhes custou seus empregos. Já o número de vistos concedidos a portadores de carteiras laranja por motivos médicos não parou de diminuir desde 2000. E os que ainda são concedidos raramente são válidos por mais de 24 horas, ainda que os pacientes precisem de exames ou tratamentos que durem vários dias.

Os habitantes de Cheikh Saad enfrentavam esse clima de perseguições burocráticas e até de afrontas gratuitas com a resignação própria dos palestinos, sem qualquer ilusão depois de tantos anos de esperanças traídas. "Os que podiam ir embora se mudavam. Para os outros, contornar as barreiras toda manhã e toda noite e escapar das patrulhas tinha virado uma espécie de rotina", conta Mohammad Abdu. Só em setembro de 2002 — dois anos depois da irrupção da segunda Intifada — e a instalação da barreira na entrada da aldeia é que as primeiras pedras foram atiradas aqui contra os soldados... E no entanto, quando os aldeãos tomam conhecimento, em agosto de 2003, de que o governo acaba de dar sinal verde para a construção de um trecho de 17 quilômetros do muro entre Bet Sahur e El-Azariyeh, e que esse muro vai passar entre sua aldeia e Jabal Mukkaber, o que vai separá-los definitivamente de Jerusalém, sua vontade de fazer alguma coisa acaba por levar a melhor sobre a paciência, posta à prova durante tanto tempo. Mas sua ação — quanto a isso estão de acordo — não será violenta. Com a ajuda de seu advogado, Giath Nasser, especializado em contenciosos entre palestinos e a administração israelense, os habitantes de Cheikh Saad, representados pelo comitê de sua aldeia, decidem recorrer à arma do direito contra os bulldozers, levando seu conflito com o Estado de Israel ao tribunal distrital de Tel Aviv.

Surpresa: entre seus primeiros aliados estão vários habitantes dos bairros judeus vizinhos. Indignados com a arbitrariedade da decisão israelense, moradores de Talpiot, Arnona, Armon e Hanaziv decidem participar do financiamento do comitê e abrir suas agendas telefônicas para facilitar a missão dos defensores de Cheikh Saad. Alguns são movidos por motivos políticos, humanitários ou cívicos. Outros, por razões pessoais. Nascido em Talpiot há 71 anos, Sami Nahmias, que nunca deixou a casa da família, considera que chegou o momento de saldar uma dívida de quase oitenta anos com os habitantes da aldeia: "Durante a revolta árabe de 1929", explica ele aos dirigentes de Cheikh Saad, "meus avós tiveram de abandonar a casa deles. Árabes de uma outra aldeia a estavam saqueando quando habitantes de Cheikh Saad os viram e chamaram os policiais britânicos para impedir que a violência tivesse prosseguimento. Tudo que fora roubado foi devolvido ao meu avô. Desde então, nossa família sempre manteve relações amistosas com a população de Cheikh Saad." Apesar dessas manifestações de solidariedade e da legitimidade de sua causa, enfatizada pelas organizações israelenses e palestinas de defesa dos direitos humanos, as chances dos aldeãos parecem escassas. No momento em que sua ação é movida, os tribunais israelenses só duas vezes atenderam a solicitações de palestinos em contenciosos ligados ao traçado do muro. Nas duas vezes, o caso foi parar na Suprema Corte. E nenhum deles dizia respeito ao traçado do muro em torno de Jerusalém.

Em março de 2006, contudo, quando o caso chega ao exame do juiz David Gladstein, os representantes da aldeia parecem confiantes. Entrementes, é verdade, a Suprema Corte de Israel, interpelada por habitantes da aldeia palestina de Beit Surik com o apoio dos vizinhos israelenses de Mevasseret Zion, a oeste de Jerusalém, tomou uma decisão histórica, capaz de gerar jurisprudência. A 30 de junho de 2004, os juízes Aharon Barak, Eliahu Mazza e Mishel Cheshin declararam "ilegal" o percurso da barreira entre as duas localidades, solicitando ao Ministério da Defesa que propusesse um outro trajeto, observando melhor equilíbrio entre "exigência de segurança" e "necessidades legítimas dos habitantes". "Nosso comitê, naturalmente, tinha estudado o caso", relata Hussein Eiwisat. "E nossa documentação parecia pelo menos tão sólida quanto a de Beit Surik."

Na audiência do tribunal distrital de Tel Aviv, Dany Tirza, falando em nome do Ministério da Defesa, atém-se a sua argumentação habitual, ou seja, à linha oficial da sua administração: o traçado do muro, em Cheikh Saad como em qualquer outro lugar, obedeceu exclusivamente a considerações de segurança. Cheikh Saad, acrescenta ele, é uma aldeia independente. Não tem — nem nunca teve — qualquer vínculo com Jerusalém. Aparentemente, o arquiteto do muro ignora que um dos especialistas convocados pela corte, Amir Heshin — como ele um coronel da reserva —, membro do Conselho pela Paz e a Segurança, uma associação de ex-oficiais, foi de 1984 a 1994 assessor da prefeitura de Jerusalém para questões árabes, conhecendo perfeitamente a situação especial da aldeia. Seu depoimento arrasa as afirmações de Dany Tirza como uma salva de obuses. "Não é verdade que Cheikh Saad seja uma aldeia independente", explica ele. "Na prefeitura de Jerusalém, ela sempre foi considerada parte da cidade. As famílias são as mesmas, os clãs são os mesmos e basta examinar um mapa topográfico para constatar imediatamente que a aldeia não está ligada a nenhuma outra localidade fora dos limites de Jerusalém." Desmentido por um militar na questão dos vínculos da aldeia com Jerusalém, Dany Tirza bate de frente com um outro militar — membro da mesma associação — no debate sobre as garantias de segurança oferecidas pelo muro. Ex-comandante da zona de Gaza e do norte do Sinai, o coronel Yuval Davir (também da reserva) mostra-se severo com os antigos colegas do Ministério da Defesa. "Tal como previsto pelo exército, o trajeto do muro na região de Cheikh Saad atravessa o vale por baixo da aldeia, expondo os soldados encarregados de sua proteção a ameaças vindas do alto, contra as quais nada poderão fazer", diz ele. "Do estrito ponto de vista da segurança, é uma decisão desastrosa." "Se o muro for construído segundo os planos apresentados pelo Ministério da Defesa, os habitantes de Cheikh Saad poderão bombardeá-los com ovos de suas janelas", ironiza o defensor dos aldeãos. Diante desses argumentos técnicos de difícil contestação, Dany Tirza vê-se obrigado a bater em retirada ante os olhos do magistrado. "Um muro construído abaixo das casas é um muro ameaçado", acaba por admitir. "Estamos aqui diante de um ponto fraco do traçado, muito problemático."

A sentença do juiz David Gladstein é exarada a 19 de março de 2006. "Cheikh Saad", escreve o magistrado, "pertence a Jabal Mukkaber. O centro da vida dos habitantes é indiscutivelmente Jerusalém. Ele não pode ser mudado arbitrariamente. Quanto ao trajeto do muro, do ponto de vista da segurança, está muito longe de ser o mais judicioso. Cotejando a vulnerabilidade desse traçado e seu impacto sobre os habitantes, e em seguida examinando a relação entre as considerações militares e humanitárias, constatamos que, para atender aos imperativos de segurança, vários outros traçados poderiam ter sido escolhidos, mas o que foi adotado é o mais prejudicial aos habitantes de Cheikh Saad. Recomendo ao Ministério da Defesa que escolha um novo traçado, a leste de Cheikh Saad, para não romper os vínculos entre a aldeia e Jerusalém e permitir a construção de um muro mais eficaz e menos vulnerável."

"Havia mais de 150 pessoas, israelenses e palestinas, na festinha que organizamos para comemorar essa vitória", recorda-se Hussein Eiwisat. "Ficamos pensando que era um bom sinal. Que ainda podemos, apesar de tudo, viver lado a lado em paz, como bons vizinhos. E também que devemos nos manter vigilantes e mobilizados. Pois conquistamos uma vitória, mas a batalha não acabou. O exército decidiu, se necessário, recorrer à Suprema Corte..."

10

Spartheid

QUANDO ESTIVER CONCLUÍDO, o "invólucro de Jerusalém" — como o chamam os urbanistas do Ministério da Defesa — vai delinear em torno da Cidade Santa uma enorme concentração urbana em forma de trevo, estendendo-se por mais de 25 quilômetros de norte a sul e de leste a oeste. A combinação de muros e barreiras que isolará os Territórios Ocupados da Cisjordânia terá cerca de 150 quilômetros de extensão. "Na verdade, essa metrópole gigante, aberta para Israel mas completamente isolada do seu interior palestino, é a consumação de um plano lançado desde a conquista de Jerusalém Oriental em 1967",* diz Khalil Tufakji, acompanhando com o cursor, na tela gigante do seu computador, o percurso da Linha Verde que desde o armistício jordaniano-israelense de 1949 separa Israel da Cisjordânia, teoricamente cortando Jerusalém em duas.

Juntamente com Dany Tirza, só que do lado palestino, Khalil Tufakji é provavelmente uma das pessoas que melhor conhecem as misteriosas circunvoluções do muro e da barreira ao redor de Jerusalém. Geógrafo

---

* Entrevista com o autor, 27 de agosto de 2005, em Ar-Ram.

formado na Síria e nos Estados Unidos, esse jovial bigodudo, observador incansável da colonização, dirige há quase vinte anos o departamento de estudos e cartografia da Sociedade de Estudos Árabes, centro de pesquisas ligado à Organização para a Libertação da Palestina. De 1992 a 2001, foi o cartógrafo da delegação palestina nas negociações com os representantes do governo israelense. Em 2003, foi um dos artesãos do Acordo de Genebra, firmado por um grupo de políticos, militares e intelectuais israelenses e palestinos. Nascido em 1950 em Jerusalém, onde seu pai era policial sob a administração jordaniana, Tufakji vive com a mulher, Jumana, numa casinha fresca e arborizada do bairro popular de Wadi al-Joz. Ele gostaria que seus quatro filhos pudessem continuar residindo em Jerusalém como cidadãos de um Estado palestino independente. Mas reconhece hoje que para seu filho mais velho, Haitham, especialista em informática de 24 anos que trabalha com ele, assim como para sua filha de 22 anos, Roleen, jornalista, e seus dois outros filhos, Hani, de 20 anos, estudante numa faculdade de engenharia jordaniana, e Faruq, de 14, pode ser forte, um dia, a tentação de emigrar para o Canadá ou a Austrália.

O naufrágio do processo de paz comprometeu o otimismo desse homem apaixonado. E a saga das mudanças forçadas da Sociedade de Estudos Árabes, da qual até conseguia achar graça a certa altura, conseguiu azedar o seu humor. É bem verdade que ela ilustra de forma caricatural o clima de provocações policiais e perseguição burocrática em que vivem, em Jerusalém, aqueles que estão ligados às instituições da Autoridade Palestina ou à OLP. Originalmente, ou seja, desde 1983, a Sociedade de Estudos Árabes estava instalada numa ala da Orient House, respeitável construção de pedra bege erguida em 1897 — ano do primeiro congresso sionista, na Basileia — pela rica e poderosa família Husseini. Em 1988, quando Yitzhak Rabin, na época ministro da Defesa, ordenou o fechamento da Orient House, transformada em símbolo político e diplomático da presença palestina em Jerusalém, Tufakji mudou-se uma primeira vez, levando arquivos, mesas de trabalho e computadores para um prédio que acabava de ser construído no bairro de Cheikh Jarrah. Os primeiros trabalhos do "invólucro de Jerusalém" e as dificuldades encontradas por alguns colaboradores para chegar ao escritório o obrigaram a mudar uma segunda vez, transferindo-se para a encruzilhada de Ar-Ram, ao norte da cidade. Atualmente a porta-janela do seu escritório dá para o interminável muro de concreto que divide em duas a rodovia Jerusalém-Ramallah: a metade ocidental da calçada fica na Cisjordânia, e a metade oriental, em Israel. "Sair de Jerusalém é muito fácil, mas entrar transformou-se numa verdadeira provação", diz ele. "Levo quinze minutos toda manhã para chegar ao escritório, e entre duas e três horas à noite para voltar para casa, por causa das filas de espera nos postos de controle."

"Desde que conquistaram a cidade, os israelenses estão constantemente alargando os limites municipais, à custa das localidades palestinas limítrofes", constata Tufakji, mostrando em sua tela mapas em que os bairros e subúrbios palestinos aparecem em ocre, enquanto as colônias urbanas israelenses formam manchas vermelhas. "Desde 1967, a superfície da cidade passou de 40 para 108,50 quilômetros quadrados. Portanto, mais de 60 quilômetros quadrados de terras da Cisjordânia foram anexados *de facto*. Nessas terras, a prefeitura construiu uma dezena de conjuntos habitacionais que os israelenses consideram 'bairros judeus' e que são definidos pelo direito internacional como 'colônias', já que foram construídos a leste da Linha Verde. Essas colônias, onde vivem atualmente mais de 180 mil israelenses, contribuíram muito para fragmentar a parte palestina da cidade e paralisar o seu desenvolvimento. Tanto mais que essa política de colonização ia de par com todo um arsenal de medidas legais ou regulamentares destinadas a dissuadir os residentes palestinos de comprar, construir ou ampliar casas em Jerusalém Oriental. Enquanto isso, Jerusalém Ocidental e as colônias israelenses de Jerusalém Oriental se desenvolviam e recebiam a esmagadora maioria dos créditos municipais."

O semanário *Kol Há'Ir*, de Jerusalém, estabeleceu em setembro de 2005 uma comparação entre os bairros árabes (185 mil habitantes) e os bairros judeus (460 mil habitantes) da cidade. Estes, segundo as estatísticas israelenses obtidas pelo jornal, dispõem de 6 vezes mais trabalhadores sociais, 24 vezes mais espaços verdes, 15 vezes mais campos de esportes e dez vezes mais bancos públicos que aqueles. Quanto ao orçamento dos serviços sociais, é de 3,5 milhões de dólares nos bairros judeus, contra 530 mil dólares nos bairros árabes.*

"O princípio que orientou os responsáveis pelas anexações de 1967 era simples", analisa por sua vez Menahem Klein. "Tratava-se de acrescentar à cidade o máximo possível de territórios, ao mesmo tempo mantendo a população palestina num nível tão baixo quanto possível, com o objetivo de preservar uma maioria judaica em Jerusalém."** Professor de ciências políticas e especialista da questão de Jerusalém, Menahem Klein não é um desses intelectuais "pombas" que se declaram favoráveis à paz, mas hesitam em se arriscar em Jerusalém Oriental. Há muito partidário de uma negociação com os palestinos, inclusive a respeito da situação de Jerusalém, esse judeu religioso, levando na cabeça seu inseparável quipá com a mesma naturalidade num café da moda da German Colony ou num bar palestino de Cheikh Jarrah, não hesitou em se lançar na política toda vez que acreditou ter uma contribuição a dar para a construção da paz. Assessor do ministro de Relações Exteriores Shlomo Ben-Ami e do primeiro-ministro Ehud Barak nas negociações de Camp David e Taba, ele foi um dos artesãos do Acordo de Genebra em 2003. "O que nos levou à situação em que nos encontramos hoje", insiste, "foi o fato de a estratégia de 1967 ter sido adotada — às vezes com pequenas mudanças — por todos os governos que se sucederam há quase 40 anos. Um dos seus resultados mais visíveis foi a construção, ao longo dos bairros árabes, de uma série de colônias destinadas a conter o crescimento da população palestina. Quando era primeiro-ministro, Sharon reforçou ainda mais essa política, acabando com a coesão urbana de Jerusalém Oriental e isolando essa parte da cidade da Cisjordânia, ou

* *Kol Há'Ir*, 23 de setembro de 2005.

** Entrevista com o autor, 11 de novembro de 2005, em Jerusalém.

seja, do seu meio árabe natural. Seu projeto repousava no controle dos palestinos. Ele não pretendia, ao contrário de outros, mudar a demografia da cidade, mas apenas controlar os palestinos, impor pela força a superioridade dos judeus à Jerusalém árabe. O nome mais adequado para essa política poderia ser 'Spartheid': o apartheid realizado pelos meios de Esparta! Se esse plano for levado a cabo, 250 mil palestinos de Jerusalém Oriental — ou seja, um décimo dos habitantes da Cisjordânia — serão isolados do seu *hinterland* social, político, econômico, cultural e linguístico."

Igualmente ex-colaborador do primeiro-ministro Ehud Barak, o coronel da reserva Shaul Arieli, membro da Fundação para a Cooperação Econômica e do Conselho para a Paz e a Segurança, estudou demoradamente, tal como Menahem Klein, a questão do "estatuto final" de Jerusalém. De sua carreira de soldado, ele guardou uma silhueta esportiva e uma linguagem concisa, sem rodeios. "A estratégia adotada desde 1967", confirma, "consistiu essencialmente em anexar territórios palestinos a Jerusalém para garantir o desenvolvimento da cidade, separar Jerusalém da Cisjordânia e fazer recuarem os limites municipais para além das colinas que cercam a cidade. O objetivo real era impossibilitar qualquer futura divisão de Jerusalém."*

Para quem se dispusesse a abrir os olhos, como testemunham Klein e Arieli, a política israelense em Jerusalém não era indecifrável. Sete anos antes do lançamento da primeira seção da barreira, ao norte da Cisjordânia, por iniciativa de Benyamin Ben-Eliezer, o B'Tselem, o Centro Israelense de Informação para os Direitos Humanos nos Territórios Ocupados, já denunciava a "política de discriminação" aplicada pelo governo israelense em Jerusalém: na conclusão de um relatório solidamente documentado, redigido por Eitan Felner, a organização montava uma verdadeira peça de acusação contra as orientações seguidas desde 1967 — com o apoio incondicional do Estado — pelos sucessivos governos municipais de Jerusalém. "O desenvolvimento da cidade baseia-se antes de mais nada em conside-

* Entrevista com o autor, 31 de agosto de 2005, em Tel Aviv.

rações políticas e nacionais", escrevia Felner. "Um único objetivo orientou a política de planejamento urbano: reforçar o controle israelense sobre a cidade como um todo. O que se traduziu na criação de uma realidade demográfica e política que impede qualquer questionamento futuro da soberania israelense em Jerusalém Oriental. Ao mesmo tempo que lançavam programas de construção maciça e aplicavam um enorme orçamento nos bairros judeus de Jerusalém Oriental, as autoridades israelenses, estimulando os judeus a se instalar neles, sufocavam, com seus atos e omissões, os programas voltados para a população palestina — considerada um 'perigo demográfico' que ameaçava o controle da cidade por Israel.

"As autoridades israelenses", prosseguia Felner, "fazem uso ilegítimo de todos os meios legais e administrativos à sua disposição para aplicar sua política. Essa política constitui uma violação flagrante do direito internacional e dos princípios fundamentais da democracia, com graves consequências para os direitos humanos."*

"Para a maioria dos dirigentes israelenses, parece inaceitável que Jerusalém Oriental se torne um dia a capital de um Estado palestino. E também é sob esse ângulo que devemos analisar a política de desenvolvimento da cidade, as decisões em matéria de urbanismo e, atualmente, o traçado do muro", observa Khalil Tufakji. "Embora os acordos de Oslo fossem muito pouco rigorosos nesse ponto, como em tantos outros, os sucessivos governos e a prefeitura fizeram de tudo para afastar esse risco. Com o muro e a barreira, eles certamente acreditam ter alcançado seus objetivos. Aparentemente não se dão conta de que Jerusalém também é o centro de nossa vida política, cultural, religiosa e econômica. Um lugar sagrado e simbólico que é tão importante para nós quanto para eles."

E no entanto os israelenses têm alguns motivos para se conscientizar da força dos vínculos que ligam os povos dessa terra a Jerusalém. Já em 1950, trinta anos antes de o Knesset proclamar através de uma lei que Jerusalém

---

* "A Policy of Discrimination. Land Expropriation, Planning and Building in East-Jerusalem", B'Tselem, maio de 1995.

seria, "inteira e reunificada, a capital eterna de Israel", uma resolução do Parlamento lembrava que a cidade "sempre fora" a capital de Israel. Um ano depois, ao morrer o primeiro presidente do país, Chaim Weizmann, seu sucessor, Yitzhak Ben-Zvi, um dos fundadores do Partido Trabalhista, decidiu transferir a presidência para Jerusalém. Em julho de 1953, era feita a mudança para a Cidade Santa de um primeiro ministério, o das Relações Exteriores. Hoje, as principais instituições do Estado — à exceção do Ministério da Defesa — encontram-se em Jerusalém. Entretanto, como a "unificação" da cidade foi rejeitada em agosto de 1980 por uma resolução do Conselho de Segurança das Nações Unidas, as embaixadas dos países que têm relações diplomáticas com Israel continuam em Tel Aviv.

À luz da política adotada por Israel há quase quarenta anos, o mapa do "invólucro de Jerusalém" traçado pelo Ministério da Defesa parece igualmente sinuoso e mesmo labiríntico, mas muito menos enigmático. A noroeste da concentração urbana, a grande alça ziguezagueante, descrita pela barreira ao redor da colônia de Givat Ze'ev e de seus satélites, onde mais de 13 mil israelenses vivem a menos de 10 quilômetros do coração de Jerusalém, é justificada oficialmente — como a maioria dos meandros da barreira — por uma "necessidade estratégica". Na realidade, essa bolsa anexada de fato, acrescentando cerca de 30 quilômetros quadrados de terras palestinas à extensão da Grande Jerusalém — já ampliada em 70 quilômetros quadrados em 1967, à custa da Cisjordânia —, destina-se a permitir o futuro desenvolvimento das colônias por ela contidas, como demonstram os projetos de urbanismo de Givat Ze'ev e Givon Hadasha. O futuro "parque metropolitano" de Nabi Samuel, à margem da rodovia 437, é um desses projetos. A bolsa anexada também abriga a vasta base militar de Ofer, às portas de Ramallah, e um longo trecho da rodovia 443, que liga Jerusalém a Tel Aviv através da Cisjordânia. No caminho, a barreira separa oito aldeias agrícolas palestinas situadas a oeste da bolsa de uma parte de suas terras.

Inicialmente, 21 quilômetros quadrados dessas terras — o equivalente a 43% da extensão cultivada dessas aldeias — estavam do lado "israelense" da barreira. Depois da ação judicial movida pelos habitantes de Beit Surik, a Suprema Corte determinou, a 30 de junho de 2004, que 30 quilômetros da barreira fossem redesenhados para levar em conta as reivindicações palestinas. Sete meses depois, a 30 de janeiro de 2005, o exército israelense apresentava um traçado que já anexava "apenas" 11 quilômetros quadrados das terras, sem demora mandando para o local os seus bulldozers. Animados com o sucesso da primeira iniciativa, os habitantes de Beit Surik decidiram recorrer novamente à Suprema Corte. Mas, dessa vez, em vão: no dia 6 de março de 2005, os magistrados rejeitavam o pedido e os bulldozers voltavam a tomar conta das colinas.

Tal como foi concebida, a "bolsa" de Givat Ze'ev, que representa uma boa parte do "talude de segurança" criado pelos estrategistas israelenses entre Jerusalém e Ramallah, cria uma continuidade territorial entre as terras anexadas a noroeste de Jerusalém e o centro da cidade, através da "colônia urbana" de Ramot Allon e do Bulevar Golda Meir. Para os palestinos, ela constitui um exemplo clamoroso dos numerosos "roubos de terra" para os quais a construção da barreira ou do muro serve de pretexto. Mas ela também é denunciada pelos dirigentes locais e os militantes dos direitos humanos por um outro motivo. Dentro desse meandro engradado que envolve colônias israelenses, mas também aldeias palestinas, o exército israelense decidiu reservar as rodovias para os israelenses, isolando as aldeias palestinas. A proximidade destes, segundo os militares, gera um "sentimento de insegurança" entre os colonos. Assim foi que o exército tratou de criar um enclave, cercado por um muro de 3 a 5 metros de altura e extensão de aproximadamente quinze quilômetros, que contém cinco aldeias nas quais vivem cerca de 15 mil palestinos. Muitos deles dispõem de carteiras de residentes permanentes de Jerusalém, que lhes garantem em princípio livre acesso à cidade. Uma garantia já agora teórica: os reclusos do "gueto de Bir Nabala", como foi batizado por uma brochura do departamento de negociações da OLP, estão na realidade isolados da maior parte de suas terras e das cidades palestinas próximas, particularmente Ramallah e Jerusalém Oriental, tradicionais escoadouros de seus produtos.

Sozinha, a grande aldeia de Bir Nabala, onde vivem mais de 6 mil palestinos, tem 350 oficinas artesanais e pequenas empresas que podem simplesmente naufragar se as comunicações com o exterior forem interrompidas ou tiverem de passar por longos desvios. A prefeitura também teme as consequências desastrosas do fechamento do enclave para o sistema educacional. De fato, uma parte dos professores de Bir Nabala vem das aldeias vizinhas e de Jerusalém Oriental. E a quase totalidade dos estudantes está matriculada nas universidades de Jerusalém Oriental. Ao sul do enclave, a aldeia de Beit Hanina al-Balad (1.400 habitantes) será dividida em duas pelo muro. A escola de meninas ficará na parte de dentro da muralha, e a escola de meninos, junto com o resto da aldeia, do lado de fora. Cabe esperar o mesmo tipo de dificuldades no terreno da saúde. Uma vez concluída a barreira, o único hospital acessível será o de Ramallah, já sobrecarregado e sem condições de oferecer um atendimento da mesma qualidade que os grandes hospitais de Jerusalém Oriental. O exército israelense informou que planejava abrir duas vias de acesso ao enclave: uma, ao norte, na direção de Ramallah, e a outra, a sudoeste, na direção das aldeias palestinas vizinhas da bolsa de Givat Ze'ev. Mas a abertura dessas duas rodovias requer que sejam cavados dois túneis — por baixo da rodovia 45 e da rodovia 437 — e construídas três pontes. A estrada para Ramallah já foi aberta. Quanto à outra, que custará dezenas de milhões de shekels,* aparentemente não é amanhã que vai sair do papel.

Tentar acompanhar o percurso da barreira ou do muro nas colinas rochosas da Cisjordânia não é empreitada das mais tranquilas. Do lado israelense, as rotas de patrulha que acompanham a obra, onde já está concluída, são interditadas aos civis. Conseguir ou não ter acesso depende em grande medida da boa vontade dos soldados que montam guarda. Digamos que

* Um euro equivale a aproximadamente 5,2 shekels.

raramente eles se sentem estimulados a desobedecer às ordens. Os setores onde a barreira ainda está em construção muitas vezes são considerados zonas militares, mesmo quando a segurança dos canteiros de obras é confiada a guardas muitas vezes drusos ou árabes israelenses. Nesses casos, não há o que discutir. Os cães são ainda mais dissuasivos que as Uzi levadas a tiracolo.

Do lado palestino, os canteiros de obras apresentam o mesmo problema. Nos locais onde já existe a barreira, a verdadeira dificuldade é chegar até ela. Pois o fato é que, desde a repressão da segunda Intifada, o exército israelense ergueu barragens de terra e concreto ou cavou trincheiras em boa parte das rodovias. O acesso a muitas aldeias só pode ser feito por uma única via trafegável. Outras ficaram completamente isoladas. É a pé, com um bom mapa rodoviário e um guia local, que podemos encontrar os melhores postos de observação da barreira. A exploração permite conferir as indicações fornecidas pelos documentos do serviço de cartografia do exército israelense e do Escritório de Questões Humanitárias das Nações Unidas. E muitas vezes ajuda a entender os desvios aparentemente absurdos e os zigue-zagues misteriosos constatados no papel.

Quando se tenta entender, por exemplo, por que é que o muro, depois de anexar unilateralmente mais de 30 quilômetros quadrados de terras palestinas em torno de Givat Ze'ev, faz um estranho desvio em direção ao sul, ao longo do aeroporto de Jerusalém, dentro dos limites municipais da Grande Jerusalém, a explicação, *in loco*, parece simples: nesses poucos quilômetros quadrados devolvidos à Cisjordânia está a localidade de Qafr Aqab, adjacente ao campo de refugiados de Qalandiya, desde a primeira Intifada considerado pelos militares israelenses um setor "difícil". Da mesma forma, se o muro acompanha rigorosamente, ao sul do posto de controle de Qalandiya, o traçado dos limites municipais de Jerusalém, é para deixar na Cisjordânia — cortando-as, portanto, de Jerusalém — as localidades de Ar-Ram e Dahiyat al-Bared (63 mil habitantes), muito embora a metade da população dessa aglomeração urbana disponha de carteiras de identidade azuis de residentes permanentes de Jerusalém.

"Separar-nos de Jerusalém significa literalmente sufocar nossa cidade", diz Mohammad Aslan, presidente da câmara municipal, cujo gabinete, decorado com pombas da paz, é invadido por representantes dos pais de alunos e comerciantes indignados. "Não temos mais espaço algum para nos desenvolver. Ainda mais que os israelenses proíbem qualquer construção a menos de 300 metros do muro. Além disso, 15 mil jovens de Ar-Ram estão matriculados em escolas e universidades de Jerusalém. Onde é que eles vão dar prosseguimento a seus estudos? Pelo menos 20% dos nossos moradores que têm carteiras azuis já se mudaram para Jerusalém ou vão fazê-lo. Que será dessa cidade?"*

"Mais de 550 comerciantes estão para fechar suas lojas", exalta-se Assad Maslamawi, um dos diretores da câmara de comércio. "Mas para ir para onde? E com que dinheiro? Lojas que valem 100 mil dólares não encontram comprador por mais de 30 mil!" A amargura dos representantes eleitos de Ar-Ram é tanto maior porque em 2004 eles haviam tentado encaminhar à Suprema Corte um pedido para que o muro fosse deslocado em direção leste, para levar em conta os muitos vínculos entre a sua aldeia e Jerusalém. Em sua sentença do dia 28 de junho desse ano, os magistrados determinaram que o exército encontrasse um outro traçado para o trecho do muro que contornava Ar-Ram e Dahiyat al-Bared. A obra fora imediatamente suspensa. A prefeitura de Ar-Ram achava ter obtido uma vitória histórica. No dia 11 de agosto, contudo, dois palestinos foram mortos e seis soldados da polícia de fronteira israelense ficaram feridos com a explosão de uma bomba de 15 quilos escondida num carrinho de bebê empurrado por um terrorista suicida, no posto de controle de Qalandiya. Tudo, então, mudou de figura. E dias depois os bulldozers voltavam a entrar em ação no traçado original. Dois anos mais tarde, os representantes de Ar-Ram e Qalandiya aderiram a uma petição apresentada à Suprema Corte pelos moradores de Bir Nabala e três outras localidades, pedindo a suspensão das obras. Mais uma vez, em vão. A 18 de abril de 2006, os juízes Aharon Barak,

* Entrevista com o autor, 27 de agosto de 2005, em Ar-Ram.

Miriam Naor e Esther Hayut consideraram que a liberdade de circulação dos palestinos da região ficava assegurada com a mais recente versão do traçado, e que o Estado podia dar prosseguimento à construção da barreira e do muro.

Ao sul de Ar-Ram, o muro de novo se afasta, em seu percurso, dos limites municipais de Jerusalém, contornando o espaço destinado ao desenvolvimento da colônia de Neve Ya'acov, volta mais adiante a se confundir com a fronteira da Grande Jerusalém, deixando a leste a localidade palestina de Hizma, e ao sul da colônia de Pisgat Ze'ev formarem uma surpreendente alça de 5 quilômetros dentro do território de Jerusalém. Por que esse inesperado desvio? Para excluir das fronteiras de Jerusalém Oriental e situar na Cisjordânia o campo de refugiados de Shufat e as localidades de Dahiyat al-Salam e Anata. Mais de 10 mil palestinos, oficialmente considerados refugiados pelas Nações Unidas, vivem em Shufat. Os mais velhos foram expulsos de suas aldeias pelos israelenses em 1948, refugiando-se em Jerusalém, mas vindo a ser expulsos após a conquista da cidade em 1967, quando se abrigaram no campo de Shufat. Conhecendo esses relatos, os mais jovens se veem por sua vez diante de uma decisão difícil: permanecer e perder seus direitos de residentes de Jerusalém ou partir e tentar encontrar moradia aceitável em Jerusalém Oriental.

Para facilitar as idas e vindas dos habitantes, o exército israelense comprometeu-se a ampliar e modernizar o posto de controle que dá acesso ao campo. Ele poderia até transformar-se numa das "portas" do muro. Em fevereiro de 2005, uma requisição de 3 hectares foi apresentada aos donos dos terrenos vizinhos do posto de controle para dar início às obras. Na primavera de 2006, o ponto de passagem de Shufat era aberto aos pedestres e aos motoristas palestinos portadores de carteiras de identidade azuis. Os palestinos da Cisjordânia podiam passar por ele apresentando um visto fornecido pelo exército.

Dos dez outros postos de controle de acesso a Jerusalém oficialmente registrados pelas Nações Unidas em julho de 2006, seis permitiam a passagem de palestinos portadores de carteira de identidade de Jerusalém

Oriental e residentes da Cisjordânia munidos de vistos fornecidos pela Administração Civil. Somente três ficavam abertos 24 horas por dia. E só um permitia a passagem dos raros veículos palestinos — táxis e caminhonetes municipais — autorizados a entrar em Jerusalém.

11

O Dossiê E-1

Desde que o primeiro governo do ex-general trabalhista Yitzhak Rabin criou, em 1975, a colônia de Maale Adumim, num longo esporão rochoso dominando a rodovia do mar Morto, a 6 quilômetros da Cidade Velha, a maioria dos governos israelenses afagou a ideia de estabelecer uma contiguidade territorial entre a mais populosa das colônias da Cisjordânia e Jerusalém. Mas sem concretizá-la: em 1994, quando Maale Adumim já contava mais de 15 mil habitantes, o mesmo Rabin, tendo voltado ao poder dois anos antes, decidiu oficialmente estudar essa "continuidade" e incluir o terreno necessário nos limites municipais de Maale Adumim, oficialmente transformada em município em 1991. Para o ex-general, não havia aparentemente contradição entre essa iniciativa e os dispositivos dos acordos de Oslo que ele acabava de assinar com Yasser Arafat — acordos que no entanto obrigam as duas partes a preservar "a integridade e o estatuto" da Cisjordânia e da Faixa de Gaza durante o "período interino" precedendo a negociação do "estatuto final".

Depois do assassinato de Rabin em Tel Aviv por um jovem fanático judeu, a 4 de novembro de 1995, os departamentos encarregados no Ministério da Habitação não foram além do estabelecimento de um plano geral de urbanismo para a zona de Jerusalém, do qual constam — sob a denominação de "E-1" (Este 1) — os terrenos que deveriam assegurar a continuidade territorial. Mas o projeto já estava efetivamente em andamento. Estendendo-se por uma dezena de quilômetros quadrados, os terrenos do "E-1" não constituem propriamente um sonho de urbanista. Um autêntico caos de colinas rochosas, barrancos e precipícios: é este o panorama descortinado da encosta oriental do monte Scopus e das elevações contíguas. Não é um obstáculo intransponível para os arquitetos e engenheiros que já construíram mais de 120 colônias nas elevações da Cisjordânia. Prova disso é que, em 1997, menos de um ano depois de ser eleito primeiro-ministro, o chefe do Likud, Benyamin Netanyahu, feroz partidário da continuidade Jerusalém-Maale Adumim, e que além disso muito oportunamente assumiu também a pasta de ministro da Habitação, ordena que sejam iniciadas a alocação dos terrenos e a preparação de um projeto mais detalhado. Em maio de 1999, seu sucessor, Ehud Barak, nada altera nos procedimentos burocráticos em andamento.

Ao chegar ao poder em fevereiro de 2001, Ariel Sharon já herda um projeto "E-1" bem avançado. Implacável conhecedor do mapa e do relevo da Cisjordânia, que, segundo seus colaboradores, percorreu até os recantos mais recônditos em seu jipe, o novo primeiro-ministro avalia perfeitamente a importância política e estratégica da questão. Mas também suas implicações diplomáticas embaraçosas. Administrativamente, o caso é da alçada do seu ministro da Habitação, o ex-dissidente russo Nathan Charansky, ardente defensor da colonização. Na verdade, a questão ficará sob estrito controle do chefe do governo. Nos terrenos viabilizados por impressionantes obras de derrubada, é planejada a construção de habitações, lojas, uma zona industrial e do novo quartel-general da polícia para a "Judeia-Samaria" — a Cisjordânia, na linguagem dos partidários da colonização. O QG atual, em pleno coração do subúrbio palestino de Ras al-Amud, será desalojado para se transformar no núcleo de uma nova colônia.

Dois anos depois, antes mesmo da aprovação oficial dos planos pelo governo, o ex-general Effie Eitam, do Partido Nacional religioso, que sucedeu a Charansky no Ministério da Habitação, dá início — naturalmente com a concordância de Sharon, senão por ordem sua — à construção de uma rodovia de acesso e de seu muro de apoio. Ao sul da zona onde deve ser construído o futuro quartel-general da polícia, os bulldozers abrem pistas, começam a aplanar o terreno. O projeto "E-1" já virou canteiro de obras.

Enquanto isso, a decisão de construir a barreira de segurança foi tomada pelo primeiro-ministro, e as obras começaram na primavera de 2002. Os primeiros mapas da barreira não são muito claros quanto à situação do espaço entre Jerusalém Oriental e Maale Adumim, mas mostram uma grande alça da barreira ao redor da colônia, cuja população acaba de superar os 25 mil habitantes. Para Dany Tirza, que mora num dos satélites de Maale Adumim, seria inconcebível que a mais populosa das colônias da Cisjordânia,* seu "parque industrial", suas imediações e seu espaço de desenvolvimento — que se estende praticamente até Jericó — não fossem integrados à Grande Jerusalém. O traçado finalmente adotado para a barreira não se mostrava tão voraz. Mas não deixa de anexar cerca de 60 quilômetros quadrados de território palestino a Jerusalém.

Formada por uma barreira de 38 quilômetros, a alça de Maale Adumim fecha-se na realidade em torno de Kfar Adumin, a 8 quilômetros de Jericó, mas a 13 quilômetros da Linha Verde: em outras palavras, bem no meio da Cisjordânia, em sua região mais estreita. Praticamente corta em dois, assim, o território do futuro Estado palestino, como uma cunha enfiada num tronco. Pois o fato é que, como previsto, ela engloba a zona "E-1", cuja configuração urbanística é definitivamente estabelecida. Nos 10 a 12 quilômetros quadrados na zona "E-1" transformados em espaço verde, serão construídos um conjunto residencial de 3.500 apartamentos, para receber 15 mil novos colonos, uma zona industrial, uma dezena de hotéis, centros

---

* Em 2006, Maale Adumim tinha cerca de 33 mil habitantes. Aproximadamente 7 mil outros israelenses viviam em suas colônias satélites, como Kedar e Kfar Adumim.

comerciais, prédios universitários, um cemitério e o quartel-general da polícia para a Cisjordânia.

Para os palestinos, a vinculação do bloco de Maale Adumim a Jerusalém através da ligação formada pelo "E-1" é uma verdadeira agressão. Um sério obstáculo, de caráter acaso impeditivo, no caminho da retomada do processo de paz. "Essa enorme extensão de Jerusalém em direção leste não só interrompe todas as rodovias entre o norte e o sul da Cisjordânia como nos priva de uma zona verdadeiramente promissora de desenvolvimento econômico", constata o geógrafo Khalil Tufakji. "Se esse projeto for concretizado, as duas metades da parte palestina de Jerusalém serão separadas, seu potencial de crescimento será reduzido a zero e a viabilidade do futuro Estado palestino ficará gravemente ameaçada." Como confirmam os mapas debatidos em Taba e o que acompanhava o Acordo de Genebra de dezembro de 2003, os palestinos não excluem a possibilidade de que, num eventual acordo de paz, certas colônias — separadamente ou em grupos — sejam anexadas a Israel, no contexto de trocas territoriais. Entretanto, segundo seu principal negociador, Saeb Erekat, eles não podem aceitar uma "anexação que divide em dois o seu Estado".*

No relatório extremamente crítico sobre Jerusalém Oriental que divulgaram em novembro de 2005, os representantes diplomáticos da União Europeia em Jerusalém e Ramallah dedicam uma página inteira, de um total de oito, ao projeto "E-1". Depois de observar que "a barreira não é motivada exclusivamente por considerações de segurança" e que ela "separa palestinos de outros palestinos", os autores do documento constatam que, associada ao projeto "E-1", ela "completa o cerco de Jerusalém e divide a Cisjordânia em dois pedaços". "As perspectivas econômicas da Cisjordânia — cuja renda per capita é inferior a mil dólares por ano — dependem estreitamente do acesso a Jerusalém Oriental — cuja renda gira em torno de 3.500 dólares por ano", afirmam eles. "Do ponto de vista econômico, a viabilidade de um Estado palestino depende em grande

---

* Entrevista com o autor, 30 de janeiro de 2006, em Ramallah.

medida da preservação de um vínculo orgânico entre Jerusalém Oriental, Ramallah e Belém."

À luz do que constataram em Jerusalém Oriental a respeito da estratégia global do governo israelense, os diplomatas europeus concluem que "a perspectiva de dois Estados, tendo Jerusalém como capital do Estado palestino, se distancia", sugerindo a seus governos que reafirmem claramente que "Jerusalém continua sendo objeto de negociação". Cabe perguntar se o documento, destinado aos ministros de Relações Exteriores da União, poderá levar, como esperavam alguns de seus autores, ao questionamento das relações entre a Europa e Israel. E a resposta é não. Em virtude das profundas divergências entre os países membros, o relatório *jamais teria vindo a público*. Os governos italiano e alemão, em especial, consideram, tal como o alto representante da União para a política externa, Javier Solana, que o documento não é suficientemente equilibrado, e que a influência da Europa sobre Israel seria comprometida se ele fosse publicado. Muitas capitais, de fato, recusam-se a assumir as consequências políticas de uma oposição declarada a Israel.

O governo Bush, que não pode ser considerado anti-israelense, assume uma atitude à primeira vista mais firme frente ao projeto "E-1". Nesse ponto, é bem verdade, ele não chega propriamente a inovar. Desde a presidência de Bill Clinton, o Departamento de Estado contempla com evidente reticência o projeto de continuidade territorial Maale Adumim-Jerusalém proposto por sucessivos primeiros-ministros israelenses. Para Washington, inclusive, o projeto "E-1" é tão indefensável do ponto de vista do direito internacional e do respeito dos acordos firmados que, já em 1997, sérias advertências foram feitas ao governo israelense. Com resultado discutível: seis anos depois de Benyamin Netanyahu ser insistentemente exortado por um assessor de Bill Clinton a pôr fim ao projeto "E-1", a secretária de Estado Condoleezza Rice volta furiosa de uma visita ao local, tendo constatado que, apesar das objeções americanas, estavam em andamento obras de demolição.

As objeções do governo americano retardariam durante vários meses a construção da barreira ao redor de Maale Adumim, assim como as obras do projeto "E-1". Mas sem chegar a interrompê-las. Já no início de 2005, a câmara municipal da colônia anuncia oficialmente que pretende construir um conjunto residencial e um prédio para abrigar a polícia na zona "E-1", confirmando na prática que esses terrenos estão submetidos a sua autoridade. Em agosto, o projeto é submetido ao veredito da população, nas formas previstas em lei, última etapa antes de sua validação oficial. Nesse mesmo momento, o exército israelense confisca 158 hectares de terras pertencentes às localidades de El-Azariyeh, Abu Dis e Sawahra al-Sharqiya, para construir o sul da barreira de Maale Adumim. A julgar pela localização dos terrenos confiscados e o teor dos mapas militares, o Ministério da Defesa atém-se ao traçado original, aprovado pelo gabinete em fevereiro. Traçado que engloba não só a colônia, mas os terrenos previstos para sua ampliação, inclusive "E-1". Segundo o diário *Haaretz*, o procurador-geral da república, Menahem Mazuz, consultado, deu sinal verde para o esquema geral da barreira e essa seção do traçado.*

Ariel Sharon, que não é propriamente conhecido pela paciência nem pela flexibilidade, mas lendário por suas provocações manipuladoras, teria assim encontrado um ardil para concretizar o projeto "E-1" sem provocar a irritação dos americanos? Sim. O velho soldado parece indiferente às divergências que se manifestaram em seu próprio governo entre os que consideram de bom alvitre não indispor Washington e os que se mostram indignados com qualquer pressão estrangeira. Mas se mantém atento à diligência de Benyamin Netanyahu, em busca dos votos dos colonos e da direita para reconquistar a direção do Likud. Assim foi que teve a ideia de desvincular a construção do novo quartel-general da polícia da Cisjordânia — apresentada como mais um elemento da política de segurança — da construção dos prédios habitacionais. É a instrução que dá aos ministros envolvidos no caso já na primavera de 2005. Enquanto são efetuadas as primeiras demarcações e tem início a preparação do terreno, o projeto é aprovado pelo governo.

---

* *Haaretz*, 24 de agosto de 2005.

Em setembro, enquanto o exército israelense conclui a evacuação dos colonos da Faixa de Gaza, o vice-primeiro-ministro Ehud Olmert confirma oficialmente, numa entrevista ao *Jerusalem Post*, que, a pedido do governo americano, Israel se comprometeu a "não construir entre Jerusalém e Maale Adumim" e que "o projeto contestado [leia-se: 'E-1'] foi suspenso por tempo indeterminado"... "Entretanto", acrescenta, "fica perfeitamente claro que em dado momento, no futuro, Israel vai estabelecer uma contiguidade territorial entre Jerusalém e Maale Adumim. Esse projeto acabará sendo realizado, indiscutivelmente."* Quanto ao prédio destinado à polícia, a cujo respeito Olmert não se manifesta — revelando apenas que o governo acaba de dar sinal verde ao início da obra —, servirá, segundo diz, para "ajudar a combater as construções ilegais empreendidas pelos palestinos nas cercanias, construções que poderiam impedir a realização do plano no futuro".

Tal como imaginara Sharon, Washington fecha os olhos ao início dessa obra. No momento em que Israel começa a colher os louros diplomáticos de sua retirada da Faixa de Gaza, como se poderia contestar a construção de uma instalação apresentada como indispensável à segurança do Estado judeu? Afastado Sharon do poder em virtude de seu segundo ataque cerebral, a 5 de janeiro de 2006, o chefe do governo interino, Ehud Olmert, que seria eleito primeiro-ministro nas eleições de março do mesmo ano, mantém-se na mesma direção. Tal como Sharon, ele sabe que George Bush, às voltas com o caos iraquiano e a ameaça nuclear iraniana, não vai criar um teste de força em torno de um posto policial israelense. E pretende aproveitar-se disso.

Na primavera de 2006, no momento em que um advogado de Jerusalém, Daniel Seidemann, partidário da coexistência palestino-israelense, solicitava em vão à Suprema Corte que suspendesse a obra do QG da polícia — invocando a escolha pouco criteriosa do local —, a construção do prédio, de quatro andares, é iniciada. Recrutados na região de Hebron por um agente de mão de obra local, uma centena de operários palestinos, trazidos

---

* *Jerusalem Post*, 2 de setembro de 2005.

toda manhã de ônibus, acionam as perfuradoras para lançar os alicerces. Tendo em vista a conjuntura política instável, o tempo urge. Divididos em três equipes, os operários palestinos trabalhariam noite e dia, por turnos de oito horas. Tudo teria de estar concluído na primavera de 2007.

Quanto à construção da barreira ao redor de Maale Adumim, depois de ter sido retardada a pedido do assessor jurídico do governo (que pretendia eliminar motivos de disputa para evitar recursos à Suprema Corte), voltou ao ritmo normal, como mostra o vaivém de caminhões e bulldozers no canteiro.

Quando o "invólucro de Jerusalém" estiver concluído, como é que um palestino de Belém conseguirá chegar a Ramallah ou Nablus? O trajeto tradicional do Sul ao Norte da Cisjordânia passa por Jerusalém. Ou antes passava por Jerusalém, pois desde 2001 a Cidade Santa é proibida aos palestinos da Cisjordânia e de Gaza sem visto. E para contorná-la os viajantes precisam fazer um itinerário longo, cansativo e perigoso por caminhos estreitos na montanha. Esse itinerário, aberto ou fechado no posto de controle do "Contêiner", ao bel-prazer do exército, desde 2002 só é permitido aos viajantes e veículos autorizados. E passa entre Jerusalém Oriental e Maale Adumim. Em outras palavras, através de "E-1". Como será, então, no futuro?

"É claro que pensamos nisso", diz Netzah Mashiah, diretor do projeto de barreira de segurança no Ministério da Defesa. "Construiremos uma rodovia norte-sul que passará a leste de Abu Dis. Ela cruzará a rodovia Jerusalém-Maale Adumim sem na verdade passar por ela, pois o caminho será feito por um túnel. Sim, vamos investir 2 bilhões de shekels nesse projeto que proporcionará aos palestinos uma rede rodoviária muito melhor que a de hoje na região de Jerusalém. Somos loucos, não? Fazemos isso porque achamos que é necessário desenvolver a economia nos territórios palestinos. E que o desenvolvimento da economia depende de melhores ligações entre as regiões."* Por enquanto, à medida que a barreira avança

---

* Entrevista com o autor, 31 de agosto de 2005, em Tel Aviv.

no terreno ao redor de Maale Adumim, esse grande projeto ainda está no papel. O único trajeto norte-sul previsto para os palestinos até agora é um interminável contorno do bloco de Maale Adumim pelo leste.

Como Ariel, Alfei Menashe, Modin e Maale Adumim, Betar Illit e o bloco de Gush Etzion, onde vivem mais de 30 mil colonos, também têm vocação, aos olhos dos israelenses, para vir a ser anexados ao Estado de Israel. E por sinal, o traçado da barreira que contorna esse bloco de colônias pelo leste e o sul, impedindo qualquer desenvolvimento urbano nessa direção de Belém, mostra que já não se trata de um desejo, mas de um projeto concreto que haverá de se tornar realidade assim que for concluída a construção da "separação". Prolongamento da Cidade Santa em direção sudeste, Gush Etzion é na verdade a terceira folha do trevo mais ou menos formado pelo novo "invólucro de Jerusalém". Ampliada em 30 quilômetros quadrados de terras palestinas pela anexação de Givat Ze'ev, em mais de 60 quilômetros quadrados pela de Maale Adumim e pelo "E-1", a invasiva metrópole ainda ganhará 72 quilômetros quadrados suplementares com o acréscimo de Gush Etzion.

Os mapas atuais em que aparece uma seção da barreira, ao longo dos limites municipais de Jerusalém, entre a cidade e o "bloco" de Etzion, não mentem. Essa barreira foi efetivamente planejada, assim como a que se ergue nas proximidades da Linha Verde, entre as aldeias de Al-Walaja e Wadi Fuqin. Mas nenhuma das duas representa um obstáculo à livre circulação de cidadãos israelenses entre as colônias do bloco de Etzion e Jerusalém. Ao contrário dos palestinos, sem acesso, no caso, os israelenses dispõem de um eixo protegido, a rodovia 60, margeada em boa parte de seu percurso por muros antibalas que se confundem com o limite do enclave anexado. "Nós vivemos no campo, mas consideramos que estamos num subúrbio de Jerusalém", diz Gershon Barak. "Minha mulher adora música clássica: estamos a quinze minutos das salas de concerto de Jerusalém, a uma hora e meia da ópera de Tel Aviv." Administrador do estacionamento de Kfar Etzion, um kibutz religioso destruído pela Legião Árabe em 1948 e reconstruído depois de 1967, tornando-se a primeira colônia da Cisjordânia, Gershon

Barak, que confessa "nunca ter acreditado" em Oslo, declara-se contrário à barreira, não por simpatia por seus vizinhos palestinos — "Se pudessem, eles voltariam para nos massacrar, como em 1948" —, mas por ser onerosa e complicar a utilização das terras. Pois o kibutz, que vive essencialmente da criação de perus, também produz cerejas, peras, nectarinas, flores, trigo e algodão, possuindo terras fora dos limites do bloco de Etzion.

Os vizinhos árabes compartilham essa oposição à barreira por motivos diferentes, mas curiosamente simétricos. Por quê? Porque o bloco de Etzion não abrange apenas uma dezena de colônias israelenses, mas também sete aldeias palestinas, com cerca de 20 mil habitantes. Uma parte de suas terras agrícolas encontra-se de um lado da barreira, e o resto, do outro lado. E os habitantes das aldeias que se estendem ao longo da estrada, a leste do bloco de Etzion, estão na mesma situação. Uns e outros terão algum dia de atravessar a barreira para ir ao trabalho, fazer exames médicos ou compras em Belém. As experiências vividas até agora pelos aldeãos do norte da Cisjordânia, há vários anos defrontados com os problemas decorrentes da travessia da barreira, não são das mais encorajadoras...

E no entanto, em comparação com a provação imposta aos habitantes da Cisjordânia que precisam atravessar as portas da nova "fortaleza Jerusalém", os problemas enfrentados pelos aldeãos obrigados a utilizar as "portas agrícolas" da barreira não são nada. Em princípio, quando for concluído o invólucro, os viajantes portando visto poderão entrar em Jerusalém e sair da cidade por onze pontos de passagem, 24 horas por dia. É o que promete Dany Tirza. Esses pontos de passagem não serão mais postos de controle com soldados, mas autênticos terminais que, segundo ele, deverão "parecer-se com aeroportos", nos quais os palestinos não verão nenhum militar e não haverá mais contatos diretos, causadores de conflitos.

Na primavera de 2006, quatro desses "terminais" já estavam funcionando ou em construção. Vistos de fora, mais parecem hangares ou oficinas do que aeroportos. No interior, as paredes são pintadas com cores vivas — amarelo, azul, laranja —, e são planejados saguões de espera e quiosques de venda de bebidas, mas não é exatamente um aeroporto, ainda que rudimentar, a primeira comparação que vem ao espírito ao entrar neles. Dany Tirza estava certo: tudo foi feito para evitar contato entre os viajantes e os agentes do terminal. E por sinal a preocupação não é tanto preservar a dignidade daqueles, mas garantir a segurança destes. É sob a proteção de vidros blindados que os funcionários — atualmente soldados e policiais, mas futuramente, ao que parece, empregados de uma empresa de segurança — cotejam os documentos dos viajantes com os dados nas telas dos computadores. E se dirigem por alto-falantes a eles, que são observados por câmeras desde que entram.

Um detalhe que bastaria para dissuadir os mais sonhadores de imaginar que estão se preparando para decolar: os "passageiros" circulam por estreitos corredores delimitados por grades metálicas, e são obrigados a passar um de cada vez por uma série de catracas de aço acionadas por controle remoto. Na hipótese de um deles parecer suspeito ou transportar bagagem contendo explosivos, estão previstos filtros de segurança que, na pior das hipóteses, permitiriam explodir a bomba sem danificar o terminal nem ferir os outros usuários. No fundo, a realidade das relações entre militares ou funcionários israelenses e transeuntes palestinos continua a mesma, só que revestida da roupagem de equipamentos modernos de segurança. E de uma urbanidade perfeitamente artificial: "Bem-vindo ao posto de controle de Hazeitim", lê-se em árabe, hebraico e inglês na entrada desse ponto de passagem a leste de Jerusalém. "Você está entrando numa zona militar. Para facilitar sua passagem e evitar perda de tempo inútil, leia estas instruções e observe-as. Tenha à mão seus documentos de identidade para verificação e apresente-se no primeiro posto de inspeção que esteja livre. Siga as instruções dos inspetores. Prossiga em fila indiana. Solicitamos a gentileza de manter limpo este terminal. Bom-dia."

Por motivos de segurança, os veículos palestinos não são autorizados a entrar em Israel, salvo em caso excepcional de caráter humanitário. Assim, para um habitante de Belém, por exemplo, é impossível entrar com a família em Jerusalém, como antigamente, e encher as sacolas nas lojas da rua Salah Ed-dine. Os motoristas provenientes da Cisjordânia devem deixar seus veículos no estacionamento à entrada do terminal, atravessá-lo a pé — desde que disponham de visto — e tomar na saída os novos ônibus — brancos com listras azuis ao sul de Jerusalém, brancos com listras verdes ao norte —, até a estação rodoviária, perto da Porta de Damasco. A passagem custa 1,5 shekel. Os motoristas desses ônibus, cuidadosamente passados no crivo pelos serviços de segurança israelenses, devem verificar se os passageiros estão com o visto em dia. E sabem que à primeira falha perderão a carteira de motorista profissional.

Quando perguntei a Netzah Mashiah se não achava tudo isso por demais coercitivo, ele pareceu sinceramente surpreso. "Coercitivo? É uma decisão do governo. Não vejo qual é o problema. Depois de atravessar o terminal, os palestinos encontram ônibus em grande quantidade, rápidos e baratos, que os levam aonde quiserem na cidade. Todo mundo se queixa de nunca encontrar lugar para estacionar em Jerusalém. Pois agora estão livres dessa preocupação!"

12

Do lado bom da barreira

"VOCÊ QUER SABER POR QUE ARIEL está do lado bom da barreira? Porque já pensei no problema em 1977, ao criar essa comunidade com quarenta famílias de pioneiros."* Não muito dado ao senso de humor, Ron Nachman apertou levemente os olhos e quase sorriu ao fazer essa confidência. Como se quisesse dar a entender que não esperava merecer crédito logo de saída. Mas é evidente que é mesmo o que pensa. Fundador da colônia de Ariel e prefeito da localidade desde 1985, ele se mostrou no Likud, no rastro de Ariel Sharon, um defensor encarniçado da colonização, e continua sendo um tonitruante adepto da anexação a Israel dos grandes blocos de colônias. Negociação com os palestinos? Ele não acredita. E afirma inclusive que nunca acreditou. "É uma perda de tempo", diz. "Eu repito isso há trinta anos. Não estamos aqui para lhes dar uma terra que eles nunca tiveram." Combater — politicamente — em terreno hostil, em nome de sua causa, não o assusta. Pelo contrário. De bom grado ele recorda que foi, entre 1992

* Entrevista com o autor, 26 de março de 2006, em Ariel.

e 1996, num Knesset dominado pelos trabalhistas, "o único deputado do Likud representando a Judeia-Samaria".

Pergunto se ele considera que o emprego da palavra "Cisjordânia" para designar os Territórios Ocupados em 1967 já seria um passo no caminho das concessões? Certamente. Ele nunca a emprega. Só raramente pronuncia a palavra "palestino". Os habitantes de Salfit e das aldeias ao redor de Ariel são "árabes". Tentar discutir com ele essa questão é pura perda de tempo. Ron Nachman tem tanta certeza de estar com a verdade que nunca diz "Não concordo com você", mas "Você está enganado". E quando concorda com algo que acaba de ouvir, não responde "sim", mas "correto", num tom de caserna que não convida propriamente ao debate.

Na breve biografia fornecida aos visitantes por sua assessoria, seus estudos e sua trajetória profissional cabem em apenas seis linhas. Ficamos sabendo que ele é diplomado em ciências políticas, direito e organização do trabalho pela Universidade de Tel Aviv. Que trabalhou durante treze anos numa grande empresa nacional — as Indústrias Militares de Israel —, onde exerceu as funções de diretor-geral adjunto de pesquisa e desenvolvimento. Que foi, de 1983 a 1985, vice-presidente da Israel Broadcasting Authority, organismo que controla o rádio e a televisão públicos. Sobre suas atividades militares — informação capital num currículo israelense —, nem uma só palavra. É preciso consultar a relação dos antigos deputados no site do Knesset na Internet para ficar sabendo que Ron Nachman passou à reserva do exército com a patente de sargento. Carreira modesta num país em que os generais, coronéis e comandantes se acotovelam nos Estados-Maiores dos partidos políticos e nos assentos do Parlamento.

À falta de galões e medalhas militares, Ron Nachman dispõe, é bem verdade, de uma herança histórica incomparável para afirmar seu patriotismo: nascido numa família de imigrantes russos chegados de Odessa em 1883 — quatorze anos antes do primeiro Congresso Sionista na Basileia —, ele é neto de um dos fundadores, juntamente com o patriarca Michael Halperin, da cidade de Nes Ziyona, a sudeste de Tel Aviv. E seu pai foi durante quinze anos o prefeito adjunto dessa cidade erguida ao redor da "Colina dos Sonhadores", onde o exército israelense instalou seu Centro de Pesquisas de Armas Bacteriológicas e Químicas.

"Sim, eu sou um sabra da quarta geração", afirma esse homem atarracado e de rosto maciço queimado pelo sol, contemplando pela janela de seu gabinete a linha das colinas que separam Ariel da cidade palestina de Salfit. "Quantos homens deste país podem dizer, como eu, aos 64 anos: Construí uma cidade de 18 mil habitantes, transformei uma terra árida numa comunidade próspera e dinâmica, dei à Samaria uma capital reconhecida pelo próprio George Bush?" Acima de sua cabeça, três quadros são vistos na parede. O menor apresenta o retrato oficial do chefe de Estado, Moshe Katsav; o maior, uma foto já antiga de Ariel Sharon; entre os dois, a Menorah, o candelabro de sete braços, emblema do Estado de Israel. Outras molduras e uma grande bandeira israelense ocupam o espaço livre entre a janela, a porta e as estantes cheias de arquivos: diplomas, pergaminhos comemorativos, fotos aéreas de Ariel em diferentes etapas de seu desenvolvimento, várias fotos com Sharon, uma com Ehud Barak com a boina vermelha de paraquedista. Todos esses documentos e imagens contam a vida de um dirigente feliz por ostentar suas relações prestigiosas, de um colono convencido de estar no seu direito, de um político perfeitamente infenso à modéstia.

"Eu constituí o primeiro núcleo de pioneiros de Ariel em Tel Aviv em 1973", diz ele, pondo de lado os fones de ouvido e o microfone de seu telefone celular para não ser incomodado durante o relato da saga da "sua" cidade. "Nessa época, não era a direita que incitava os jovens a criar comunidades nos territórios conquistados em 1967, mas os trabalhistas. Golda Meir estava no poder e devia haver no máximo uns quinze pontos de assentamento e 2 ou 3 mil israelenses, sobretudo no vale do Jordão. Na direita, muitos pensavam que não era suficiente, que o governo trabalhista estava nos conduzindo ao desastre e que era preciso criar assentamentos judeus em cada colina da Judeia-Samaria. Era o que achava Sharon. Era também a minha opinião. Eu sonhava participar dessa aventura. À minha maneira. Tal como meu bisavô e meu avô, eu queria fundar uma cidade. Não simplesmente um punhado de casas no alto de uma colina, mas uma verdadeira cidade! Eu tinha um projeto extremamente ambicioso: uma cidade de 100 mil habitantes no coração da Samaria."

Ron Nachman não menciona o fato, mas em 1973 o seu "grupo de Tel Aviv" já apresentara esse projeto de criação de uma colônia "no coração da Samaria" a Moshe Dayan, ministro da Defesa de Golda Meir. E Dayan, longe de descartá-la, recebera favoravelmente a ideia. O gabinete, entretanto, a havia rejeitado, pois não a considerava de acordo com o plano Allon, prevendo a criação de uma série de colônias nos contrafortes do vale do Jordão e na margem ocidental do rio. Essas colônias teriam o objetivo de garantir uma "presença judaica" e levar, com o tempo, à anexação do vale do Jordão e do deserto da Judeia ao Estado de Israel.

Em tais condições, por que aferrar-se ao sonho de uma cidade em pleno coração da Cisjordânia e decidir criá-la no alto dessa linha de colinas que se estende por 12 quilômetros, de oeste a leste? "Porque o local havia sido escolhido por Ariel Sharon", reconhece Ron Nachman. Os arquivos locais indicam que essas elevações áridas, castigadas pelos ventos, tinham sido simbolicamente ocupadas pelo exército a 9 de maio de 1977. Os soldados haviam erguido duas tendas e batizado o acampamento de "Posto Avançado de Haris", do nome de uma aldeia árabe mais abaixo. Ninguém se tinha preocupado ainda com o futuro desse "posto avançado" isolado quando, uma semana depois de sua instalação, os trabalhistas, que estavam no poder há 29 anos, foram derrotados pela direita nas eleições legislativas. No gabinete formado pelo líder do Likud, Menahem Begin, Sharon ficara com o Ministério da Agricultura. E sobretudo com a presidência do Comitê Interministerial para os Assentamentos. Função ideal para pôr em prática a estratégia que vinha preconizando há anos: promover a proliferação de colônias judaicas na Judeia-Samaria, para "impedir a transferência [da região] aos terroristas palestinos".*

---

* Discurso de Ariel Sharon no Knesset, em 31 de julho de 1974.

"Quando lhe expus meu projeto", relata Ron Nachman, "especifiquei que havia planejado uma cidade de 100 mil habitantes, mas que inicialmente tínhamos em mente a criação de um núcleo de 6 mil habitantes. À primeira vista, era um número modesto, mas na minha opinião representava a massa crítica indispensável para assegurar a longo prazo a perpetuidade de um assentamento, sendo além disso bem superior ao total de colonos israelenses já instalados. Sharon me ouviu. O que o interessava no meu projeto não era tanto que eu pretendesse construir uma cidade, em vez de mais uma colônia, mas o fato de o local escolhido ser aquela linha de colinas, pois para ele se tratava de uma posição estratégica. Observe o mapa: estamos exatamente a meio caminho entre Tel Aviv e o Jordão. Para ele, uma presença israelense numerosa e durável aqui garantiria a segurança de Tel Aviv, protegendo a cidade de invasões provenientes do Leste. Ele deu sinal verde, prometeu que teríamos todo o apoio necessário e, pelo fim de 1977, as quarenta primeiras famílias — entre elas a minha — se instalaram perto do posto avançado de Haris. Foi só no ano seguinte que batizamos esse lugar de Ariel." Em homenagem ao padrinho da colônia, Ariel Sharon? Não. Era, segundo o folheto publicitário da prefeitura, uma referência à passagem do livro de Isaías, na Bíblia, segundo a qual Ariel é sinônimo de Jerusalém e do Monte do Templo.

A respeito de certos detalhes da criação de Ariel, Ron Nachman é traído pela memória. Na verdade, foi em outubro de 1977 — três meses depois de Begin assumir a chefia do governo — que o Comitê Interministerial para os Assentamentos aprovou a criação no local do posto avançado de uma colônia batizada com o nome de Haris, dando aos quarenta pioneiros do "grupo de Tel Aviv", liderados por Nachman, autorização de ali se instalar. Mas eles só chegaram a 17 de agosto de 1978. Como o local fora definido por Ariel Sharon como uma base militar, cerca de cem tendas haviam sido erguidas. Foi nesses alojamentos provisórios que os primeiros colonos viveram, enquanto esperavam as casas de verdade fornecidas alguns meses depois pelo Departamento de Habitações Rurais do Ministério da Construção. Três anos depois, Haris, já agora chamando-se Ariel, era transformado em município, e seu primeiro prefeito, Yaacov Feitelson, era nomeado pela autoridade competente. As pesquisas efetuadas em 2002 pelo B'Tselem mostram que a maior parte das terras formando o município de Ariel eram um bosque rochoso inculto onde os aldeãos mandavam suas cabras pastar. Mas o resto do território municipal, assim como as rodovias ligando a colônia a seus satélites e a Israel, era constituído por terras agrícolas palestinas pertencentes a habitantes das aldeias vizinhas, expropriadas pelo exército.

"Na época, duas concepções da colonização se opunham na direita israelense", recorda Ron Nachman. "Sharon era partidário de criar o maior número possível de colônias, interligando-as por estradas para ocupar todo o território. Já o ministro da Defesa, Ezer Weizman, considerava necessário construir um pequeno número de grandes cidades. Digamos que o meu projeto teve o mérito de aproximar os dois. Já no ano seguinte, os acontecimentos haveriam de me dar razão, pois, após a assinatura do acordo de Camp David com o Egito, em setembro de 1978, Begin determinou a evacuação das colônias do Sinai. Você acha que teria ocorrido a retirada do Sinai há um quarto de século se Israel tivesse construído nele duas ou três cidades de 15 mil habitantes? E acredita que Sharon teria promovido a retirada de Gaza em 2005 se, em vez de cerca de vinte assentamentos com 8 mil pessoas, houvesse em Gush Katif uma cidade de 80 mil habitantes? Atingir uma massa crítica de população suficiente para impedir qualquer governo — de direita ou de esquerda — de nos expulsar: desde o início, eu tinha certeza de que era essa a chave de nossa presença e de nosso futuro na Judeia-Samaria. De tal maneira que em 1979 enviei uma longa carta a Begin para expor minha teoria. Sim, já em 1979!"

A carta em questão é um documento em hebraico de quinze páginas, datilografado em papel timbrado do "Conselho Local" de Ariel, com data de 19 de maio de 1979 e a assinatura de "Ron Naçhman, chefe dos colonos de Ariel".* Depois de lembrar ao primeiro-ministro que "a instalação na

* Documento fornecido ao autor por Ron Nachman.

Samaria é um objetivo nacional", Nachman envereda por uma longa exposição de sua tese, acompanhada de propostas técnicas e administrativas destinadas a facilitar sua concretização: "Devem ser tomadas decisões em nível ministerial para dar prioridade a assentamentos maciços de milhares de famílias judaicas", insiste ele. "Caso contrário, o destino dessas colônias será o mesmo das comunidades judaicas do Sinai. Examinei o tipo de terra existente aqui, ficando claro que não se presta a atividades agrícolas. Concluí, portanto, que devemos construir cidades e não colônias agrícolas. O objetivo deve ser conferir a essas cidades uma população de 15 mil famílias num espaço limitado. Sua vocação será tornar-se centros regionais no coração da Samaria."

"Minha teoria tinha um corolário", esclarece o prefeito de Ariel, voltando a depositar em sua escrivaninha a fotocópia da carta a Begin: "Não podíamos ser um assentamento religioso. Estávamos na época em plena ascensão do Gush Emunin [o Bloco da Fé], que preconizava a dispersão de uma infinidade de pequenas comunidades religiosas pela Judeia-Samaria. Era uma opção respeitável, adotada inicialmente para obrigar os trabalhistas a estender a colonização a toda a Judeia-Samaria. Mas entrava em total contradição com a minha teoria: em bases religiosas, é possível formar uma comunidade de algumas centenas de pessoas, mas não uma cidade. Basta comparar a situação de nossos vizinhos de Tapuah com a nossa. Tapuah, criada simultaneamente com Ariel, mas em bases religiosas, mal ultrapassa 500 habitantes, ao passo que hoje contamos cerca de 20 mil, dos quais 45% de imigrantes da antiga União Soviética que jamais teriam vindo para cá se fôssemos um assentamento religioso. O resultado é que estamos do lado bom da barreira, ao contrário de Tapuah, assim como Eli e Ofra."

Cerca de trinta anos após sua criação, Ariel ainda deve muito ao lápis dos urbanistas e muito pouco à desordem do tempo para ser efetivamente uma cidade. E aliás o espetáculo da rua confirma que alguns de seus cidadãos ainda não abriram mão dos hábitos das pequenas comunidades de colonos: pela manhã, na hora do desjejum, ainda encontramos habitantes que saem de casa para comprar o jornal de short, chinelos e paletó de pijama, mais o fuzil de assalto no ombro. Entretanto — e neste ponto Ron Nachman atingiu seu objetivo —, já não se trata de um simples centro de colonização. Se é impossível encontrar aqui o supérfluo, tudo que é útil na vida cotidiana de uma família israelense está disponível nas lojas da via comercial, ponto de encontro diário das jovens mamães empurrando seus carrinhos. Entre a loja de artigos esportivos e os correios, encontramos várias barraquinhas de falafels, dois ou três supermercados, outras tantas lojas de roupas e de doces, uma óptica, duas livrarias, uma farmácia de manipulação, uma loja de eletrodomésticos, outra farmácia, um vendedor de telefones celulares, alguns salões de cabeleireiro, um salão de beleza para cães e gatos e vários bancos. Um pouco mais adiante, deparamos com um tribunal de primeira instância, uma corte rabínica e um museu do Holocausto. Em quatro páginas em cores, o folheto oferecido aos visitantes pela prefeitura informa que Ariel também dispõe de quatro colégios, treze sinagogas, três clínicas, uma universidade — com cerca de 7 mil estudantes —, um hotel e um centro cultural. A oeste, cerca de cem empresas se concentram na zona industrial. A leste, perto da "universidade da Judeia-Samaria", o polo tecnológico especializado em biotecnologia, medicina, eletrônica e bioquímica já abriga aproximadamente trinta projetos de pesquisa. Valendo-se da ponta da caneta, Ron Nachman indica sua localização numa foto aérea, com a satisfação de um general vitorioso. Mas seu maior motivo de orgulho, segundo ele próprio reconhece, é o fato de Ariel se ter tornado em 1999, em seu terceiro mandato como prefeito, a primeira "cidade inteligente" de Israel. "É um projeto grandioso", explica ele, de repente sorridente e entusiástico. "Depois de começar pelas escolas, com a instalação de mil computadores com conexão de banda larga, criamos um portal dando aos cidadãos e às empresas acesso direto a todos os serviços da prefeitura, e mais tarde a uma infinidade de outros serviços e a todas as informações disponíveis na Internet. Você acha que eu estaria disposto a entregar tudo isso aos árabes?

"Talvez o surpreenda, mas sou contrário a barreiras", afirma Ron Nachman, quase solene. "No momento em que o mundo inteiro se abre a nós graças às tecnologias da informação, ver-me por trás de uma barreira me dá a sensação de estar voltando ao tempo do gueto. Note-se por sinal que os primeiros a falar de construir uma barreira foram pessoas de esquerda. Em sua concepção, era preciso proteger o Estado de Israel e seus cidadãos dos terroristas camicases. O que significa que cidadãos de Israel como eu, minha mulher, minhas filhas e todos os que vivem na Judeia-Samaria ficavam excluídos dessa proteção. Os trabalhistas e seus aliados provavelmente achavam que a proteção de uns valia o sacrifício de outros. Logo que vi a esquerda e os pacifistas propondo a construção da barreira sobre a Linha Verde, entendi que ela seria uma barreira política, a futura fronteira de Israel. E expus minhas objeções. Não entendia por que de repente queriam me obrigar a viver do outro lado dessa fronteira, ou seja, fora de Israel. Para tentar entender o que eles tinham em mente, passei a observar de perto as reações dos israelenses aos atentados suicidas. E concluí uma coisa muito simples: os israelenses querem a separação. Eles não querem se misturar com os árabes. Já não querem nem mesmo vê-los. Você pode achar que é racismo. É possível, mas é assim. Fiquei pensando, então, que talvez não tivéssemos como evitar a construção da barreira, mas que seria impossível construí-la sobre a Linha Verde, e que chegara o momento de sacar nosso grande trunfo.

"Quando Sharon chegou ao poder, em março de 2001, ele se mostrava tão hostil quanto eu à barreira, e pelos mesmos motivos. Depois, como sabemos, influenciado por Fuad, Dayan e Dichter, ele acabou por abraçar a ideia. Fui então ao seu encontro, para perguntar o que podíamos esperar, que tipo de barreira teríamos e por onde ela passaria. Ele me disse que os mapas já preparados não previam uma verdadeira barreira ao redor de Ariel, apenas uma 'zona de segurança especial'. Uma zona de segurança especial? Era o que tínhamos deixado para trás ao sair do Líbano! Fiquei furioso. E foi o que disse a Sharon. Lembrei-lhe que os mapas não são sagrados. Que até os de Oslo e da Wye Plantation tinham sido corrigidos. E que eu queria propor-lhe um novo mapa da barreira. Ele começou a cuspir fogo. Disse-me: 'Pode fazer o mapa que bem entender, mas desapareça daqui!' Exatamente, ele me expulsou. E no entanto, éramos muito próximos. Na verdade, somos até parentes. Veja aí ao seu redor todas essas fotos em que estou na companhia de Arik. Não fosse por nós, Ariel não existiria. Apesar de tudo isso, ficamos quase três anos sem nos falar. Entendi então que o Likud — sim, o meu partido, e não o Partido Trabalhista — é que ia construir a barreira. E dei início à batalha para que Ariel e as comunidades israelenses vizinhas ficassem do lado bom."

Para Ariel, a batalha estava praticamente ganha por antecipação. Embora parecesse a Ron Nachman menos eficaz que a verdadeira barreira e sobretudo demasiado provisória para o seu gosto, a solução da "zona de segurança" nem por isso deixava de incluir Ariel num dos enclaves anexados a Israel. Com efeito, desde os primeiros esboços da barreira traçados pela equipe de Dany Tirza, ficava claro que Ariel, como os outros "blocos" de colonização — Maale Adumim, Gush Etzion, Givat Ze'ev, Alfei Menashe, Modin Illit — ficariam do lado "bom". Como a ideia era anexar o máximo de colonos e o mínimo de palestinos, o destino desses enclaves, contendo cerca de 140 mil colonos, o equivalente a um terço dos israelenses da Cisjordânia, estava selado. E isso apesar dos protestos dos palestinos e das tímidas observações da comunidade internacional. Restava definir a forma e o tamanho dos enclaves. Vale dizer, a quantidade de pequenas colônias "satélites" e de aldeias palestinas que elas englobariam.

Os primeiros esboços de traçado preparados por Ron Nachman não agradam aos militares. O enclave por ele desenhado ao redor de Ariel, no coração da Cisjordânia, é um gigantesco bolsão que a leste se estende até as pequenas colônias isoladas de Eli e Tapuah, a cerca de trinta quilômetros da Linha Verde. A norte, ele engloba todas as colônias do bloco de Emmanuel e Kedumim. Ao sul, estende-se até a colônia de Peduel, a 25 quilômetros em linha reta partindo de Kedumim. Cerca de vinte colônias e quase 40 mil colonos — mas também várias aldeias palestinas e uma boa parte de suas terras — foram anexados por esse enorme meandro descrito pela barreira.

"Quando mostrei meu mapa aos militares", recorda-se Ron Nachman, "o general que estava à minha frente disse que minha proposta jamais seria aprovada, pois havia uma quantidade excessiva de aldeias árabes no meu enclave e melhor seria que eu preparasse um outro projeto. Reuni todos os mapas e todas as fotos aéreas disponíveis da região e comecei a traçar os contornos do 'bloco de Ariel', como passamos a chamá-lo. Na verdade, não era exatamente um bloco, mas várias alças alongadas em forma de dedos. Havia o dedo de Ariel, o dedo de Kedumim, o dedo de Maale Shomeron e o dedo de Peduel e Ofarim. Eu queria que o dedo de Ariel se estendesse até Tapuah. O exército recusou. Eu queria que os dedos fossem tão grossos quanto possível, para facilitar sua defesa. Na verdade, eu queria que fosse um punho, em vez de dedos. O exército também recusou. Os militares tinham recebido ordens: era necessário evitar a inclusão nos enclaves de uma quantidade muito grande de aldeias e terras árabes. Por quê? Porque os árabes não hesitam em abusar da democracia israelense, em desvirtuá-la. Desde o início da construção da barreira, eles moveram uma infinidade de ações na Suprema Corte, o que força a interrupção das obras, às vezes durante meses."

Tal como aparece no mapa aprovado pelo governo israelense a 20 de fevereiro de 2005, o enclave Ariel-Emmanuel anexa a Israel 123 quilômetros de terras da Cisjordânia. Contém 14 colônias em que vivem 38.500 pessoas, além de quatro povoados palestinos de uma centena de habitantes. O "dedo" de Ariel, duramente negociado por Ron Nachman, estende-se até 27 quilômetros a leste da Linha Verde. Tal como seu equivalente mais ao sul, de Maale Adumim, esse recanto de colonização enterrado no coração da Cisjordânia, desafiando o direito internacional e os acordos firmados entre israelenses e palestinos, é considerado pelo principal negociador palestino, Saeb Erekat, um "roubo de território puro e simples, clara manifestação da recusa de uma solução baseada na coexistência dos dois Estados".* Segundo as Nações Unidas, esse enclave israelense representa um obstáculo

* Entrevista com o autor, 30 de janeiro de 2006, em Ramallah.

à "continuidade territorial e às comunicações norte/sul da Cisjordânia".*
Quanto à "zona de segurança especial" anunciada por Sharon, traduz-se especialmente pela instauração de uma terra de ninguém de 200 a 250 metros de largura de cada lado da rodovia nº 5, para manter a distância possíveis terroristas e propiciar ao exército o controle das colinas. Assim é que ela implica o confisco de centenas de hectares de terras agrícolas em torno de cada colônia e a construção, ao redor dessas terras transformadas em reserva fundiária, de uma barreira sob proteção militar — barreira que, como acontece de maneira geral, os aldeãos só podem atravessar depois de se munir de uma autorização especial do exército. O que não lhes assegura acesso aos seus campos de cultivo ou pomares nos períodos decisivos de semeadura e colheita.

Ao ter início a campanha eleitoral da primavera de 2006, Ron Nachman parece ter alcançado um acordo bastante vantajoso para os colonos do "bloco Ariel-Emmanuel" em suas negociações com os arquitetos militares da barreira. Ele oferece a seus eleitores mais uma prova de sua influência política ao receber em Ariel, a 14 de março, o primeiro-ministro interino, Ehud Olmert, acompanhado de três ministros, Tzipi Livni, Shaul Mofaz e Roni Bar On. Depois de afirmar diante de câmeras e microfones que a barreira será concluída na região "até o fim do ano", o sucessor de Sharon dirige-se a Nachman, de pé a seu lado numa varanda dando para as colinas ensolaradas da Cisjordânia. "Ariel fica em Israel", insiste. "E cuidaremos para que os dispositivos de segurança permitam a Ariel prosperar como parte integrante de Israel."**

Claro que não se deve confiar muito em promessas de campanha eleitoral, em Israel como em qualquer outro país. A 30 de abril de 2006, Ron Nachman tem uma surpresa desagradável após a reunião semanal do Con-

* "The Humanitarian Impact of The West Bank Barrier on Palestinian Communities". Humanitarian Emergency Policy Group, março de 2005.
** *Haaretz*, 15 de março de 2006.

selho de Ministros: apoiados pelo governo, os militares decidiram modificar o traçado da barreira ao redor do bloco Ariel-Emmanuel. É verdade que o novo itinerário não questiona a vinculação de Ariel a Israel, mas enterra definitivamente a teoria do "punho" defendida pelo prefeito de Ariel. Não só o governo Olmert não atendeu, como ele esperava, a seu pedido de ampliação dos "dedos" do bloco de colonização, como os planejadores militares aceitaram os argumentos dos representantes da meia dúzia de aldeias palestinas enfeixadas entre o conjunto Ariel-Emmanuel e a Linha Verde. O novo traçado da barreira que acaba de ser aprovado pelo governo divide em dois o imenso bloco de colônias de que Ron Nachman se havia tornado porta-voz. O enclave do norte, contendo Emmanuel e seus satélites, é ligado a Israel por um largo corredor que desemboca no bolsão de Alfei Menashe. O enclave do sul, contendo Ariel, seu parque industrial, suas reservas de terras e seus satélites, é ligado a Israel pela rodovia "protegida" nº 5, passando por Elqana e Kafr Qasem. Uma faixa de terra de um quilômetro de largura e 2 a 3 quilômetros de comprimento restabelece uma aparente continuidade territorial — desprovida, é bem verdade, de vias de comunicação — entre a região de Nablus e as aldeias palestinas espalhadas ao sul de Alfei Menashe.

"Mesmo com essa modificação, a barreira, na região de Ariel-Kedumim, limita gravemente os direitos dos palestinos que vivem nas cercanias, e isso com o objetivo de permitir a anexação de 15 colônias judaicas e das terras destinadas a sua ampliação", acusa, no mesmo dia, o B'Tselem. "Um traçado de barreira que penetra no território da Cisjordânia até 22 quilômetros da 'Linha Verde' não é determinado por considerações de segurança", prossegue a organização israelense. "É um traçado deliberadamente político, que de modo algum atende a promessas de segurança e representa um atentado contra os direitos humanos."*

"Para nós, o principal inconveniente da barreira de Ariel é que ela nos separa de 70% de nossas terras agrícolas", diz Mahafez Mansur, que foi du-

* Comunicado do B'Tselem, 30 de abril de 2006.

rante dez anos prefeito de Deir Istya, aldeia agrícola de 4 mil habitantes, 5 quilômetros a noroeste de Ariel.* "O outro grande problema é que ela nos separa, assim como a seis outras aldeias, de Salfit, capital de nosso governo e principal cidade palestina da região."

Militante desencantado da Fatah, Mahafez Mansur não voltou a se candidatar nas mais recentes eleições municipais, para se dedicar a seu consultório de dentista. Mas continua acompanhando de perto os problemas da comunidade com os militares israelenses. Tanto mais que da nova câmara, dirigida por um "independente de esquerda", fazem parte cinco militantes da Fatah e três membros do Hamas, entre eles seu próprio irmão, Bilal.

Os entraves à circulação decorrentes da construção da barreira, mas também das muitas proibições e restrições impostas aos palestinos, deixam Mahafez Mansur exasperado: "Meu consultório fica em Biddya, uma grande aldeia de 10 mil habitantes a 8 quilômetros daqui. Antigamente, eu levava dez minutos para fazer o trajeto", explica ele. "Agora, nunca sei quanto tempo vou levar. Depende do humor dos soldados: um quarto de hora ou uma hora. Ou então, dar meia-volta, quando eles decidem fechar tudo por causa de alguma 'ameaça terrorista'. Nablus ficava a meia hora; atualmente, com os controles, temos de prever duas ou três horas."

Até os anos mais recentes, Deir Istya vivia — e aliás bastante bem, a julgar pelo tamanho de certas casas — da cultura e do comércio de azeitonas e frutas cítricas. "Temo que isso tenha chegado ao fim, e não só por causa da barreira", diz Mahafez Mansur. "Mas queira me acompanhar, vou mostrar-lhe por quê."

Alguns quilômetros ao norte da aldeia, depois de passar pelo local cercado da futura barreira, a caminhonete da prefeitura em que viajamos deixa a rodovia asfaltada e entra por um caminho precário. As encostas do estreito vale que se abre diante de nós são marcadas por muretas de pedra que sustentam terraços cobertos de oliveiras, limoeiros, laranjeiras. Margeado por açafrões silvestres, um riacho que em outros tempos deve ter

---

* Entrevista com o autor, 18 de novembro de 2005, em Deir Istya.

sido um curso d'água caudaloso, a julgar pelos fragmentos de rochas que arrastou, aparece aqui e ali, ao longo da pista. De longe, o lugar respira paz e coexistência serena entre os homens e a natureza.

"Foi aqui que eu aprendi a nadar", sorri Mahafez Mansur, mostrando uma grande piscina de pedra alimentada pelo regato. "Quando eu era criança, nossas famílias vinham fazer piquenique debaixo das árvores nos feriados, tomar banho e dormir." Em meio aos pomares, algumas cabanas em estado precário são vistas no vale. "Encontram-se nelas as bombas que levavam a água até os terraços", explica o ex-prefeito. "Estou falando no passado porque hoje em dia a água não pode ser usada." Alguns passos em direção ao regato, e vem a explicação: visto de perto, o antigo curso d'água transformou-se num filete de água escura, espumosa e opaca que arrasta, num terrível mau cheiro, dejetos domésticos e resíduos químicos. Um esgoto a céu aberto nesse vale bíblico.

"Os responsáveis estão lá em cima", acusa Mahafez Mansur, apontando, a cada colina que domina o vale, os muros de concreto e os tetos de telha das colônias, que vai designando uma a uma: "Emmanuel, Yaqir, Nofim, Karnei Shomeron, Maale Shomeron. E Nof Cana. Em princípio, esta é uma colônia selvagem. Mas, como pode ver, isso não impede que seus habitantes estejam ligados à rede elétrica. Daqui se podem ver os postes. Não pense que os habitantes das colônias despejam o lixo no regato porque não têm esgoto. As tubulações existem e as colônias estão ligadas a elas. Mas é mais fácil jogar tudo para cima de nós, inclusive os resíduos do tratamento químico dos metais produzidos por uma das oficinas deles. Mandamos analisar a água do regato e as frutas colhidas aqui. A água é imprestável para irrigação, e uma parte das frutas é imprópria para consumo. Fico achando que eles esperam nos obrigar a abandonar nossas terras, que por sinal ficarão do lado deles da barreira quando ela for construída. Talvez esperem transformar esse vale no jardim de suas colônias."

13

Colonizar...

Entre o fim da Guerra dos Seis Dias, em junho de 1967, e a posse do governo Olmert, a 4 de maio de 2006, Israel construiu mais de 160 colônias na Cisjordânia, em Jerusalém Oriental e na Faixa de Gaza. As 21 colônias de Gaza, onde viviam 8 mil pessoas, assim como quatro assentamentos isolados das cercanias de Jenin e Nablus, abrigando cerca de 600 colonos, foram evacuados em agosto e setembro de 2005. Em junho de 2006, o total de colonos instalados na Cisjordânia aproximava-se de 440 mil, dos quais 190 mil israelenses que povoam as dez colônias "urbanas" de Jerusalém Oriental.* Em outras palavras, um sexto dos residentes da Cisjordânia é atualmente de colonos. E um de cada treze israelenses vive numa colônia. Como deixar de ver, nesses dados, que a existência e o destino das colônias têm um peso decisivo nas decisões políticas dos dirigentes israelenses?

---

* Para o governo israelense, esses dez conjuntos residenciais construídos dentro dos limites da Grande Jerusalém e unilateralmente ampliados em 1967 constituem, como vimos, bairros da cidade. Do ponto de vista do direito internacional, esses "bairros", todos a leste da Linha Verde separando Israel da Cisjordânia ocupada, são colônias.

À direita e à esquerda, todos os governos que se sucederam nos últimos quarenta anos participaram da empreitada de colonização. Com projetos, estratégias e resultados diferentes. Mas numa perfeita continuidade. Uma constância que não deixa de ter pontos em comum com a aprovação patriótica, às vezes silenciosa mas indiscutível, de que desfrutou o governo Sharon na construção da barreira de segurança. Cabe perguntar se certas orientações de hoje seriam explicadas pelas escolhas de ontem. A questão justifica uma incursão pela história colonial de Israel.

A 14 de junho de 1967, apenas dois dias depois da ordem do dia do chefe do Estado-Maior Yitzhak Rabin comemorando a vitória dos "filhos da luz" sobre aqueles que pretendiam "cobrir o país de trevas", o general Yigal Allon, à frente da pasta do Trabalho no gabinete de Levi Eshkol, propõe ao governo trabalhista que empreenda a colonização da Cidade Velha e dos bairros árabes de Jerusalém.* A 26 de julho, ele apresenta ao Conselho de Ministros um projeto de partilha da Cisjordânia. Por esse plano, Israel preservaria, ao longo da margem ocidental do Jordão, uma faixa de território com 10 a 12 quilômetros de largura, indispensável para sua segurança e ocupada por colônias e bases militares. O resto da Cisjordânia, à exceção de algumas zonas estratégicas, seria devolvido à Jordânia. Esse "plano Allon" nunca seria oficialmente adotado pelo gabinete israelense, nem sequer integrado ao programa do Partido Trabalhista. Mas haveria de se manter durante longos anos como linha de orientação dos sucessores de Ben Gurion e Golda Meir na abordagem da questão palestina.

Indiferentes aos imperativos estratégicos definidos por Allon, certos círculos religiosos de extrema direita, congregados no Gush Emunim (Bloco da Fé) sob a liderança de seu guia espiritual, o rabino Zvi Yehuda Kook, têm uma visão muito diferente da colonização. Convencidos de que a vitória israelense é o "início da redenção" e o primeiro passo na direção da reconquista da "Grande Israel", eles se empenham em levar o governo

---

* Em julho de 1968, Yigal Allon seria nomeado vice-primeiro-ministro e ministro da Integração de Imigrantes.

trabalhista a promover a proliferação das colônias e a dispersá-las o mais amplamente possível em toda a "terra de Israel": "Nosso controle de uma região não decorre exclusivamente do número de pessoas que nela residem", consideram eles, "mas também da extensão do território sobre o qual essa população exerce sua influência."* Como o vale do Jordão, a região de Gush Etzion, a sudoeste de Jerusalém, e as colinas ao redor de Hebron foram definidas pelos trabalhistas como as zonas prioritárias de colonização, os dirigentes do Gush Emunim decidem concentrar sua ofensiva na crista montanhosa que atravessa a Cisjordânia pelo meio de norte a sul. Ou seja: a região onde vive a maioria dos palestinos.

Depois de tentar sete vezes, em vão, montar acampamentos sem autorização oficial em colinas das cercanias de Nablus, os discípulos do rabino Kook conseguem, em dezembro de 1975, fechar um acordo com o ministro da Defesa, Shimon Peres, para se instalar na base militar de Kedum, 8 quilômetros a oeste da grande cidade palestina. Dois anos depois, Kedum torna-se a colônia de Kedumim, que hoje abriga pouco mais de 3 mil israelenses. Em outros casos, os pioneiros messiânicos do Gush Emunim, cansados de enfrentar a recusa das autoridades, recorrem a um ardil: o "campo de trabalho" que são autorizados a criar ao norte de Jerusalém transforma-se, assim, na colônia de Ofra (2.200 habitantes em 2004); as "escavações arqueológicas" empreendidas a oeste de Salfit levam, em 1979, à criação da colônia de Shilo, onde vivem em 2005 mais de 2 mil pessoas.

Quando a direita chega ao poder em 1977, liderada por Menahem Begin, Israel construiu, num período de dez anos, 36 colônias, com 4.400 pioneiros. Estariam as coisas para se tornar mais fáceis para o Gush Emunim, com muitos simpatizantes no novo governo, a começar pelo ministro da Agricultura, Ariel Sharon? Não imediatamente. Por quê? Porque a doutrina oficial, não obstante a mudança de orientação política, continua a mesma:

---

* Gush Emunim, "Master Plan for Settlement in Judea and Samaria", traduzido do hebraico e citado no relatório do B'Tselem "Land Grab, Israel's Settlement Policy in the West Bank", maio de 2002.

as colônias devem ser criadas unicamente nas zonas que Israel pretende exigir para anexação numa futura negociação. Como os contornos dessas zonas são vagos, os conflitos com as autoridades teriam prosseguimento durante dois anos. Mas os pioneiros do Bloco da Fé têm seus motivos para demonstrar paciência.

Os dois planos convergentes que vão definir a política de colonização do novo governo poderiam ter sido redigidos pelos discípulos do rabino Kook.

O primeiro, apresentado em 1978 por Mattiyahu Drobless, responsável pelo setor de colonização na Organização Sionista Mundial, propõe a rápida criação de colônias em todo o território da Cisjordânia. "A presença civil de comunidades judaicas é vital para a segurança do Estado" escreve ele. "Nossa intenção de preservar a Judeia-Samaria não deve deixar margem à menor dúvida. A melhor e mais eficaz maneira de eliminar o último fragmento de dúvida quanto a nossa intenção é um desenvolvimento rápido das colônias nessas regiões."*

Preparado por Ariel Sharon, o segundo plano comporta um mapa das zonas que ele considera vitais para a segurança de Israel e que portanto devem ser anexadas. De acordo com esse documento, somente alguns enclaves, correspondendo a concentrações de população palestina, escapam à anexação por Israel. A vizinhança da Linha Verde, limítrofe da planície costeira israelense, a periferia de Jerusalém e as colinas do centro da Cisjordânia, entre Ramallah e Nablus, são os setores prioritários para Sharon. "A colonização não é um objetivo, mas um meio de atingir nossos objetivos", declara ele perante uma assembleia de agricultores. "Tal como no passado, essa colonização terá uma influência no destino do país. É necessário fazer com que a população judia dos Territórios [ocupados] aumente, e por isso é que pretendemos desenvolver os planos de assentamento."**

---

* Mattiyahu Drobless, "The Settlement in Judea and Samaria", traduzido do hebraico e citado pelo relatório do B'Tselem "Land Grab, Israel's Settlement Policy in the West Bank", op. cit.

** Daniel Haik, *Sharon, un destin inachevé*, L'Archipel, 2006.

A partir de então, já não falta dinheiro público nem privado para as organizações de colonos. Pode-se mesmo dizer que ele corre a rodo. Isenções fiscais e empréstimos bancários vantajosos são oferecidos aos candidatos para a instalação nos Territórios. Verbas orçamentárias excepcionais são postas à disposição das coletividades locais envolvidas na colonização. A terra tampouco falta. Graças a confiscos, requisições para finalidades militares, desapropriações para uso público e manipulações da lei sobre os "bens dos ausentes", o Estado e o exército põem à disposição dos colonos centenas de milhares de hectares confiscados a fazendeiros ou aldeãos palestinos. As colinas e cristas montanhosas áridas da Cisjordânia são invadidas por novas aldeias de construções uniformes, que balizam o território e parecem, como fortes, vigiar e controlar as localidades palestinas aninhadas nos vales, perto da água e da vegetação.

O objetivo de instalar 100 mil colonos na Cisjordânia, estabelecido por Drobless e Sharon para 1986, só seria atingido em 1992, ano do retorno dos trabalhistas ao poder, sob a liderança de Yitzhak Rabin. Mas o Likud e seus aliados podem jactar-se de ter triplicado em quinze anos o número de colônias — que atualmente são 120 —, multiplicando por 23 o número de colonos. Eles também cobriram a Cisjordânia com uma rede de novas rodovias e caminhos ligando todas as colônias a Israel sem passar por concentrações urbanas palestinas. Do ponto de vista dos planejadores militares israelenses, essa rede, construída — assim como as colônias — em terras confiscadas aos aldeãos palestinos, tem um outro interesse: constitui um obstáculo para o desenvolvimento das aldeias palestinas.

Como os dirigentes trabalhistas se engajaram, menos de um mês depois de voltar ao poder, numa negociação secreta com os dirigentes da OLP, e em seguida, a partir de setembro de 1993, num "processo de paz" público, cabe perguntar se eles estariam realmente em condições de "mudar as prioridades nacionais", como prometeram durante a campanha eleitoral. Ou seja, entre outras coisas, reduzir substancialmente a parte do orçamento destinada ao desenvolvimento das colônias para ajudar as cidades pobres e lutar contra as desigualdades sociais. Para os que haviam acreditado nessas promessas, a esperança não duraria muito. Mesmo depois da assinatura do acordo Oslo-2, a 28 de setembro de 1995, fica claro que o governo Rabin, longe de congelar o desenvolvimento das colônias, está decidido a... não fazer nada. E no entanto, nos termos do capítulo 5 de Oslo-2, "nenhuma das duas partes deve tomar qualquer iniciativa ou medida de natureza a mudar a situação da Cisjordânia e da Faixa de Gaza, enquanto não forem alcançados os resultados das negociações sobre o estatuto permanente". Para tranquilizar o governo Clinton, preocupado com o emperramento do processo de paz, o governo Rabin compromete-se enquanto isso a não criar novas colônias e limitar o desenvolvimento das já existentes. Israel promete que só serão aceitas novas construções para absorver o "desenvolvimento natural" da população. Mas não fica claro como definir esse desenvolvimento natural. Enquanto em Israel o índice médio de crescimento demográfico fica estagnado entre 1,8 e 3% ao ano no decênio 1994-2004, nas colônias ele chega a 8,9%.* Por um motivo simples: é nas "localidades israelenses da Judeia-Samaria" que vem a ser "injetada" boa parte dos imigrantes provenientes da antiga União Soviética, da América do Norte e da Europa.

Desse modo, para Rabin, como para seus antecessores e sucessores, absorver o desenvolvimento natural significa, em suma, levar adiante o desenvolvimento das colônias sem fazer muito barulho. O que não se traduz, na prática, na criação de novas localidades — o que seria difícil de esconder —, mas na construção de bairros novos nas colônias que dispõem do espaço necessário, especialmente nos principais blocos de colonização da Cisjordânia. Duas zonas consideradas prioritárias desde o plano Allon escapam às restrições fictícias que o governo israelense afirma impor-se: a Grande Jerusalém e o vale do Jordão. E por sinal o balanço dos primeiros ministros trabalhistas — com o governo de direita de Benyamin Netanyahu intercalado de 1996 a 1999 —, longe de revelar um congelamento da colonização, traduz um espetacular aumento da população judaica nos Territórios Ocupados. Entre os acordos de Oslo, em setembro de 1993, e o fracasso das

* Israeli Central Bureau of Statistics, 2006.

negociações de Taba, em janeiro de 2001, mais 81 mil colonos se instalam na Cisjordânia, onde eles já chegam a 191 mil. Ao mesmo tempo, outros 30 mil fixam domicílio nas "colônias urbanas" de Jerusalém Oriental, que contam 177 mil habitantes quando o ex-general conservador Ariel Sharon sucede ao ex-general trabalhista Ehud Barak no cargo de primeiro-ministro, a 6 de fevereiro de 2002.

Muitos israelenses ainda hoje têm dificuldade de reconhecer, mas o prosseguimento da colonização por parte de Israel, quando estava em andamento o processo de paz, contribuiu amplamente para destruir a confiança que os palestinos haviam depositado nos signatários dos acordos de Oslo. Na sociedade palestina, essa política deu argumentos aos adversários da paz — especialmente os grupos islâmicos —, que acusavam Yasser Arafat de ter caído na armadilha de Israel ao optar pela suspensão dos combates sem nada obter em troca.

A colonização seria um obstáculo à paz? Deveria ser questionada? A questão não chegaria a ser colocada. Ou só muito pouco! Alguns jornalistas e intelectuais se aventuram. Para os dirigentes políticos e militares, contudo, é tão tentador responsabilizar por tudo a grande bagunça — perfeitamente real — da Autoridade Palestina e as hesitações — não menos reais — de Yasser Arafat, que ninguém ou quase ninguém resiste. Em 2002, quando membros da Associação Israelense de Arquitetos Unidos (AIAU) se dispõe a demonstrar no congresso da União Internacional dos Arquitetos em Berlim, através da construção das colônias, a "utilização estratégica do território no exercício do poder de Estado", o escândalo é de tal ordem que a AIAU, mesmo tendo encomendado a exposição, decide proibi-la.*

Tendo chegado ao poder num contexto político difícil — naufrágio do processo de paz, prosseguimento da Intifada de Al-Aqsa, proliferação de atentados (173 civis israelenses mortos em dezesseis meses) —, Sharon, mais convencido que nunca do caráter indispensável das colônias, mas

---

* "Une occupation civile, la politique de l'architecture israélienne", sob a direção de Eyal Weizman e Rafi Segal, Les Éditions de l'Imprimeur, 2004.

também consciente da necessidade de fazer média com Washington, nada muda, oficialmente, nas decisões dos trabalhistas. Limita-se a acelerar o ritmo de construção e pedir às autoridades que fechem os olhos às "colônias selvagens" que proliferam na Cisjordânia por iniciativa de vários de seus aliados. De tal maneira que a quantidade desses "postos avançados" da colonização, muitos deles surgidos em zonas de população palestina muito densa, duplicam em seu período como chefe do governo, chegando ao total recorde de 102 em janeiro de 2006, quando ele é hospitalizado depois de um segundo derrame cerebral. Uma parte desses acampamentos, formados por barracas e trailers, está ligada à rede elétrica nacional. Em pelo menos um terço deles, casas de alvenaria são construídas.

A partir de 2002, além de sua natural inclinação, Ariel Sharon tem outros motivos para insuflar a colonização. Depois de longamente hesitar, ele acabou aceitando a ideia de que a construção de uma separação material entre israelenses e palestinos é indispensável. Grande especialista em geografia palestina, nos mapas e in loco, ele conhece todos os meandros da barreira e do muro. Alguns até foram desenhados por ele próprio nos primeiros documentos. Por influência sua e de seus assessores nessa questão — o arquiteto da barreira, Dany Tirza; o chefe do Shin Bet, Avi Dichter; o chefe do Estado-Maior nomeado ministro da Defesa, Shaul Mofaz —, decidiu-se que os grandes blocos de colônias e a maioria dos colonos, vale dizer, mais de 360 mil israelenses, ficariam a oeste da barreira, nos enclaves anexados de fato por Israel. E que os outros — 60 mil a 80 mil pessoas dispersas em mais de 70 colônias — seriam condenados ao "lado ruim".

Desses, alguns — quase sempre colonos "econômicos" instalados na Cisjordânia porque lá os apartamentos eram mais acessíveis e as condições de vida, melhores que em Israel — dispõem-se a partir contra a garantia de uma indenização suficiente e outra moradia. Em contrapartida, os colonos "ideológicos", que se recusam a entregar aos árabes "o país dos judeus", mostram-se decididos a ir tão longe quanto possível. Alguns, como Pinhas Wallerstein, porta-voz do conselho regional de Matte Binyamin, condenado em 1988 a três meses de trabalhos comunitários por ter matado um jovem palestino que atirava pedras, falam de exigir do governo um referendo sobre a evacuação das colônias. Outros não excluem a possibilidade de uma resistência violenta. Para tranquilizar os colonos econômicos e dar algumas garantias a seu eleitorado tradicional, Ariel Sharon ordena então ao Ministério da Habitação e da Construção que "faça um esforço" na Judeia-Samaria. No primeiro semestre de 2005, o número de apartamentos que começam a ser construídos nos Territórios Ocupados supera 4.200, contra 3.900 no ano anterior.* Em sua maioria, são financiados pelo Estado. Muitos situam-se em assentamentos religiosos. Ainda em 2005, 12 mil israelenses se instalam nas colônias da Cisjordânia, numa das progressões mais acentuadas dos últimos cinco anos.

---

* Israeli Central Bureau of Statistics, 2006

14

Dois caminhos para dois povos

EM MARÇO DE 2006, depois de cinco meses de interinidade e uma eleição mais difícil que o previsto, Ehud Olmert assume oficialmente no lugar de Sharon. O mapa das colônias que lhe é legado supera os sonhos do rabino Kook, que colocava acima de tudo a "santidade do país de Israel e o dever de colonizar".* Em dez anos, o número de colonos na Cisjordânia duplicou. Nas colônias urbanas de Jerusalém Oriental, aumentou 20%. O desenvolvimento das rodovias foi igualmente espetacular. Cada colônia da Cisjordânia passou a ser ligada às outras — e à malha rodoviária israelense — por uma ampla pista asfaltada, às vezes iluminada, com boa sinalização em hebraico e inglês e permitindo o deslocamento nas melhores condições a qualquer hora, evitando as cidades e aldeias palestinas. Só no ano de 1995, mais de 100 quilômetros dessas vias — número recorde — foram construídos pelo governo de Yitzhak Rabin. Posteriormente, o ritmo de construção diminuiu, mas as obras tiveram prosseguimento. Em

---

* Marius Schattner, *Histoire de la droite israélienne, de Jabotinsky a Shamir*, Complexe, Bruxelas, 1991.

2004, quatro "vias de contorno" de localidades palestinas ainda estavam em construção.

O que é surpreendente, nessa malha rodoviária "colonial", é o fato de praticamente nunca cruzar as estradas muito mais rudimentares que servem às aldeias palestinas. Nas encruzilhadas existentes, os usuários de umas são impedidos por barreiras de entrar nas outras. Em outros casos, são separados por pontes ou túneis. É possível percorrer os 60 quilômetros entre Jerusalém e Nablus ou os 35 quilômetros entre Jerusalém e Hebron cruzando apenas um punhado de veículos palestinos, identificados por suas placas brancas ou verdes. Para percorrer os mesmos trajetos, os motoristas palestinos — pelo menos aqueles que são autorizados — precisam fazer outros itinerários, que podem dobrar a distância e triplicar a duração da viagem. "Embora a função tradicional das estradas seja ligar as pessoas e os lugares, as que são construídas por Israel na Cisjordânia às vezes são concebidas com o objetivo exatamente oposto", escreve Yehezkel Lein, pesquisador do B'Tselem, em relatório publicado em agosto de 2004. "Algumas dessas novas estradas foram projetadas para formar barreiras físicas entravando o desenvolvimento urbano dos palestinos. Essas estradas impedem a ligação natural entre as comunidades palestinas e a criação de um espaço construído contínuo em zonas cujo controle Israel pretende manter por motivos militares ou em benefício das colônias."*

Em todo o território da Cisjordânia, que se estende por 130 quilômetros de norte a sul e cerca de cinquenta quilômetros de leste a oeste, dezessete estradas cobrindo mais de 120 quilômetros são hoje em dia rigorosamente proibidas aos motoristas palestinos. Em cerca de 250 quilômetros de vias de "uso regulamentado", é necessário um "visto especial de deslocamento" fornecido pelo exército. Em mais de 360 quilômetros de estradas de "uso limitado" é necessário passar por postos de controle fixos ou móveis, nos

* "Forbidden Roads, Israel Discriminatory Road Regime in the West Bank", relatório do B'Tselem, 2004.

quais a espera, às vezes muito prolongada, é dissuasiva. Tanto mais por ser muitas vezes acompanhada de uma meticulosa inspeção do veículo pela polícia: uma seta defeituosa, um cinto de segurança desatado, um triângulo de sinalização esquecido, e chovem multas. Nenhuma dessas regulamentações é escrita. Na realidade, elas são submetidas à avaliação dos soldados, que podem a qualquer momento decidir o fechamento ou a mudança de regime de um itinerário, ou então autorizar a passagem de ônibus e táxis coletivos, mas não a de automóveis particulares.

"Que querem os israelenses? Um sistema de apartheid disfarçado? É o que eles estão instaurando, ao construir estradas nas quais os palestinos não têm direito de circular!", troveja o ativo Saeb Erekat, deputado de Jericó pela Fatah e principal negociador palestino. "Você conhece algum outro lugar no mundo que tenha malhas rodoviárias distintas no mesmo território, para dois povos?"*

Vigorando nos principais eixos rodoviários, as proibições de circulação arrematam um amplo dispositivo de controle estabelecido pelo exército em toda a extensão da Cisjordânia após a explosão da "segunda Intifada". Com o objetivo de reduzir rigorosamente ao mínimo o número de palestinos autorizados a se deslocar e de controlar estreitamente os que podem deslocar-se, o plano repousa numa infinidade de obstáculos — montes de terra e entulho, cubos de concreto, trincheiras, barreiras metálicas, postos de controle — que impedem o acesso à maior parte das localidades e às rodovias de circulação de veículos israelenses, identificados por suas placas amarelas. Como deixar de perceber, percorrendo a rodovia 443, excelente para cortar caminho entre Jerusalém e Tel Aviv pelos Territórios Ocupados, que a cada entroncamento estão condenadas as pequenas estradas que conduzem às muitas aldeias palestinas das imediações? E como deixar de fazer a mesma constatação entre Jerusalém e Kyriat Arba, ou entre Maale Adumim e Ariel? Em abril de 2005, as Nações Unidas contabilizaram 605 barreiras rodoviárias na Cisjordânia. Esse número caíra para 376 em agosto

---

* Entrevista com o autor, 21 de maio de 2005, em Jericó.

de 2005. Mas desde então vem aumentando constantemente: 471 em janeiro de 2006, 504 em maio, 518 em junho...

Em 2006, um motorista israelense percorre com mais rapidez e facilidade os 100 quilômetros entre Tel Aviv e Jericó do que um palestino os trinta quilômetros, aproximadamente, que separam Nablus de Jenin. De acordo com um documento das Nações Unidas, em maio de 2006 "nenhum morador de Jenin fora autorizado a ir ao sul de Nablus desde dezembro de 2005".* Já os habitantes das aldeias situadas ao norte de Nablus só podem entrar na cidade valendo-se dos sete táxis autorizados a circular nesse setor. Desastroso para a economia palestina, em virtude dos custos adicionais e da dilatação dos prazos de transporte das mercadorias — especialmente produtos perecíveis —, esse regime é causa diária de humilhações, frustrações, raiva e revolta. Como manter a calma quando um único soldado faz as verificações dos veículos palestinos no posto de controle, provocando um engarrafamento de meio quilômetro e horas de espera, enquanto na fila ao lado os veículos de placa amarela dos motoristas israelenses vão passando sem sequer parar?

Com o passar do tempo, o acúmulo de proibições, restrições e controles, associado à criação de "zonas de segurança" ao longo de certas rodovias da Cisjordânia e à existência da barreira, levou a uma divisão da região em três zonas distintas: três entidades arbitrariamente definidas, entre as quais se tornam a cada dia mais difíceis as comunicações.

- A primeira, ao norte, estende-se até o sul de Nablus; seu limite meridional é a rodovia nº 5 — de circulação regulamentada —, ligando Tel Aviv a Ariel, e se prolonga até o vale do Jordão. Dentro dessa zona, dois enclaves, de entrada igualmente controlada, foram criados ao redor de Tulkarem e Nablus.
- A segunda zona estende-se da rodovia nº 5 à região de Jerusalém. Abrange também vários enclaves de acesso controlado.

---

* "Territorial Fragmentation of the West Bank", United Nations Office for the Coordination of Humanitarian Affairs, maio de 2006.

- A terceiro zona, finalmente, cobre o Sul da Cisjordânia, com um enclave em Hebron e um outro ao redor das colônias da região de Kamel.

Essa "fragmentação" da Cisjordânia, para usar a expressão empregada pelas Nações Unidas, corresponde quase exatamente à proposta de um Estado palestino com três "cantões" apresentada pela delegação israelense nas negociações de Camp David, em julho de 2000. Seria realmente uma surpresa? Não. E por sinal não é a única revelação da leitura dos mapas. Nesse caso, eles são muitas vezes mais eloquentes — e mais sinceros — que os discursos dos dirigentes políticos e militares. Basta, por exemplo, transpor o traçado da barreira, num decalque, para o mapa da colonização em escala idêntica, e depois para o mapa dos recursos naturais, para chegar a valiosas conclusões a respeito da continuidade da política israelense, de Allon a Sharon — ou seja, do desenvolvimento das colônias à construção do muro.

Primeira constatação: a barreira, de uma extremidade a outra de seu sinuoso percurso de cerca de 700 quilômetros,* contorna 60 colônias isoladas ou em "blocos", seus satélites e os espaços previstos para seu desenvolvimento. Como demonstram as verificações in loco e os relatos dos principais envolvidos, trata-se às vezes de arranjos locais, negociados por este ou aquele cacique com livre trânsito no Estado-Maior ou no círculo do primeiro-ministro. Mas eles não entram em contradição com os princípios adotados desde o início e aplicados em todo o traçado. Depois de estudar detalhadamente doze trechos da linha de separação, os pesquisadores do B'Tselem e da Bimkom (Associação dos Urbanistas pelos Direitos Humanos) constataram que, em cada um dos casos, a barreira contorna as colônias, mas também suas reservas fundiárias. "Não só ela não melhora a

* É difícil estabelecer a exata extensão da barreira, no momento em que estiver concluída, em virtude das muitas ações de contestação movidas nos tribunais israelenses, que podem acarretar modificações do traçado previsto. Dany Tirza mencionara uma extensão de 730 quilômetros. Em janeiro de 2006, ela era estimada em 670 quilômetros pelas Nações Unidas.

segurança", avaliam eles, "como viola os direitos dos palestinos e impede a criação de um Estado palestino viável".*

Segunda constatação: tal como se apresenta hoje, a barreira anexa de fato a Israel 10% da Cisjordânia, notadamente nas colinas limítrofes da planície costeira israelense. Como sabem os agricultores da região, o subsolo, ao longo da Linha Verde, contém reservas preciosas de água. "Os palestinos do Noroeste da Cisjordânia queixam-se de ter perdido uma centena de poços que ficaram inacessíveis por causa da barreira. Eu os entendo, mas, ficando apenas nessa constatação, eles estão travando o combate errado. O que vão perder é muito mais importante", explica o jovem hidrologista Clemens Messerschmid, assessor da agência de cooperação alemã em Ramallah, que estudou o impacto da barreira na utilização das reservas de água. "O verdadeiro problema", prossegue ele, "é que a faixa de terra anexada de fato por Israel, entre a barreira e a Linha Verde, coincide quase exatamente com a zona onde se encontram os locais de perfuração mais promissores para o futuro. Na verdade, os palestinos perdem nessa região, por causa da barreira, três quartos da produção de água disponível nos últimos anos e a quase totalidade do potencial de produção do lençol aquático. Um prejuízo tanto maior na medida em que a exploração das reservas de água do subsolo da Cisjordânia já é muito desequilibrada: os israelenses utilizam 80% e os palestinos, 20%."**

Sob esse ângulo, a barreira revela-se uma continuação lógica e mesmo um complemento histórico do empreendimento de colonização iniciado há quase quarenta anos. É verdade que não vincula a Israel a totalidade das colônias dispersas pela Cisjordânia. Mas envolve em seus meandros de aço e concreto três quartos dos colonos. À parte essa reserva, a obra de Dany Tirza muito se parece com uma concretização dos sonhos de anexa-

* "Under the Guise of Security. Routing the Separation Barrier to Enable the Expansion of Israeli Settlements in the West Bank", relatório da Bimkom e do B'Tselem, dezembro de 2005.

** Entrevista com o autor, 15 de agosto de 2005, em Ramallah.

ção encontrados nos planos dos colonizadores, de Allon a Sharon. Só que com uma diferença estratégica importante: os dois generais consideravam o controle do vale do Jordão indispensável à segurança de Israel. Por enquanto, no entanto, nenhuma barreira está sendo construída ou em projeto na região. Considerando os avanços das tecnologias de defesa, Tirza e seus superiores teriam acaso desistido dessa "zona de segurança" que chegaram a considerar decisiva?

A resposta a essa pergunta aguarda o viajante na rodovia Allon. Assim batizado em homenagem ao estrategista trabalhista da colonização, esse itinerário acidentado que serpenteia ao longo dos contrafortes orientais da Cisjordânia oferece uma visão ideal da rede de colônias implantadas no vale do Jordão desde 1967, por sua iniciativa. Um primeiro rosário de uma dezena de colônias é desfiado nas pistas montanhosas, entre a rodovia Jerusalém-Jericó e a região de Beit Shean. Entre essas colônias estão dispersas pelo menos umas seis bases do exército onde se abrigam, por trás de biombos ou em hangares, fileiras de caminhões, blindados e peças de artilharia. Dos mirantes construídos à beira da rodovia Allon pode-se ver, 600 ou 700 metros abaixo, o segundo rosário de colônias. São cerca de vinte, cercadas de hectares de estufas na planície verdejante à beira do rio, ao norte de Jericó. Quase 8.300 colonos e soldados-colonos vivem nessas duas linhas de colônias, várias delas ligadas às Nahal, as Juventudes Pioneiras Combatentes. Dispersas entre as primeiras encostas e a rodovia 90, no fundo do vale, as aldeias palestinas e a pequena cidade sonolenta de Jericó, sufocada pelo calor 150 metros abaixo do nível do mar, abrigam pouco menos de 50 mil habitantes. E no entanto, à parte alguns táxis, identificáveis pela cor amarela ou laranja, e um punhado de ônibus e caminhões, só veículos de placa amarela — israelense — ou Humvees do exército parecem circular nessa região que corresponde a um quarto da Cisjordânia. Por quê? "Só podem entrar no vale do Jordão os palestinos que lá residem, mostrando a carteira de identidade", explica um jovem tenente posicionado no posto de controle da rodovia 57, perto da aldeia de Hamra, 40 quilômetros a noroeste de Jericó.

Como em qualquer outra parte da Cisjordânia, severas restrições aos movimentos dos palestinos haviam sido impostas pelo exército israelense após a explosão da segunda Intifada, em setembro de 2000. À maioria das localidades da região — inclusive Jericó — só se tinha acesso por uma única estrada, e mesmo assim, apresentando a necessária autorização. Esse regime, imposto pelo exército durante cinco anos, foi tornado mais rígido a partir de 2005, de tal maneira que as restrições se transformaram em proibições. O primeiro dos novos mecanismos de arrocho veio em março, quando a responsabilidade pela segurança em Jericó, assumida pelo exército israelense desde a operação Muralha, em 2002, foi transferida à Autoridade Palestina. Não só os militares não retiraram os blocos de concreto e as barreiras que vedavam todos os acessos — exceto um — a Jericó, como pura e simplesmente transformaram as restrições em proibições, cortando toda comunicação entre o vale do Jordão e o resto da Cisjordânia. "São medidas de segurança que nada têm a ver com alguma intenção política", explicou na época o exército.*

Da noite para o dia, mais de 2 milhões de palestinos perderam o direito de ir ao vale do Jordão, mesmo nos casos em que lá residia uma parte de sua família. Milhares de vistos — renováveis de três em três meses — foram fornecidos a agricultores, professores, pessoal hospitalar, motoristas de táxi e comerciantes. Aproximadamente 5 mil outros passes foram fornecidos a operários agrícolas palestinos que trabalhavam nas colônias do vale do Jordão. Quatro postos de controle permanentes foram instalados nas estradas de acesso, para filtrar o tráfego proveniente do centro da Cisjordânia. Esse dispositivo é tanto mais hermético na medida em que, em virtude do relevo muito acidentado, existe na região apenas um punhado de vias fáceis de controlar. E os caminhos utilizados na montanha pelos pastores e clãs de beduínos são há muito conhecidos e vigiados pelo exército e os colonos. "Na verdade", constata Saeb Erekat, deputado de Jericó, onde continua morando na casa onde nasceu, em meio ao verde, "os israelenses estão realizando aqui, por outros meios, o que já fizeram em outros lugares com o

* Artigo de Amira Hass, *Haaretz*, 13 de fevereiro de 2006.

muro e a barreira: isolar-nos do resto da Cisjordânia, para poder futuramente nos anexar, quando o momento lhes parecer propício."*

Construir uma "barreira oriental": os militares israelenses tinham pensado no caso. Tanto mais que, pelos acordos de Oslo de 1993, o vale do Jordão — com a exceção do enclave de Jericó — pertencia à zona C, aquela sobre a qual Israel mantém controle civil e militar. Presidente do Conselho de Segurança Nacional quando começou a ser estudado o projeto de linha de separação, o ex-general Uzi Dayan era favorável a um "desengajamento" que mantivesse sob controle israelense todo o território compreendido entre o Jordão e a rodovia Allon, mas também a margem ocidental do mar Morto. Posteriormente, ele veio inclusive a incorporar esse projeto ao programa de seu pequeno movimento político, Tafnit. No mapa da "linha de desengajamento" afixado na parede da sede do Tafnit, em Ramat Gan, o vale do Jordão aparece em meio às zonas anexadas. Mais tarde, essa alternativa seria definitivamente descartada, por dois motivos principais: Washington comunicou que a construção de uma barreira ao longo da rodovia Allon seria considerada sinal de uma intenção de anexação do vale do Jordão, não podendo ser aprovada; depois, a 30 de junho de 2004, uma decisão da Suprema Corte obrigou os idealizadores da barreira a levar em conta, em suas obras, "considerações humanitárias" expostas pelos palestinos.

Esses obstáculos, mas também um exame atento da configuração do terreno e dos movimentos populacionais, convenceram o Estado-Maior de que um "muro virtual" acompanhando a rodovia Allon seria diplomaticamente menos problemático, e tão eficaz quanto uma cerca eletrônica para o controle da população. Com que objetivo? Mesmo se eximindo de pronunciar a palavra tabu, *anexação*, Ehud Olmert já deixou claro várias vezes, em público, que, "em qualquer acordo futuro com os palestinos, o vale do Jordão permaneceria sob controle israelense". E não era exatamente o que dizia Yigal Allon há quase quarenta anos, ao enviar pioneiros para fundar comunidades judaicas ao redor de Jericó?

---

* Entrevista com o autor, 21 de maio de 2005, em Jericó.

15

A força é o problema

Até o início do verão de 2006, o nome "Kerem Shalom" só era conhecido em Israel de um punhado de militantes e saudosistas da Hashomer Hatzair (Jovem Guarda), movimento de juventude sionista socialista fundado na Polônia antes da Primeira Guerra Mundial, para educar a juventude para a vida no kibutz. Os mais antigos talvez guardassem a lembrança de uma cooperativa agrícola mantida por uma centena de esquerdistas num lugar impossível. Uma utopia debaixo das palmeiras, falida em 1996. Quantos israelenses acaso sabiam que, desde 2001, sob a liderança de Avraham Hochman, incorrigível otimista movido pela firme vontade de viver em bons termos com os vizinhos palestinos, Kerem Shalom tentava reviver, encostada na Faixa de Gaza e na fronteira egípcia?

A 25 de junho de 2006, para desespero de seus promotores, que contavam com a calma e o exotismo rústico desses confins do Neguev para atrair muitos membros, Kerem Shalom viu-se contra a vontade num campo de batalha. Pouco antes do alvorecer, oito membros de um comando de palestinos islâmicos surgiram de um buraco, às portas do kibutz, atacando a posição das forças do exército israelense destacadas para a proteção da localidade. Enquanto um primeiro grupo tomava como alvo os blindados posicionados frente a Gaza, atirando foguetes, os outros, rechaçados pelos tiros dos soldados, tentavam em vão subir a escada da torre de vigilância. Antes da chegada de reforços, dois palestinos e dois soldados israelenses tinham sido mortos; cinco outros soldados ficaram feridos. Um deles, o cabo Gilad Shalit, de 19 anos, fora sequestrado pelos sobreviventes do comando.

De acordo com as informações do exército, o túnel cavado pelos palestinos por baixo da dupla barreira que engaiola Gaza tinha cerca de 800 metros de comprimento e 9 metros de profundidade. Os soldados estimavam que a escavação devia ter durado vários meses. "Nós calculamos", contaria dias depois Avraham Hochman, "que um erro de 7 graus na orientação da galeria teria feito com que fosse dar na sala de refeições do kibutz. Os palestinos não teriam saído vivos daqui, mas a que preço!"*

Frente a esse ataque, o primeiro-ministro Ehud Olmert e seu ministro da Defesa, Amir Peretz, parecem inicialmente hesitar quanto à resposta a ser dada. Como se se sentissem desamparados ante a constatação que se impõe a todos: em espetaculares avanços no terreno das técnicas de combate, os militantes dos grupos armados islâmicos acabam de demonstrar a vulnerabilidade da barreira — inspirada pela de Gaza — que o governo israelense está construindo na Cisjordânia, ao custo de 2 milhões de euros por quilômetro. Para os militares, que não se mostram muito abalados por essa revelação, a indecisão dos dois dirigentes parece confirmar sobretudo certas reticências manifestadas desde a formação do governo, e nem sempre em voz baixa. Num país exposto a graves ameaças, onde a participação dos militares na política é cada vez mais manifesta e não faltam ex-generais disponíveis, seria de bom alvitre, pondera o Estado-Maior com certa perfídia, escolher para a chefia do governo um homem que prestou serviço militar no jornal do exército, e para tomar a frente do Ministério da Defesa

* Entrevista com o autor, 2 de julho de 2006, em Kerem Shalom.

um sindicalista que nunca foi além da patente de capitao? Enquanto o go verno hesita, o exército reclama. À maneira israelense: sem estardalhaço, soprando no ouvido de jornalistas amigos.

A reação afinal acertada pelo governo e os chefes das Forças de Defesa de Israel seria punir Gaza. Exemplarmente. Talvez na esperança de que a população, farta, levasse o governo da Autoridade Palestina, controlado pelo Movimento de Resistência Islâmica (Hamas), a agir contra os sequestradores. Afirmando que precisava demolir outros túneis que estavam sendo escavados, ou, em outros casos, destruir depósitos de armas e munições, eliminar algum dirigente terrorista ou ainda pôr fim aos disparos de mísseis artesanais Qassam contra as localidades israelenses vizinhas, o exército submeteria Gaza a um castigo que ainda não havia chegado ao fim dois meses e meio depois. Sem por isso conseguir a libertação de Gilad Shalit.

Incursões de blindados e infantaria mecanizada, bombardeios com canhões de 155, ataques "certeiros" de aviões sem piloto contra homens "armados", investidas de helicópteros de combate e de caças-bombardeiros F-16: todo o arsenal da guerra moderna é mobilizado. O preço pago pela população da Faixa de Gaza (1,4 milhão de habitantes) é pesado. A 5 de setembro, a agência France-Presse informa que, por suas contas, o número de mortos palestinos chega a 214, "em sua maioria civis". A única central elétrica do território, que abastece de energia mais de metade das residências, é destruída, assim como as três principais pontes. Prédios administrativos e universitários, oficinas e lojas foram reduzidos a escombros pelas bombas e os mísseis. Sob suspeita de dar abrigo a atiradores de Qassam,* bairros

* Os Qassam são foguetes artesanais fabricados em oficinas clandestinas da Faixa de Gaza e disparados quase sempre por militantes islâmicos contra localidades israelenses vizinhas. O nome vem de Azzedin al-Qassam, chefe de um grupo armado das décadas de 1920 e 1930 que combatia os colonos judeus instalados na Palestina. Morto em novembro de 1935 pelas forças britânicas, Azzedin al-Qassam, transformado em herói do nacionalismo palestino, também emprestou seu nome ao braço armado do Movimento de Resistência Islâmica, o Hamas.

inteiros são esvaziados debaixo do fogo dos obuses. Mais de sessenta representantes eleitos do Hamas, entre os quais oito ministros e 29 deputados, foram detidos pelo exército israelense. Agravada pelo fechamento de todos os acessos ao território — denunciado pelas organizações humanitárias —, instaura-se a escassez alimentar. Isolada do mundo, Gaza tenta sobreviver. "Os palestinos de Gaza vivem em condições miseráveis e perigosas",* afirma, no início de setembro, John Ging, diretor da Agência das Nações Unidas para a Assistência aos Refugiados Palestinos (UNRWA). Até Mario Vargas Llosa, velho amigo do Estado judeu contemplado com o Prêmio de Jerusalém, não hesita em se declarar "envergonhado" e denunciar a atitude "arrogante" de Israel.

A necessidade estratégica da barreira em construção na Cisjordânia teria sido posta em questão pelo ataque de Kerem Shalom? "Em absoluto", afirma Avi Dichter, nomeado ministro da Segurança Pública depois de dirigir durante cinco anos o Shin Bet — os serviços de segurança interna. "E vou explicar-lhe por quê."** Nessa tarde de fim de semana estival em que os israelenses, indiferentes ao que acontece em Gaza, acorrem às praias, Dichter preferiu o posto avançado de seu ministério em Tel Aviv, um velho prédio maltratado e cercado de arame farpado, ao seu amplo gabinete bege de Jerusalém. Não há ninguém no prédio, afora seus guarda-costas e o jovem chefe de gabinete, que chegaram com ele num grande Volvo blindado. Com toda evidência, esse quinquagenário bronzeado, veterano das unidades de reconhecimento do Estado-Maior, que continua morando em Ashkelon, sua cidade natal, às portas da Faixa de Gaza, não ficou abalado com a operação de Kerem Shalom. Nem com seus desdobramentos.

"É evidente que houve erro de nossa parte", reconhece. "Foi um fracasso. Não fomos capazes de detectar tantos túneis cavados entre a Faixa de Gaza e o Egito. Tampouco fomos capazes de detectar este. Mas isso não quer di-

---

* Declaração à agência France-Presse, 6 de setembro de 2006.

** Entrevista com o autor, ver acima.

zer que a decisão de construir a barreira estivesse errada. Primeiro, porque os terroristas nem sempre encontrarão um subsolo tão favorável quanto o de Kerem Shalom. Depois, porque mais cedo ou mais tarde acabaremos encontrando um meio de detectar os túneis. Dito isso, a operação que atualmente efetuamos em Gaza não tem apenas o objetivo de destruir túneis e depósitos de armas. Destina-se também a pôr fim aos tiros de Qassam contra o Sul de Israel. Não que os Qassam sejam tão letais assim — atirando mil foguetes, os terroristas mataram 8 israelenses; um único atentado suicida em Tel Aviv, há algumas semanas, matou 11 —, mas eles representam uma ameaça contra a vida cotidiana dos habitantes da região, e isso não podemos tolerar. É preciso que fique claro: não acabaremos com os lançamentos de Qassam voltando a ocupar Gaza, mas estabelecendo uma relação de forças que dissuada os grupos armados responsáveis por esses tiros de continuar. Não se deve esquecer nunca que estamos no Oriente Médio, região em que só se pode contar com a dissuasão. Veja o que acontece em nossa fronteira norte com o Hezbollah. Volta e meia, eles lançam uma katiucha contra a Galileia e nós respondemos com um bombardeio de artilharia ou ataques aéreos. Resultado: eles entenderam perfeitamente até onde podem ir."

Cinco dias depois, o Hezbollah, que evidentemente não faz a mesma análise da relação de forças regional, sequestra na fronteira libanesa dois soldados israelenses, Ehud Goldwasser e Eldad Regev, arrastando Israel a uma nova guerra. Segundo o Estado-Maior — numa versão contestada no Líbano —, o sequestro ocorreu em território israelense. O que significa que o comando do Hezbollah conseguiu infiltrar-se sem ser interceptado através da "zona de segurança" fronteiriça e teve tempo de montar uma emboscada, fazer prisioneiros e voltar a suas bases. Haveria melhor maneira de demonstrar a vulnerabilidade dessa outra barreira eletrônica? Seguindo as recomendações do chefe do Estado-Maior, Dan Halutz, que se declara decidido a "fazer o Líbano retroceder vinte anos", Ehud Olmert e Amir Peretz, com o pé atrás desde a crise de Gaza, não hesitam: a punição do Líbano deve ser exemplar. E será.

Ao chegar ao fim depois de 34 dias e a adoção da resolução 1701 das Nações Unidas, a guerra deixou 1.200 mortos e 4 mil feridos no Líbano, em grande maioria civis. Cerca de um milhão de libaneses — um quarto da população — tiveram de fugir de suas aldeias ou bairros bombardeados. Pelo menos 800 mil deixaram o país. Vários aeroportos, entre eles o de Beirute, são destruídos ou gravemente danificados, assim como portos, estações de tratamento, reservatórios de água e centrais elétricas. Também foram bombardeados 630 quilômetros de rodovias, 32 postos de gasolina, 145 pontes e entroncamentos rodoviários, 900 usinas, lojas e oficinas. Segundo o Conselho de Desenvolvimento e Reconstrução, os prejuízos somam 3,6 bilhões de dólares. Mas o Programa das Nações Unidas para o Desenvolvimento (PNUD) avaiia globalmente a destruição e suas consequências econômicas em cerca de 15 bilhões de dólares.

Em Israel, os estragos, sem chegar à mesma escala, não são desprezíveis. Apesar dos ataques israelenses, os tiros de foguetes katiucha e mísseis terra-terra tiveram prosseguimento nas cidades do Norte, onde causaram cerca de quarenta mortes na população civil, lembrando, de passagem, que tampouco contra isso uma barreira adianta alguma coisa, por mais sofisticada que seja. Para o governo hebraico, contudo, o mais preocupante é que o Hezbollah, cujos militantes combateram muito bem, na avaliação dos próprios soldados israelenses, resistiu à ofensiva. Não tendo perdido para um inimigo tão poderoso, fica inclusive a muito pouca distância de ser considerado vencedor. E sobretudo, infligiu ao exército israelense perdas inesperadas: cerca de 120 soldados tombaram em combate e aproximadamente cinquenta tanques Merkava, dos 400 mobilizados, foram destruídos por seus mísseis russos, americanos e iranianos. Uma humilhação tanto mais brutal na medida em que o Estado-Maior israelense até então apresentava o seu tanque *made in Israel* como o melhor do mundo.

Os estragos políticos não são menos desastrosos. Apenas quatro meses depois de assumir o cargo, Ehud Olmert deveria renunciar, na opinião de 63% dos israelenses. No exército, o chefe do Estado-Maior, Dan Halutz

— primeiro aviador a ocupar essa função —, é violentamente contestado. Alguns colegas o recriminam por ter sucumbido ao *esprit de corps* ao contar excessivamente com os ataques aéreos na condução da guerra. Outros acusam os serviços de inteligência de terem fornecido ao exército informações insuficientes e de pífia qualidade sobre o armamento, a organização e as técnicas de combate do Hezbollah, carências que expuseram os homens das unidades blindadas e da infantaria de assalto a surpresas às vezes mortais. Em suma, o exército israelense não é mais o mesmo. Para Ehud Olmert, essa revelação é uma catástrofe.

Até então, seu projeto político repousava na proclamação, por Israel, de uma nova fronteira oriental delineada pela barreira. Esse "plano de agrupamento", que o havia levado ao poder nas eleições de março de 2006, também pressupunha o desmantelamento das colônias isoladas da Cisjordânia ocupada, a evacuação de 70 mil colonos e sua transferência para os blocos de colônias anexados. Esse conjunto implicava a conclusão da linha de separação decidida por Sharon e uma capacidade de dissuasão incontestável do exército israelense. Tratava-se, na verdade, de enfeixar os palestinos da Cisjordânia entre a barreira, a oeste, e o muro "virtual" da rodovia Allon, a leste, contando com a onipresença do exército às suas portas para convencê-los a aceitar seu destino.

Uma das primeiras consequências políticas da nova guerra no Líbano é o abandono oficial desse projeto por Ehud Olmert: "No momento, o plano de agrupamento não faz parte mais de nossa lista de prioridades", confessa ele a 4 de setembro de 2006, para em seguida anunciar que "pretende estabelecer um diálogo" com o presidente palestino, Mahmud Abbas. Um diálogo? Depois de fugir dele durante meses? E em que bases? O "Mapa do Caminho" proposto em abril de 2003 por George Bush e patrocinado pela União Europeia, a Rússia e as Nações Unidas? É o que sugere o número dois do governo israelense, Shimon Peres. Mas que resta desse documento, que exigia dos palestinos, em especial, "o fim dos atos de violência e terrorismo", e, dos israelenses, "o desmantelamento das colônias construídas desde 2001", assim como "o congelamento de toda atividade de colonização"? Pouca coisa. Oficialmente, o gabinete israelense o aprovou em maio de 2003, mas essa aprovação foi acompanhada de quatorze ressalvas que o tornavam inviável. De sua parte, o Conselho de Segurança das Nações Unidas deu seu aval oficial ao plano através da resolução 1515 de 19 de novembro de 2003, sem no entanto tomar medidas concretas para sua aplicação.

Sharon não o havia dissimulado a seus ministros: considerava o Mapa do Caminho demasiado coercitivo e superado. Decidira, portanto, livrar-se dele. Entretanto, como não queria indispor Washington, não optara por declarar "caduco" esse documento, mas por eclipsá-lo por um desses gestos históricos de que tinha o segredo: uma estratégia de camuflagem por trás de uma cortina de fumaça, costumeira para esse especialista em movimentos de tanques. A fumaça, em sua manobra, terá sido a evacuação dos colonos de Gaza. Dez meses antes dessa operação espetacular destinada a mostrar ao mundo que Israel podia fazer concessões, o chefe de gabinete de Sharon, Dov Weissglass — o homem que Condoleezza Rice chama de Dubi —, expusera à sua maneira a chave da manobra: "A retirada de Gaza é puro formol", avisava ele numa longa entrevista ao *Haaretz*. "É o formol necessário para que não haja um processo político com os palestinos."*

Abandonado o processo de paz, com o Mapa do Caminho mergulhado no formol e o plano de desengajamento de Olmert jogado na lata do lixo, caberia perguntar se a barreira também seria questionada ou debatida. Teria chegado o momento de reconhecer que esse "fato consumado" pode tornar difícil e mesmo impossível a retomada de negociações? Estaria nos planos do governo suspender a obra desse monumento ao unilateralismo e à recusa do diálogo? Não. Exatamente como o empreendimento de colonização — e talvez mesmo, hoje, mais ainda —, a barreira parece ter-se tornado intocável. Mais ou menos como se, nesses tempos de crise e dúvi-

---

* *Haaretz*, 8 de outubro de 2004.

da, representasse uma das últimas certezas dos dirigentes israelenses. Uma solução no horizonte.

Não é a opinião de Shaul Arieli. Jovem coronel da reserva, este ex-comandante da Faixa de Gaza foi um dos assessores de Ehud Barak nas negociações com os palestinos, e participaria também da negociação do acordo informal de Genebra. No Conselho pela Paz e a Segurança, que reúne ex-oficiais do exército, da polícia e do Mossad, ele é atualmente o especialista nas questões ligadas à barreira. "Não me oponho a priori à existência de um obstáculo material entre nós e os palestinos", explica. "Por razões de segurança, econômicas e demográficas, uma barreira pode ser justificada. Com duas condições: deve ser construída em entendimento com os palestinos, e não contra eles; e deve ser construída sobre a Linha Verde. Até segunda ordem, a linha de armistício, mesmo podendo ser retificada em negociações com nossos vizinhos, é a única fronteira entre Israel e o território palestino reconhecida pelo direito internacional. O problema da barreira, tal como existe hoje, é o seu traçado. Conheço muito bem o responsável pelo traçado original: Dany Tirza foi meu assistente, há dez anos, nas negociações para o acordo interino. Sei perfeitamente que o fator decisivo na escolha do traçado não foi a segurança, mas a existência das colônias. É preciso ser cego para não enxergá-lo. Veja, por exemplo, dois traçados sucessivos dos enclaves, antes e depois de uma modificação exigida pela Suprema Corte. Vai perceber que o novo traçado fica mais próximo da Linha Verde e que a superfície do enclave diminui, mas incluindo exatamente o mesmo número de israelenses. É a prova de que é um traçado político. Político antes de mais nada! O problema é que um traçado assim não atende às necessidades de segurança de Israel. Pelo contrário: aumenta a frustração, a revolta e a indignação dos palestinos, contribuindo, a longo prazo, para o desenvolvimento da infraestrutura terrorista. Sei que os israelenses de maneira geral aprovam a existência de uma barreira, mas infelizmente não estão conscientes do que implica a escolha de determinado traçado, e não de outro."*

---

* Entrevista com o autor, 31 de agosto de 2005, em Tel Aviv.

Ocultar por trás de justificativas de segurança um traçado destinado a permitir o desenvolvimento das colônias: é exatamente o que o procurador-geral de Israel, Menahem Mazuz, criticava em julho de 2006 na ação de Dany Tirza, sem mencionar seu nome. Em carta ao ministro da Defesa, Amir Peretz, o magistrado afirmava que "o funcionário responsável pelo desenho da barreira escondeu do gabinete do procurador o fato de que o traçado da barreira fora determinado em função dos planos de desenvolvimento — não aprovados — de uma colônia, e não levando em conta considerações de segurança". Visivelmente irritado com o comportamento do "funcionário responsável" perante os tribunais incumbidos de examinar as ações movidas pelos palestinos, Menahem Mazuz acrescentava que, em virtude desse "erro", foi baixada uma "decisão judicial baseada em fatos incompletos", solicitando ao ministro que ordenasse uma investigação sobre os motivos pelos quais informações "parciais e erradas a respeito da barreira foram fornecidas a organismos oficiais". Em várias ocasiões, no andamento dos processos movidos pelos palestinos contra a barreira, Tirza fora advertido pelos magistrados por ter fornecido aos tribunais informações parciais ou erradas, desmentidas pelos especialistas militares — em sua maioria, membros do Conselho pela Paz e a Segurança — convidados pela justiça a apresentar pareceres técnicos.

Desde o início da construção do primeiro trecho, em 2002, dezenas de ações a respeito do traçado da barreira ou do muro foram movidas na justiça israelense. Na primavera de 2006, 55 estavam em andamento na Suprema Corte, e cerca de cinquenta outros litígios haviam sido resolvidos. Em várias oportunidades — como foi o caso, segundo vimos, de Cheikh Saad e das aldeias do enclave de Alfei Menashe —, os tribunais distritais ou a Suprema Corte deram razão a vários querelantes palestinos, contra o Ministério da Defesa. As decisões dos magistrados israelenses não dizem respeito às questões de fundo, à legitimidade ou ausência de legitimidade da barreira ou do muro, ao caráter lícito da linha de separação no contexto do direito internacional. Elas se referem ao respeito — ou não — das regras e princípios estabelecidos pelo Ministério da Defesa ao apresentar seu projeto ao governo, por parte dos mentores e construtores da barreira. O objetivo da barreira, tal como definido pelo Conselho de Ministros, era "reduzir a entrada de terroristas provenientes da Judeia e da Samaria com o objetivo de efetuar ataques a Israel". Em momento algum, observam os especialistas do B'Tselem e da Bimkom, é mencionado nos textos oficiais que a barreira deve servir de proteção às colônias. É nesses critérios — acrescidos das considerações humanitárias elementares — que os tribunais baseiam suas sentenças.

Os ataques de Kerem Shalom e da fronteira libanesa mostram que as zonas de segurança providenciadas pelo exército israelense não são intransponíveis. Caberia perguntar se, nos setores em que já existe, a barreira da Cisjordânia, qualquer que seja sua forma — cerca eletrônica ou muro —, comprovou a eficácia prometida por seus idealizadores. "Indiscutivelmente", afirma Dany Tirza. "Na região atravessada pela rodovia 65, que acompanha a primeira seção da barreira, o número de israelenses vitimados por ataques terroristas passou de 58 em 2002 a 0 em 2004 e 2005. Para mim, é perfeitamente eloquente." "Em 2003, cerca de 55% dos responsáveis por atentados contra israelenses vinham da Samaria", acrescenta Avi Dichter. "Em 2006, não passam de 12 a 15%. A existência do muro complica a vida dos terroristas, obriga-os a longos desvios para encontrar um ponto de entrada em Israel e portanto aumenta o risco de serem apanhados num posto de controle ou numa barreira móvel. No início de julho de 2006, detivemos um membro das brigadas Al-Aqsa de Jenin que pretendia lançar uma bomba em Nazareth Illit, ou seja, a meia hora de onde morava. Por causa da barreira, ele teve de fazer um enorme desvio, para tentar entrar em Israel passando por Ramallah e depois Jerusalém. E foi detido perto de Ramallah." Nem Tirza nem Dichter, entretanto, dispõem de estatísticas que permitam fazer a devida triagem entre as diferentes explicações possíveis sobre a redução do número de atentados terroristas. Como saber, por exemplo, qual a influência real da barreira e a das sucessivas tréguas negociadas a partir de 2004 pelo primeiro-ministro e depois pelo presidente palestino Mahmud Abbas com as organizações armadas?

A partir do momento em que constataram o traçado sinuoso da barreira, avaliando o perigo que representava para eles, os palestinos, contando em certos casos com a ajuda das organizações israelenses de defesa dos direitos humanos, tentaram fazer com que fosse reconhecido seu caráter ilegal no contexto do direito internacional. Em fevereiro de 2004, a convite da Associação pelos Direitos Cívicos em Israel,* uma organização de juristas britânicos sediada em Oxford publicou um parecer técnico solidamente argumentado de cerca de cinquenta páginas, apontando claramente, em 311 pontos, a ilegalidade da barreira. "Em sua atual forma", constatam os autores do documento, "a construção por Israel da barreira de separação nos Territórios Ocupados viola ao mesmo tempo o direito humanitário internacional e os direitos humanos. Israel não demonstrou que a construção da barreira, tal como empreendida no momento, era justificada por motivos de segurança. Essa barreira desrespeita de maneira inútil e desproporcional os direitos dos palestinos."**

Cinco meses depois, era a vez de a Comissão Internacional de Juristas, organização não governamental sediada em Genebra, publicar um documento de 60 páginas, não menos solidamente alicerçado, chegando à mesma conclusão. Finalmente, a 9 de julho do mesmo ano, a Corte Internacional de Justiça de Haia, consultada em dezembro de 2003 pela Assembleia Geral das Nações Unidas, divulga seu "Parecer Consultivo" sobre as "consequências jurídicas da construção de um muro nos Territórios Ocupados".

---

* The Association for Civil Rights in Israel (ACRI).

** "Expert Legal Opinion on the Separation Barrier, Part 1 and 2", Oxford Public Interest Lawyers (Oxpil), 3 de fevereiro de 2004.

Indiferente à opinião das organizações não governamentais, qualquer que seja sua reputação ou credibilidade, o governo israelense mostra-se muito mais atento e ativo frente à decisão da Corte Internacional, principal órgão judiciário das Nações Unidas. Depois de tentar contestar sua competência, em virtude do caráter "político" da questão, e objetar que os juízes não dispunham de todos os elementos — particularmente os ligados a questões de segurança — para se pronunciar, os representantes israelenses alegaram não reconhecer a jurisdição da Corte. Tentariam até argumentar que sua intervenção poderia "representar um obstáculo a uma solução política negociada do conflito palestino-israelense" e "pôr em risco o Mapa do Caminho". Mas em vão. Como previsto, o governo israelense não enviaria representante oficial a Haia, limitando-se a fornecer aos juízes um arrazoado escrito.

Sete meses depois de ser acionada pela Assembleia Geral, a Corte de Haia emitiu um parecer de 64 páginas cujas conclusões, aprovadas uma a uma por pelo menos treze de quinze votos, são constrangedoras para Israel. O ponto A, aprovado por quatorze votos a um, afirma que "a construção do muro que Israel, potência ocupante, está erguendo no território palestino ocupado, inclusive no interior e nas cercanias de Jerusalém Oriental, e o regime que lhe é associado são contrários ao direito internacional". Igualmente aprovado por quatorze votos a um, o ponto B exige que Israel "derrube imediatamente a obra situada no interior e nos arredores de Jerusalém Oriental e em território palestino, revogando imediatamente todos os atos legislativos e regulamentares a ela vinculados". "Todos os Estados", lembra o ponto D, aprovado por treze votos a dois, "têm a obrigação de não reconhecer a situação ilícita decorrente da construção do muro e não fornecer ajuda e assistência à manutenção da situação criada por essa construção." Finalmente, o ponto E, aprovado por quatorze votos a um, decide que "a Organização das Nações Unidas, especialmente através da Assembleia Geral e do Conselho de Segurança, deve, levando em conta o presente parecer consultivo, examinar que novas medidas devem ser tomadas para pôr fim à situação ilícita decorrente da construção do muro e do regime a ele associado".

O Conselho de Segurança vai adotar uma resolução impositiva? Brandir a ameaça de sanções contra um Estado que viola tão deliberadamente o direito internacional? Não. Um ano depois, no primeiro aniversário do Parecer Consultivo de Haia, nenhuma decisão foi tomada. Dois anos depois, o mesmo. O muro, enquanto isso, já se estende por mais de 300 quilômetros. E a obra avança em direção ao sul.

Em outras palavras, nada — nem as lições, nuançadas, a serem tiradas dos ataques de Kerem Shalom e da fronteira libanesa, nem o parecer em forma de condenação emitido pela Corte Internacional de Justiça, nem as reservas de certos militares ou as advertências de várias capitais amigas — parece abalar as convicções dos dirigentes israelenses quanto à utilidade da barreira e o fundamento de suas decisões políticas. Como se tantos anos de violência tolerada e arbitrariedades impunes tivessem anestesiado neles a capacidade de se questionar e ouvir as críticas.

E se o perigo com que se defronta o Estado de Israel não viesse unicamente, hoje, dos países e povos da região? E se residisse também nos desvios já relatados e denunciados com clarividência por alguns de seus intelectuais, mas até hoje sem grande efeito? São eles: desprezo pelo direito internacional; arrogância, desconhecimento das resoluções das Nações Unidas, quando lhes são desfavoráveis; indiferença às regras humanitárias comuns; recusa de reconhecer que as reivindicações, a indignação e as revoltas dos palestinos têm a ver com uma aspiração legítima à liberdade e à independência, e não com uma cumplicidade com o terrorismo internacional; recurso repetido e irresponsável à acusação de traição e antissemitismo contra os que se consideram no direito ou no dever de criticar seus atos e decisões; e a decisão, já agora bem enraizada no espírito dos dirigentes e aceita pela maioria dos cidadãos, de dar respostas militares às questões políticas.

"Em nossas relações com nossos vizinhos", escrevia o editorialista Akiva Eldar, do *Haaretz*, durante a crise de Gaza, a 28 de julho de 2006, "a força é o problema. E não a solução."

16

Nova fronteira...

Ao contrário do que esperavam os dirigentes políticos e militares israelenses, o muro e a barreira ainda não estavam concluídos ao chegar ao fim o ano de 2008. Em vista da discrição das autoridades a esse respeito, é difícil saber o que ainda faltava construir, oficialmente, a 31 de dezembro, mas as visitas ao local, as informações reveladas pelos mapas militares e as indicações fornecidas pelas Nações Unidas permitem avaliar em mais de 300 quilômetros a parte do dispositivo de separação que ainda está em obras ou em estudos. A extensão dos trechos considerados "operacionais" pelo exército era de 209 quilômetros em fevereiro de 2005, 362 quilômetros em julho de 2006, 397 quilômetros em maio de 2007, 409 quilômetros em setembro do mesmo ano, 412 quilômetros em julho de 2008 e 415 quilômetros dois meses depois. Em outras palavras, depois de ter avançado inicialmente a um ritmo de 8,5 quilômetros por mês até o verão de 2006, a construção do muro/barreira passou por uma nítida desaceleração. No fim de 2007, avançava apenas à velocidade de dois quilômetros por mês. E no fim de 2008, as obras estavam praticamente paralisadas. Dos 724,5 quilômetros de concreto e grades projetados pelos militares, apenas 57% haviam saído do papel.

Por que terá a obra, considerada em 2002 fundamental para a segurança de Israel, sofrido semelhante atraso?

Uma primeira explicação — parcial e efêmera — veio à baila em outubro de 2007, quando a imprensa israelense informou que o vice-primeiro-ministro Haim Ramon, encarregado de supervisionar a obra, anunciara ao chefe do governo, Ehud Olmert, que um trecho de 100 quilômetros da barreira, cujo traçado acabava de ser aprovado, não poderia começar a ser construído, pois as empresas encarregadas das obras não haviam recebido as verbas necessárias. Segundo o diário *Haaretz*, Ramon constatou então — lamentando-o — que no orçamento de 2008 do Ministério da Defesa nenhuma linha de crédito fora destinada à construção do muro. Considerando-se o caráter altamente prioritário das questões de segurança no governo israelense, o fato parecia surpreendente. O repentino silêncio de Ramon nas semanas seguintes parecia indicar que ele fora ouvido e que os créditos cobrados haviam sido encontrados e desbloqueados. Quase um ano depois, no entanto, o mesmo debate prosseguia. Em setembro de 2008, quando a obra do muro continuava paralisada, fontes civis e militares bem informadas afirmavam que o orçamento do muro fora objeto de acalorada discussão entre o general Gaby Ashkenazi, chefe do Estado-Maior do Exército, e vários membros do governo, entre eles o primeiro-ministro Ehud Olmert. O oficial manifestara enfaticamente suas reservas ao financiamento exclusivamente com orçamento da Defesa de uma obra que a seus olhos é da esfera de uma decisão política do governo, e não de uma opção estratégica do Estado-Maior.

Outra explicação, mais convincente, e invocada de maneira recorrente pelos militares envolvidos no projeto, remete ao número de recursos impetrados junto à Corte Suprema e outras instâncias judiciárias por conselhos municipais de localidades palestinas ou por aldeões que contestam o traçado da linha de separação. Michael Sfard, advogado de Tel Aviv especializado nessas questões, estimava no fim de 2007 que "pelo menos 80 ações" tinham sido movidas contra o traçado do muro por iniciativa de palestinos, não raro apoiados por associações israelenses de defesa dos direitos humanos. Um ano depois, o número de iniciativas legais em estudo passava de uma centena. Muitos desses recursos — como o dos habitantes de A-Ram, ao norte de Jerusalém, recusado a 13 de dezembro de 2006 pela Corte Suprema — revelaram-se inúteis, pois os magistrados consideravam que o muro ou a barreira não violam, ou violam em "proporções aceitáveis", considerando-se imperativos de segurança do Estado de Israel, os direitos fundamentais dos palestinos. Em outros casos, os juízes podem aceitar os argumentos dos aldeões e ordenam ao exército que reveja seus planos ou desloque a barreira já construída. Foi o que aconteceu no caso de Bili'in. Acionada pelos habitantes dessa aldeia, a oeste de Ramallah, a Corte não levou em conta as "razões de segurança" invocadas pelos militares para justificar o traçado da linha de separação. Em setembro de 2007, ela ordenou ao Exército que desmontasse 1.700 metros de barreira e devolvesse aos aldeões 200 hectares de terrenos desapropriados. Em julho de 2008, os militares propuseram um novo traçado, redundando na restituição de apenas 2 hectares. Proposta rejeitada pelo chefe do conselho da aldeia, Ahmed Issa Abdallah Yassin, e seu advogado israelense, Michael Sfard, que decidiram levar adiante a ação na Corte Suprema. Mas sem nenhuma ilusão.

"Até o momento", constatava Michael Sfard em julho de 2008, "a Corte Suprema rejeitou quatro seções já construídas da barreira. Até agora, o governo não obedeceu a nenhum dos quatro veredictos." A leste de Jerusalém, a Corte Suprema condenou o primeiro-ministro e o ministro da Defesa, em agosto de 2008, a devolver aos aldeões de Abu Dis e As Sawahira metade dos 800 hectares desapropriados pelo Exército para construir a barreira que deve contornar Maale Adumim e os terrenos previstos para sua estação. Ao norte de Qalqiliya, depois de cinco anos de processo, o exército aceitou destruir uma seção da barreira, com extensão de 2,4 quilômetros, que privava os aldeões palestinos de 260 hectares de terras agrícolas. Em sua sentença de junho de 2006, a Corte censurara vigorosamente o Estado por ter mentido sobre as verdadeiras motivações do traçado da barreira. Apresentado como consequência dos imperativos de segurança, o anel que passava nas imediações de Qalqiliya tinha como objetivo sobretudo a ampliação em direção norte da colônia de Tzufin, onde vivem cerca de mil israelenses.

Em outros casos, como no das cinco aldeias palestinas enfeixadas no enclave da colônia de Alfei Menashe, pode acontecer de os juízes "cortarem a maçã ao meio". No caso de uma ação iniciada em agosto de 2004, eles aceitaram os recursos impetrados por três aldeias, mas rejeitaram a solicitação de duas outras, condenadas — por enquanto, pois o caso não foi encerrado — a permanecer no interior do enclave. O que, nesse caso, não altera grande coisa: o Exército, como se pode constatar no local, fez ouvidos moucos às ordens dos juízes, recusando-se a deslocar um metro que fosse da barreira e mantendo as cinco aldeias do lado "israelense" da linha de separação. O que é confirmado, com visível satisfação, por Arie Zissman, responsável pela segurança em Alfei Menashe: "É verdade que um novo itinerário da linha de separação foi proposto ao Exército, que no entanto apresentou contrapropostas para levar em consideração imperativas de segurança, e por enquanto nada foi realmente resolvido."

Como se pode imaginar, a avaliação simultânea dessas dezenas de recursos pelos juízes israelenses e as idas e vindas de certos processos entre a Corte Suprema e o Ministério da Defesa levam muito tempo. Muito embora os militares se mostrem geralmente insolentes diante das exigências da Corte Suprema e não se apressem a demolir as seções da barreira recusadas pelos juízes, o fato é que preferem evitar ter de demolir um dia o que acabam de construir e preferem agora esperar a decisão da Corte para dar início a obras em trechos contestados do traçado. O que às vezes pode tomar muito tempo. E explica, pelo menos parcialmente, por que o muro e a barreira, que deviam estar concluídos no fim de 2005, e depois no fim de 2007, ainda não o estão no fim de 2008. Basta percorrer, de mapa na mão, as estradas ou pistas vizinhas da linha de separação para encontrar obras paralisadas. Em novembro de 2007, na região de Ramallah, por exemplo, as obras estavam interrompidas entre as colônias de Beit Arieh e Ofarim, segundo o Ministério da Defesa por "motivos técnicos". Também haviam sido suspensas perto da Linha Verde entre as aldeias palestinas de Al Midya e Bi'lin, à espera de uma decisão da Corte. Ao sul de Maale Adumin, onde várias famílias de beduínos sedentarizados que não aceitavam ser deslocadas para dar lugar à obra também haviam recorrido à justiça, uma obra com extensão de 3 quilômetros é que estava paralisada desde março de 2006. Perto de Belém, onde placas de concreto de 8 a 12 metros de altura haviam sido instalados ao longo da rodovia 60, a obra estava em ponto morto, na primavera de 2008, em quatro seções da barreira, à espera do sinal das autoridades.

Na realidade, existe talvez uma terceira explicação para o atraso da barreira. Certamente menos óbvia que as duas primeiras, menos fácil de admitir, também, por parte do governo israelense. Mas não menos verossímil. Ela diz respeito à personalidade do chefe do Estado-Maior, o general Gaby Ashkenazi, que sucedeu em fevereiro de 2007 ao general Dan Halutz, obrigado a se demitir depois de cometer vários erros de avaliação durante a guerra do sul do Líbano contra o Hizbollah. Antigo membro da brigada de infantaria Golani, onde iniciou sua carreira militar, do Sinai a Beirute, passando pela incursão de 1976 em Entebbe, o general Ashkenazi estivera encarregado sobretudo, entre 2002 e 2005, no cargo de chefe de estado-maior adjunto, de supervisionar a construção da barreira de separação. Nessa função é que fora ouvido a 23 de dezembro de 2003 pela Comissão de Relações Exteriores e de Defesa do Knesset. Diante dos parlamentares, ele declarara que a construção da barreira seria "a maior obra do país", com um custo aproximado de 10 bilhões de shekels (2,3 bilhões de dólares). Especificara também que pretendia mobilizar 15.000 operários israelenses e palestinos e que cerca de quarenta empresas seriam selecionadas para participar das 37 licitações destinadas a construir um trecho de 332 quilômetros, entre o sudoeste de Jerusalém e o sul da região de Hebron. Em outras palavras, este militar de infantaria, diplomado pela Universidade de Tel Aviv e pela de Harvard, que decidira deixar o Exército em maio de 2005 para protestar contra a nomeação de Dan Halutz como chefe do estado-maior geral — cargo por ele disputado abertamente —, conhecia detalhadamente o dossiê da barreira de separação quando assumiu o comando das Forças de Defesa de Israel. É certamente o que explica sua indignação, posteriormente relatada pela imprensa, ao tomar conhecimento, no início de 2007, da sentença pronunciada a 15 de junho de 2006 pela Corte Suprema a respeito do traçado da barreira ao norte de Qalqiliya. Ele pudera então constatar que os militares haviam sido censurados por ter mentido à Corte. Pois a verdadeira justificativa do longo desvio da obra ao redor da colônia de Tzufin não era a proteção de duas aldeias israelenses vizinhas, como haviam afirmado os representantes do Estado-Maior aos juízes, mas o confisco, ao norte e a leste da colônia, de terras palestinas destinadas à sua ampliação. O general Ashkenazi anunciara então ao ministro da Defesa, o trabalhista Amir Peretz, que não mais enviaria oficiais das Forças de Defesa de Israel para defender o trajeto da barreira diante dos tribunais. "O traçado é uma questão política", explicara então. "Deve portanto ser assumido pelo governo." Depois desse incidente, segundo constatava em julho de 2008 o diário *Haaretz*, "o Exército se envolveu muito menos na determinação do traçado da barreira". E os dirigentes políticos, privados da ajuda dos militares para expor nos tribunais o grande trunfo que representava até então o argumento de segurança, nos contenciosos ligados ao traçado da barreira, parecem ter decidido agir com cautela. Ou seja, esperar que os recursos impetrados pelos aldeões palestinos chegassem a uma solução, antes de dar início a novos canteiros de obras...

É bem verdade que, aqui e ali, essas intercorrências atenderam a interesses particulares, tanto em Israel como entre os palestinos. É o que acontece, por exemplo, no caso do trecho esquecido de Eshkolot. Essa minúscula colônia, fundada em 1982 e com uma população que hoje não ultrapassa 300 habitantes, foi construída na extremidade sudeste da Cisjordânia, num planalto rochoso e árido, a menos de 2 quilômetros da Linha Verde. A partir das primeiras casas, é possível acompanhar, na base da encosta, a barreira eletrônica, sua pista de patrulha e suas cercas de arame farpado, correndo nesse local exatamente sobre a linha de armistício. Curiosamente, a barreira detém-se a menos de 1 quilômetro ao norte e ao sul de Eshkolot. Os mapas do Exército e os da ONU mostram que, ao redor da colônia e de uma parte de suas terras, a barreira devia — deveria? — prolongar-se num enclave em forma de cogumelo, aberto para oeste, ou seja, na direção de Israel. "É verdade", explica Ofer, um dos colonos de Eshkolot, falando com reticência e recusando-se a dar seu nome. "A barreira devia fazer um desvio não só ao redor das casas mas também dos terrenos municipais que se estendem ao norte da colônia. O Exército nos afirma há vários anos que a questão de Eshkolot continua em debate. Mas nós já entendemos a real natureza do problema: eles não querem construir um trecho de 4 ou 5 quilômetros por causa de algumas centenas de pessoas. O que significa que, para eles, Eshkolot já foi sacrificado. No dia em que for assinado um acordo com os palestinos, Eshkolot será desocupado à força, como as colônias de Gaza, e eles vão unir em linha reta os trechos das barreira existente." Enquanto isso, a brecha de Eshkolot tornou-se na prática um ponto de passagem oficioso para a mão de obra palestina empregada em Israel, quase sempre clandestinamente. Ao entardecer, ou seja, após o fim da jornada de trabalho, basta ir à encruzilhada da rodovia 358, que acompanha a barreira, com a rodovia 3255, que sobe a encosta na direção de Eshkolot, para ver centenas de palestinos descer de vans e caminhões com placas de Israel e começar a percorrer os caminhos que serpenteiam a região pedregosa em direção à aldeia de Ar Ramadin, cujo minarete pode ser visto a distância. Um pouco mais acima, ao longo da rodovia 3255, a algumas centenas de metros da entrada de Eshkolot, um jovem palestino empunhando um celular orienta uma parte dos que chegam para os ônibus empoeirados que esperam perto de Ar Ramadin. "Essas pessoas que está vendo", explica ele, "vêm de todo o sul da Cisjordânia. Alguns desses ônibus vão até Hebron. Os empreiteiros israelenses se deram bem nesse caso: conseguiram manter uma parte dos operários palestinos a preço baixo. E para nós, na situação em que nos encontramos atualmente, ter um trabalho em Israel, ainda que provisório e ilegal, é uma oportunidade." O mais surpreendente, no clima de segurança que impregna o cotidiano dos israelenses, é constatar que toda essa operação se desenrola dia e noite diante do olhar dos colonos de Eshkolot. E diante da aparente indiferença das autoridades. Enquanto o cortejo de trabalhadores palestinos se dispersa no terreno rochoso, um automóvel azul e branco da polícia e dois Humvees do Exército passam pela pequena rodovia de Eshkolot sem sequer se deter. Apesar da existência, a poucos quilômetros, de uma importante base militar, o risco de infiltração terrorista invocado pelos criadores da barreira não parece preocupar aqui os serviços de segurança.

Cerca de 50 quilômetros mais a leste, perto do mar Morto, a barreira também é interrompida em plena natureza. E aqui, nesse planalto desértico, não é uma simples brecha de poucos quilômetros no itinerário da linha de separação que é revelada pelos mapas. Sejam os mapas do Exército ou os da ONU, a mesma inquietante informação é transmitida: ao fim do traçado teórico da barreira — o que já foi aprovado e em breve entrará em obras, mas também o que ainda está em estudos e que será construído um dia — aparece um espaço virgem, sem linha contínua nem pontilhada, de cerca de uma dezena de quilômetros, pelo menos, até a margem do mar Morto. Por quê? O Exército teria decidido esperar o fim da obra para delimitar também esses territórios inóspitos? Não. "Aqui não haverá barreira nem muro", afirma o major Shay Karmona, do comando da administração civil na Cisjordânia. Por um motivo muito simples. Essa região liga o deserto de Neguev ao deserto da Judeia. É uma zona de passagem para uma infinidade de animais selvagens, muitas vezes de espécies protegidas. As associações ecologistas e de proteção dos animais conseguiram do Estado-Maior uma decisão que a Corte Suprema e as manifestações de palestinos nunca conseguiram abolir: nenhum obstáculo material será construído aqui. Nada será feito para atrapalhar a vida da fauna do deserto. O que não significa que essa zona não seja vigiada. Estamos atualmente construindo uma unidade especial, extremamente móvel, especialmente treinada e equipada de sistemas de detecção portáteis para patrulhar dia e noite nessa região. Posso garantir-lhe que ela será tão eficaz quanto as cercas eletrônicas."

Embora continuem a apresentar o muro e a cerca metálica como uma "barreira de segurança" e a atribuir unicamente a sua presença a queda brutal — e real — do número de atentados terroristas em Israel, os dirigentes israelenses têm dificuldade cada vez maior para ocultar que também a consideram — e talvez sobretudo — como um trunfo na perspectiva de uma nova negociação. E mesmo simplesmente como futura fronteira entre o Estado palestino a ser criado e o Estado de Israel. Essa visão estratégica é claramente perceptível na distribuição dos colonos dos dois lados do muro. Segundo um relatório publicado pelas Nações Unidas em julho de 2007, 365.744 colonos dos 421.660 recenseados então na Cisjordânia e em Jerusalém Oriental (o equivalente a 86,7%) encontravam-se a oeste do muro. Em julho de 2008, o movimento "Paz Agora" afirmava, com base em dados do Escritório Central Israelense de Estatística (ICBS) que o número de colonos vivendo a oeste do muro chegava a 388.800 — de um total de 454.200 —, ao passo que 65.400 apenas permaneciam a leste. Mais importante ainda: as cinco colônias ou "blocos" de colônias mais populosos da Cisjordânia (Maale Adumin, Ariel, Alfei Menashe, Gush Etzion, Modi'in Ilit), totalizando cerca de 140.000 colonos, e as 12 colônias de Jerusalém Oriental, onde vivem 200.000 israelenses, encontram-se do lado ocidental do muro, ou seja, na franja da Cisjordânia que pode ser anexada a Israel se, um dia, o muro e a barreira forem transformados na fronteira entre o Estado judaico e o futuro Estado palestino.

Seria uma ideia assim tão absurda? Decorreria exclusivamente da desconfiança polêmica nutrida pelos inimigos de Israel? Não. Muito pelo contrário. Num debate transmitido ao vivo pela rádio France Inter em agosto de 2007, Nissim Zvili, ex-embaixador de Israel na França, não hesitou em se referir à Linha Verde como "a antiga fronteira" entre Israel e o futuro Estado da Palestina. Sem chegar a tanto, muitos funcionários israelenses repetem há anos que a Linha Verde não é sagrada e que, no contexto de uma negociação sobre o estatuto final, poderia haver troca de territórios com os palestinos. Obcecados com o desejo de reduzir a proporção de não judeus na população israelense, certos políticos chegaram a considerar a hipótese de ceder aos palestinos, em troca de enclaves fronteiriços contendo as principais colônias, regiões de Israel habitadas por árabes israelenses.

Num estudo de 35 páginas publicado em setembro de 2008, o general Giora Eiland, que presidiu o Conselho de Segurança Nacional de Israel de 2004 a 2006, depois de ter servido durante 33 anos no Exército, especialmente à frente do Departamento de Planejamento Estratégico, pronuncia-se claramente a favor de uma fronteira reforçada por uma "barreira de segurança". E a "nova fronteira" por ele proposta, nas duas hipóteses analisadas, também anexa a maior parte dos blocos de colônias atualmente situados a oeste da barreira existente. A título de compensação, ele sugere diversas possibilidade de trocas territoriais, inclusive uma troca triangular Israel-Palestina-Egito. Para o general Eiland, a desconfiança e mesmo a hostilidade entre israelenses e palestinos é de tal ordem, hoje em dia, após o fracasso do processo de paz — pelo qual, em sua opinião, as duas partes podem ser responsabilizadas —, que qualquer negociação sobre o estatuto final deve contemplar a existência de "uma barreira de segurança". Desde o fracasso do processo de Oslo, a segunda intifada e o aumento do poder do Hamas, a opinião pública israelense, segundo ele, mostra-se cada vez menos favorável ao princípio "terra contra paz" que até então estava por trás da ação dos negociadores. O que é confirmado por uma pesquisa do Instituto Nacional de Estudos Estratégicos (INSS) de Tel Aviv, segundo a qual o percentual da população judaica de Israel favorável a esse princípio caiu, entre 1977 e 2007, de 56% para 28%. Outros estrategistas israelenses vão ainda mais longe. Em documento dado a público em 2007, três antigos embaixadores e um general, diretor do Instituto de Defesa Nacional, consideram que a fronteira constituída pelo conjunto muro-barreira não é suficiente. Uma fronteira passível de ser defendida deveria contemplar, segundo eles: — uma linha de separação empurrada para leste, até as regiões altas e as "regiões vitais do ponto de vista militar"; — o controle do vale do Jordão; — a ampliação do corredor Tel Aviv-Jerusalém e a criação de uma zona de defesa de Jerusalém. Essas hipóteses não levam muito em conta o ponto de vista, as reticências e as eventuais recusas da parte adversa? Certamente. Mas, à parte os dirigentes palestinos, seus adeptos, nem sempre politicamente desinteressados, e os defensores dos direitos humanos, quem está preocupado? Estimulados pela impunidade com que ignoram o direito internacional, as resoluções das Nações Unidas e mesmo seus próprios compromissos, os comandantes militares israelenses parecem movidos pela convicção de que o que for bom para a segurança de Israel se justifica. A tal ponto, às vezes, que preocupam alguns de seus concidadãos. Colaboradora próxima do procurador-geral do Estado, Talia Sasson fora incumbida em 2004 de redigir um relatório sobre a instalação das colônias "selvagens" na Cisjordânia. Sua investigação levara ao estabelecimento da responsabilidade de quatro ministérios — Habitação, Infraestruturas, Educação e Defesa — na proliferação desses "postos avançados". Entregue ao governo em março de 2005, o relatório de Talia Sasson foi deixado numa gaveta, onde continua repousando. A juíza, posteriormente, deixou suas funções para ensinar direito na universidade. "Embora tenhamos construído um país magnífico, do qual me orgulho", declarava ela em abril de 2008, às vésperas das cerimônias de comemoração do 60º aniversário de criação do Estado em Israel, "nossa democracia está em perigo. Pois o fato é que nossos militares acham que não devem prestar contas. Mostramo-nos cada vez menos capazes de levar em consideração o sofrimento dos outros. E desde o assassinato de Rabin, tem faltado coragem aos nossos dirigentes."

Não é nenhum segredo: os palestinos há muito tempo estão dispostos, no contexto de uma negociação global, a aceitar trocas limitadas de territórios. Desde que se trate de trocas de superfícies equivalentes — 1 quilômetro quadrado contra 1 quilômetro quadrado — e que as terras em questão sejam de qualidade comparável. Daí a imaginar que Mahmud Abbas ou seus sucessores pudessem aceitar a cessão a Israel, mesmo no contexto de uma troca, dos cerca de 12% de território da Cisjordânia compreendidos entre a Linha Verde e a barreira, existe um passo que seria imprudente dar. Convencidos de que a relação de forças, tanto na região quanto na arena diplomática, lhes é amplamente favorável, sobretudo desde o ato de força do Hamas em Gaza em junho de 2007 e o confronto armado com a Fatah, é no entanto exatamente este o sonho que os dirigentes israelenses parecem cultivar.

Desse ponto de vista, as negociações que antecederam a reunião de Annapolis, a 27 de novembro de 2007, forneceram informações eloquentes. Na questão capital dos "termos de referência", os palestinos reiteraram que continuavam se referindo às bases de discussão reconhecidas nos acordos de Oslo em 1993, enriquecidas e detalhadas pelas negociações — ou tentativas de negociação — posteriores. Ou seja, as resoluções 194, 242 e 338 das Nações Unidas, mas também as conclusões de Camp David (2000) e Taba (2001), a iniciativa de paz árabe de Beirute (2002) e o procedimento definido pelo Mapa de Caminho de George Bush (2003) endossado pelos quatro (Nações Unidas, União Europeia, Estados Unidos e Rússia). Já em outubro de 2007, por sinal, o presidente da Autoridade Palestina, Mahmud Abbas, fizera questão de esclarecer, em entrevista a uma estação de televisão, que o futuro Estado da Palestina deveria ser estabelecido na totalidade da Faixa de Gaza e da Cisjordânia — o equivalente a 6.205 quilômetros quadrados. Para satisfação dos dirigentes palestinos, dois de seus principais textos de referência — as resoluções 242 e 338 — foram mencionados na carta-convite enviada a Mahmud Abbas por George Bush, às vésperas da reunião de Annapolis.

Do lado israelense, as bases da negociação eram claramente diferentes. Por isto é que as discussões que antecederam Annapolis foram tão difíceis. Por isto também é que, à falta de melhor, as duas partes tiveram de se contentar com uma "declaração comum" generosa mas vaga, no início da conferência, e de compromissos não menos vagos ao fim dos trabalhos. "Hoje, já não se trata de Camp David, de Taba ou dos parâmetros de Clinton. As circunstâncias e os interlocutores não são mais os mesmos. Estamos recomeçando do zero, ou quase", explicava um diplomata israelense de alto nível uma semana antes da abertura dos entendimentos em Annapolis. À parte as incontornáveis resoluções 242 e 338, religiosamente mencionadas mas nunca respeitadas, e o Mapa do Caminho, cujo calendário caducou há muito tempo, mas contemplando um mecanismo aceito pelas duas partes, a delegação israelense conferia grande importância à carta enviada por George Bush, a 14 de abril de 2004, ao primeiro-ministro israelense da época, Ariel Sharon.

Nesse documento, solenemente aprovado pelo Senado (95 votos contra 3) e pela Câmara dos Deputados (407 votos contra 9), o presidente americano lembra que Israel, "Estado judeu", precisa de fronteiras seguras e reconhecidas, decorrentes de negociações entre as partes, com base nas resoluções 242 e 338 do Conselho de Segurança das Nações Unidas. Mas acrescenta George Bush: "À luz das novas realidades na região, incluindo os principais centros populacionais israelenses atualmente existentes, não seria realista esperar que o resultado das negociações sobre o estatuto final seja um retorno integral à linha de armistício de 1949; todas as tentativas anteriores de negociar uma solução contemplando dois Estados chegaram a esta conclusão." Em outras palavras: as colônias mais populosas e os principais blocos de colônias são "novas realidades na região" que ficam à parte do campo de negociação.

Os palestinos o haviam reconhecido com amargura e resignação: no governo Bush, toda tentativa de negociação repousava num traçado da fronteira escolhido unilateralmente por Israel, com o apoio de Washington, para integrar essas "novas realidades" ao Estado judeu. O muro e a barreira desempenhavam um papel central nessa estratégia. Os fatos demonstraram que o processo de paz, moribundo desde a troca de cartas entre Bush e Sharon, não sobreviveu à retirada diplomática americana, ao unilateralismo israelense e aos confrontos sangrentos entre palestinos.

Barack Obama teria condições de reabrir o caminho da paz? Talvez. Antes mesmo de ser eleito, ele declarou que pretendia que os Estados Unidos desempenhassem um papel decisivo na solução do conflito no Oriente Médio. Para ele, os problemas mais candentes do momento — Iraque, Irã, Afeganistão, terrorismo, conflito palestino-israelense — estão interligados. Negligenciar um desses elos seria pôr em risco toda a cadeia. Foi com esta convicção que ele chegou à Casa Branca. E por sinal seu primeiro ato como presidente demonstrou sua vontade de mudar o curso da diplomacia americana no Oriente Médio. O presidente palestino, Mahmud Abbas, foi o primeiro dirigente estrangeiro ao qual telefonou depois de assumir o cargo.

E seu desejo de buscar uma solução para o conflito foi confirmada no fim de janeiro de 2009, quando ele designou o senador democrata George Mitchell, um conhecedor da região, que dirigira uma comissão internacional sobre o conflito palestino-israelense, como enviado especial para o Oriente Médio.

Enquanto os palestinos se mostravam sensibilizados com esses gestos, os israelenses não escondiam sua irritação, especialmente depois que Netanyahu formou o governo mais direitista de toda a história de Israel. E a mensagem ao mundo muçulmano enunciada por Barack Obama na Universidade do Cairo a 4 de junho de 2009 não serviu propriamente para aplacar o mau humor dos israelenses.

Depois de esclarecer que "a América não está nem jamais estará em guerra com o islã", Barack Obama lembrou, nesse discurso, que "os laços extremamente sólidos entre a América e Israel são conhecidos" e que "esses laços são inalteráveis". Mas acrescentou que os palestinos "sofrem diariamente as humilhações — grandes e pequenas — acarretadas pela ocupação", e que essa situação era "intolerável". Afirmou também que, para pôr fim ao conflito, seria necessário criar "dois Estados, nos quais israelenses e palestinos possam viver em paz e segurança". E pronunciou a frase que deixaria enfurecidos os colonos israelenses e seus representantes no governo: "Os Estados Unidos não aceitam a legitimidade do prosseguimento das colônias israelenses."

Dez dias depois, Netanyahu tentava tranquilizar seu eleitorado, declarando sua oposição à suspensão das atividades de colonização e enumerando uma série de condições — inaceitáveis — a serem cumpridas pelos palestinos para que Israel aceite a criação de seu Estado.

É evidente que as declarações de Obama provocaram uma onda de choque entre os palestinos e em todo o mundo árabe. "Os Estados Unidos não mudaram suas alianças. Israel continua sendo seu parceiro privilegiado", constata o jornalista palestino Akram Haniyeh, assessor e confidente do presidente Mahmud Abbas. "Mas agora podemos encontrar em Washington uma atitude mais equânime e uma visão menos simplista do Oriente Médio do que durante o governo Bush."

Mas o "novo começo" proposto por Obama aos povos do Oriente Médio em seu discurso do Cairo poderá deixar de ser apenas uma quimera enquanto meio milhão de israelenses continuarem vivendo nas colônias da Cisjordânia ocupada? E enquanto uma longa faixa de concreto e aço continuar serpenteando através da Terra Santa?

Bibliografia

BEN-AMI Shlomo, *Quel avenir pour Israel? Entretiens avec Yves-Charles Zarka, Jeffrey Andrew Barash et Elhanan Yakira*, Presses universitaires de France, Paris, 2001.

BISHARA Azmi, *Checkpoint*, Actes Sud, Arles, 2004.

CYPEL Sylvain, *Les Emmurés. La société israélienne dans l'impasse*, La Découverte, Paris, 2005.

DIECKHOFF Alain, *Les Espaces d'Israel*, Presses de la Fondation nationale des sciences politiques, Paris, 1989.

ENDERLIN Charles, *Le Rêve brisé. Histoire de l'échec du processus de paix au Proche-Orient (1995-2002)*, Fayard, Paris, 2002.

ENDERLIN Charles, *Paix ou guerres. Les secrets des négotiations israélo-arabes 1917-1995* (nova edição), Fayard, Paris, 2004.

FAURE Claude, *Shalom, Salam. Dictionnaire pour une meilleure approche du conflit israélo-palestinien*, Fayard, Paris, 2002.

HAÏK Daniel, *Sharon, un destin inachevé*, L'Archipel, Paris, 2006.

HALPER Jeff, *Obstacles to Peace*, ICAHD (The Israeli Committee Against House Demolitions), Jerusalém, 2005.

HASS Amira, *Correspondante à Ramallah, 1997-2003*, La Fabrique, Paris, 2004.

MORRIS Benny, *1948 and After*, Clarendon Press, Oxford, 1994.

RISTELHUEBER Sophie, *WB*, Thames & Hudson, Paris, 2005.

ROSS Dennis, *The Missing Peace*, Farrar, Straus and Giroux, Nova York, 2004.

SCHATTNER Marius, *Histoire de la droite israélienne, De Jabotinsky à Shamir*, Bruxelas, Complexe, 1991.

SWISHER Clayton E., *The Truth about Camp David*, Nova York, Nation Books, 2004.

WARSCHAWSKI Michel, *Sur la frontière*, Stock, Paris, 2002.

Obras coletivas

A Geopolitical Atlas Of Palestine. The West Bank and Gaza, October, 2004, Applied Research Institute (ARIJ), Jerusalém, 2004.

Land Grab. Israel's Settlement Policy in the West Bank, B'Tselem, Jerusalém, 2002.

Stop the Wall in Palestine. Facts, Testimonies, Analysis and Call to Action, PENGON (The Palestinian Environmental NGOs Network), Jerusalém, 2003.

The Wall of Annexation and Expansion: Its Impact on the Jerusalem Area, International and Cooperation Center, Jerusalém, 2005.

Under the Guise of Security, Bimkom, B'Tselem, Jerusalém, 2005.

WEIZMAN Eyal e SEGAL Rafi (direção), *Une occupation civile. La politique de l'architecture israélienne*, Les Éditions de l'Imprimeur, Besançon, 2004.

Este livro foi composto na tipologia Minion Pro,
em corpo 11,5/16, e impresso em papel off-white 80g/m²
no Sistema Cameron da Divisão Gráfica
da Distribuidora Record.